Norbert Arntz (Hrsg.)
Retten, was zu retten ist?

Norbert Arntz (Hrsg.)

Retten, was zu retten ist?

Die Bischofskonferenz in Santo Domingo zwischen prophetischem Freimut und ideologischem Zwang

Mit Beiträgen von
Norbert Arntz
Albert Biesinger
Enrique Dussel
Nikolaus Klein
Erwin Kräutler
Hildegard Lüning
Johann Baptist Metz
Pablo Richard

EDITION EXODUS
Luzern 1993

Redaktion: Christoph Baumanns / Odilo Noti

Umschlag:
Bernard Schlup (Gestaltung)
Widerdruck, Bern (Satz) / Graphix, Bern (Lithos)

Satz: atelier hupa, CH-4312 Magden
Druck: Fuldaer Verlagsanstalt, Fulda

ISBN 3-905575-78-7

In seinem Hochmut quält der Frevler die Armen.
Er soll sich fangen in den Ränken,
die er selbst ersonnen hat.
Psalm 10,2

Von allen Seiten werden wir in die Enge getrieben
und finden doch noch Raum;
wir wissen weder aus noch ein
und verzweifeln dennoch nicht;
wir werden gehetzt
und sind doch nicht verlassen;
wir werden niedergestreckt
und doch nicht vernichtet.
Wohin wir auch kommen,
immer tragen wir das Todesleiden Jesu an unserem Leib,
damit auch das Leben Jesu an unserem Leib sichtbar wird.
Zweiter Brief an die Korinther 4,8-10

Inhalt

Norbert Arntz
Einleitung ... 11

Hildegard Lüning
Kirche der Armen unter Vormundschaft ... 16

Bischof Erwin Kräutler
Die Hoffnung stirbt zuallerletzt
Frustrationen und Hoffnungen eines
Konferenzteilnehmers ... 33
1. Aus einer tiefen Liebe zur Kirche unseres Herrn ... 33
2. Tagungsort und TeilnehmerInnen der IV. Konferenz ... 34
3. Herausforderung: die Realität Lateinamerikas ... 35
4. Das theologische Fundament:
   die Option Gottes für die Armen ... 37
5. Diskontinuitäten im Vorbereitungsprozeß
   für Santo Domingo ... 39
6. Die Arbeitsphase ... 41
   6.1 Debattenbeitrag:
   Priestermangel und Sektenproblematik ... 41
   6.2 Der Bruch mit der Arbeitsmethode:
   Sehen – Urteilen – Handeln ... 43

7. Eine verpaßte Gelegenheit: keine prophetischen Gesten 46
7.1 Kein Glückwunsch für die Friedensnobelpreis-Trägerin Rigoberta Menchú 46
7.2 Keine Vergebungsbitte 47
8. Das Drama um das Schlußdokument 48
9. Die Hoffnung ist das letzte, was stirbt 50

Enrique Dussel
Das ‹institutionelle› Problem: Machtfaktor ‹Geschäftsordnung› 54

Pablo Richard
Die Beschlüsse von Santo Domingo in befreiungstheologischer Perspektive 64
1. Der Schlüssel zur Interpretation 64
2. Die IV. Generalkonferenz: ein Kairos für die Kirche Lateinamerikas und der Karibik 64
3. Die grundsätzliche Bedeutung von Santo Domingo 66
4. Die Beschlüsse der IV. Generalkonferenz: eine Gesamtübersicht 67
4.1 Erster Teil: Jesus Christus, Evangelium des Vaters (1 bis 21) 67
4.2 Zweiter Teil: Jesus Christus, der als Lebendiger seine Kirche evangelisiert (22 bis 286) 68
4.3 Dritter Teil: Jesus Christus, Leben und Hoffnung für Lateinamerika. Pastorale Prioritäten (287 bis 303) 69
4.4 Resümee 69
5. Die bemerkenswertesten Texte der Beschlüsse 69
5.1 Zentrale theologische Grundlage: die Leidensantlitze Christi und die vorrangige Option für die Armen («Verarmung und Solidarität»: Nr. 178 bis 181) 70
5.2 Widerstand und Solidarität angesichts der neuen internationalen Ordnung (157 bis 209) 72
5.3 Die historischen Subjekte für die Inkulturation des Evangeliums 77

5.4 Evangelisierung in der Stadt und in der modernen Welt (252 bis 262) ... 81
5.5 Pastorale Prioritäten (287 bis 303) ... 82
6. Die neuen Beiträge der IV. Generalkonferenz von Santo Domingo ... 83
7. Nach Santo Domingo: neues Selbstbewußtsein und neue Identität der Kirche in Lateinamerika und der Karibik – eine erste Deutung ... 87

Nikolaus Klein
Sehen – Urteilen – Schweigen: ein Motto für die IV. Generalkonferenz? ... 90
1. Das Wissen um den Schmerz und die Ungerechtigkeiten ... 90
2. Die Frage nach dem Unrecht – verharmlost?! ... 93
3. Die Botschaft an die Indígenas ... 94
4. Eine eurozentrische Theologie? ... 96
5. Die Eröffnungsrede zur Generalkonferenz ... 98
6. In Kontinuität zu Medellín und Puebla? ... 100
7. Zwischen Zentralismus und Autonomie ... 102
8. Freiheit der Beratungen? ... 105
9. Ein folgenschwerer Wechsel der Methode ... 107

Norbert Arntz
Das Kreuz des Südens und die Macht auf Erden
Die Verstrickung der Kirche in den Nord-Süd-Konflikt ... 111
1. Zynismus, Trauer und die Unterscheidung der Geister ... 111
2. Wagnis der Unterscheidung ... 113
2.1 Der Konfliktstoff: die Option für die Armen ... 113
2.2 «Zur größten Ehre der Christenheit» oder: der Streit um den Bußakt in Santo Domingo ... 118
3. «Die Weltkarte des Glaubens» ... 124
3.1 Der Streit um die Interpretation von Geschichte und Gegenwart ... 124
3.2 Theologie der Eroberer oder Theologie der Opfer? ... 127
4. Parteinahme im Nord-Süd-Konflikt: für eine Kirche der Armen, der Indígenas und der AfroamerikanerInnen ... 133

Albert Biesinger
Santo Domingo – eine Vision ... 138

Johann Baptist Metz
Im Aufbruch zu einer kulturell polyzentrischen Weltkirche ... 146

Anhang

Ludger Weckel
Wie sich Texte ändern...
Ein Vergleich von Kommissionstexten und Schlußdokument ... 154
1. Vorbemerkung ... 154
2. «Das Land» ... 155
   2.1 Der Kommissionstext ... 155
   2.2 Der Text im Schlußdokument ... 156
   2.3 Ein synoptischer Vergleich ... 156
3. «Einheit und Vielfalt der Kulturen: Indígenas, Afroamerikaner und Mestizen» ... 161
   3.1 Der Kommissionstext ... 161
   3.2 Der Text im Schlußdokument ... 162
   3.3 Ein synoptischer Vergleich ... 163
4. Schlußbemerkung ... 172

Norbert Arntz
Vorbereitungszeit und Verlauf der IV. Generalkonferenz – ein Überblick ... 174

Stefan Reinders
Von Puebla (1979) bis Santo Domingo (1992) ... 186

Glossar ... 204

Autorin und Autoren ... 207

Norbert Arntz

Einleitung

Je größer der zeitliche Abstand von jenen sechzehn Oktobertagen im Jahre 1992 ist, je mehr sich der Nebel der Tagesaktualitäten verzieht, je weiter der Blick auf die kirchliche und gesellschaftliche Landschaft wird, in der die IV. Generalkonferenz des lateinamerikanischen Episkopats ihren Platz hatte, desto stärker drängt sich der Eindruck von einer List des Heiligen Geistes auf. Die geistlichen und politischen Nachfolger der Konquistadoren haben sich offensichtlich in den historischen und organisatorischen Ränken selber verfangen, die sie für die Kirche der Armen ersonnen hatten.

Da ist zum ersten die Wahl des Tagungsortes. Auf der vor fünfhundert Jahren von Christoph Kolumbus «Hispaniola» getauften Insel liegen heute die Dominikanische Republik und Haiti. Beide Länder spiegeln die Lage der gesamten Region, das Elend und die Kräfte, die miteinander im Widerstreit liegen: die Hoffnung der Armen gegen den Zynismus der Reichen.

In der Dominikanischen Republik ließ das Festkomitee zur Feier der Fünfhundert Jahre unter Leitung des Kardinals von Santo Domingo, López Rodríguez, einen Leuchtturm zu Ehren des Christoph Kolumbus errichten. Den *Faro a Colón* nennen die kleinen Leute «Turm zu Babel». Seinetwegen wurden Millionen

Dollars verschwendet, wurden Tausende von Menschen umgesiedelt und vertrieben, um Platz für Straßen und Grünanlagen zu schaffen. Zugleich fehlen Medikamente in den Krankenhäusern; das Land kann seine LehrerInnen nicht bezahlen; Kinder sterben an Unterernährung. Die Frage drängt sich auf, ob dies heute die Mechanismen der Eroberung sind, die vor fünfhundert Jahren auf «Hispaniola» das Volk der Tainos innerhalb einer Generation vollständig vernichteten.

Die kleinere Hälfte der Insel wird von den HaitianerInnen bewohnt, den Nachkommen der hierher verschleppten Negersklaven. Sie hatten 1990 im ärmsten Staat Lateinamerikas und der Karibik den Priester und Befreiungstheologen Jean-Bertrand Aristide als ihren Präsidenten gewählt, weil er versprach, sie aus dem Elend in eine menschenwürdige Armut zu führen. Im September 1991 wird Aristide durch einen Militärputsch aus dem Amt gejagt. Die Militärs versuchen durch Verbreitung von Angst und Schrecken, den Widerstand der Bevölkerung im Zaum zu halten. Täglich fliehen Tausende an die Küste der Vereinigten Staaten von Amerika. Aber die Boat-People werden vom großen Nachbarn ins Meer des Elends zurückgestoßen. Der Vatikan schickt als einziger Staat einen Diplomaten und erkennt damit – wie 1933 in Deutschland – eine Diktatur an.

«Das historisch Neue an der Verfolgung ist ihr Kontext; denn sie wird betrieben innerhalb der christlich-abendländischen Gesellschaft und durch solche Menschen, die von sich behaupten, diese Kultur und sogar ihre christlichen Prinzipien verteidigen zu wollen.»[1] Das sei nur möglich, hatten die lateinamerikanischen Bischofskonferenzen erkannt, weil verschiedene unterdrückerische, götzendienerische Ideologien die Kirche der Armen als eine starke Bedrohung empfinden.

Wenn die Kirchenleitung geglaubt hatte, Santo Domingo sei der geeignete Ort, um die Ankunft des Evangeliums «ohne falsche Scham» (Johannes Paul II.) feiern zu können, wußte sie offenbar nicht, was sie tat.

Da ist zum zweiten der Konferenzverlauf. Er wurde durch eine

1 Vgl. die vom Lateinamerikanischen Bischofsrat (CELAM) herausgegebene SECUNDA RELATIO, die Zusammenfassung der Stellungnahmen, welche die nationalen Bischofskonferenzen zum Beratungsdokument einreichten, Santa Fé de Bogotá, Febrero 1992, S. 34.

von Rom auferlegte Geschäftsordnung bestimmt, die die Konferenzleitung autoritär, selbstgerecht und triumphalistisch handhabte. Die SECUNDA RELATIO hatte bereits «einen neuen kirchlichen Konservatismus und einen bestimmten hierarchischen Zentralismus»[2] ausgemacht. In Santo Domingo wird diese Vermutung bestätigt: Die Ortskirche durfte ihren eigenen Konferenzmodus nicht finden, die freie Meinungsbildung wurde unterbunden, prophetischer Geist verhindert. Das Gesetz der Nationalen Sicherheit, mit dem die lateinamerikanischen Diktaturen die Verfolgung Andersdenkender rechtfertigten, hat Einzug in die Kirche gehalten und wird hier zu einem «Gesetz kirchlicher Sicherheit». Was in den vergangenen Jahren an vielen Einzelereignissen wahrgenommen werden konnte, präsentiert sich im Verlauf der IV. Generalkonferenz als zielstrebiges Unternehmen. Wohl selten nur läßt sich die Konfliktlage am Beispiel eines bedeutsamen kirchlichen Ereignisses mit Namen, Zeugenaussagen und Dokumenten so eindeutig belegen. Hat jener Geist, den die Kirche im Pfingsthymnus als «Vater der Armen» besingt, aufgedeckt, was verhindert werden sollte?

Wiederum waren es die lateinamerikanischen Bischöfe selber, die in der SECUNDA RELATIO eindringlich gewarnt hatten: «Es gibt nur wenige prophetische Stellungnahmen in der Kirche; aber es gibt eine Art Revolution nach rückwärts, zurück zu vorkonziliaren Umgangsformen in Pastoral und Disziplin. Es ist daran zu bemerken, daß sich ein Sektor [der Kirche] im Besitz der Wahrheit wähnt und meint, Theologen, Bischöfe und konkrete Erfahrungen ausschließen zu können.»[3] Aus empörter Solidarität zu den Armen und zur Kirche der Armen ist dieses Buch entstanden. Die AutorInnen sind Augen- und Ohrenzeugen der Bischofsversammlung in Santo Domingo. Sie haben nicht die Rolle neutraler BeobachterInnen gespielt, sondern sich vielmehr die Option für die «Opfer der Modernisierung»[4] zu eigen gemacht. Sie melden sich zu Wort, weil sie die Sendung der Kirche für ein menschenwürdiges Leben aller mittragen.

Denn statt Positionen zu verteidigen, ist die Kirche dazu berufen, eine gute Nachricht an die Armen und an alle, die sich zu ih-

2 Ebd., S. 85.
3 Ebd., S. 85.
4 Ebd., S. 13.

nen bekehren, weiterzugeben. Statt ihre Autorität darzustellen, ist die Kirche dazu berufen, «die Verlorenen zu suchen und zu finden». Statt sich ein triumphales Aussehen zu besorgen, ist die Kirche dazu berufen, die Gekreuzigten dieser Zeit vom Kreuz zu nehmen und es selber zu tragen. Nicht ohne Grund erinnerte sich die Kirche im II. Vatikanischen Konzil daran, daß «Freude und Hoffnung, Trauer und Angst der Menschen von heute, insbesondere der Armen und Notleidenden [...] zugleich auch Freude und Hoffnung, Trauer und Bedrängnis der Jünger Christi» sind.[5]

Hildegard Lüning beschreibt, wie sich ihr die Szene in Santo Domingo darbietet. Bischof *Erwin Kräutler* schildert die Erfahrungen eines Konferenzteilnehmers zwischen Frustration und Hoffnung. *Enrique Dussel* analysiert das ‹institutionelle› Problem am Beispiel der Geschäftsordnung für die IV. Generalkonferenz. *Pablo Richard* bespricht das Schlußdokument von Santo Domingo in befreiungstheologischer Perspektive. *Nikolaus Klein* analysiert das ekklesiologische Problem zwischen Zentralismus und Autonomie, das sich seit Medellín und Puebla immer mehr zugespitzt hat. *Norbert Arntz* verweist auf die Verstrickung der Kirche im Nord-Süd-Konflikt, und *Albert Biesinger* stellt die Vision einer anderen Konferenz in Santo Domingo vor. *Johann Baptist Metz* war zwar kein Augen- und Ohrenzeuge, aber die Geschehnisse in Santo Domingo können als weiterer Nachweis für seine vor Jahren bereits aufgestellte These gedeutet werden, daß der Übergang von der eurozentrischen Kirche zur polyzentrischen Weltkirche ein schmerzlicher Prozeß ist. Daran erinnert der Text, den wir mit seiner Erlaubnis hier aufgenommen haben.[6]

Im Anhang vergleicht *Ludger Weckel* zwei Kommissionstexte mit den im Schlußdokument auffindbaren Abschnitten, um den Veränderungsprozeß von Texten im Verlauf der Konferenz beispielhaft nachzuzeichnen. Nach einer chronologischen Übersicht über den Konferenzablauf folgt die Zeittafel von *Stefan Reinders*, die die Konferenz in den historischen, wirtschaftlichen und

5 Vgl. «Pastoralkonstitution über die Kirche in der Welt von heute», Nr. 1, in: Vatikanum II – Vollständige Ausgabe der Konzilsbeschlüsse, Verlag Fromm, Osnabrück 1966, 4. Auflage, S. 236.

6 Vgl. dazu Anm. 1 des Herausgebers im Beitrag: Johann Baptist Metz, Im Aufbruch zu einer kulturell polyzentrischen Weltkirche.

politischen Kontext Lateinamerikas einordnet. Ein Glossar soll die wichtigsten Kürzel und Begriffe klären.

Das Buch wäre nicht so schnell zustandegekommen, hätten nicht Isa Große Böckmann und Dorothee Wilhelm sich intensiv um die Erstellung der Textdateien gekümmert. Christoph Baumanns hat die redaktionellen Arbeiten geleitet. Ihnen allen möchte ich für die Mühen danken, denen sie sich unterzogen haben, damit der Konferenzverlauf durch Dokumente und Zeugenaussagen einer breiten Öffentlichkeit zugänglich gemacht werden kann.

Hildegard Lüning

Kirche der Armen unter Vormundschaft

«Rettet den katholischen Kontinent!» – Unter diesem Motto mobilisierte der Vatikan Mitte der fünfziger Jahre finanzielle und personelle Missionshilfe für Lateinamerika, wo damals ein Drittel aller katholisch getauften Christen lebte; heute sind es fast die Hälfte. Es war die Zeit des Kalten Krieges, und der lateinamerikanische Katholizismus schien von kommunistischen Untergrundbewegungen und marxistischen Hochschullehrern bedroht. Der Papst berief die I. Generalkonferenz des lateinamerikanischen Episkopats ein. Sie tagte 1955 in Rio de Janeiro und beschloß, ein Organ für die beständige Zusammenarbeit der 22 nationalen Bischofskonferenzen zwischen Mexiko und Argentinien zu schaffen. CELAM wurde gegründet, der Lateinamerikanische Bischofsrat mit Sitz in der kolumbianischen Hauptstadt Bogotá. Zwei Jahre nach dieser Selbstorganisation stellte Rom dem CELAM eine Päpstliche Kommission für Lateinamerika (CAL) zur Seite. Neben Beziehungspflege bekam CAL die Aufgabe, «die internationalen Hilfswerke für den lateinamerikanischen Kontinent zu überwachen». Ob eine Koordination des Transfers an Finanz- und Personalhilfe nicht besser beim Lateinamerikanischen Bischofsrat angesiedelt worden wäre, wurde nicht erörtert.

Bald darauf, im Januar 1959, siegte in Kuba Fidel Castros Revolution. Damit fand Rom seine Sorgen um die Zukunft der katholischen Weltkirche bestätigt. Im CELAM wurde gefragt, warum der Jesuitenschüler Fidel Castro das katholische Bildungswesen lahmlegte, Bischöfe vertrieb und die – meist ausländischen – Priester von der Insel verjagte. Der Bischofsrat bat erstklassige Theologen, Sozial- und Wirtschaftswissenschaftler um Analysen und nahm statt der äußeren Glaubensfeinde die inneren Schwächen des Glaubens ins Visier. Amtskirchliche Ferne vom alltäglichen Leid unterdrückter Völker hatte die christliche Botschaft von Erlösung und Heil unglaubwürdig gemacht. Selbstbesinnung über den Standort der Kirche in einem Erdteil der Dritten Welt begann und wurde während des kirchenerneuernden II. Vatikanischen Konzils (1962-65) in Rom fortgesetzt.

Auf der II. Generalkonferenz des lateinamerikanischen Episkopats 1968 in Medellín, Kolumbien, unterschrieb dann die Kirchenführung die Selbstverpflichtung, fortan eine Kirche der Armen zu werden und ihren Völkern ein ‹befreiendes Evangelium› zu verkünden. Wichtigstes Instrument wurde die biblische Alphabetisierung der Armen. Sie lernten in nachbarschaftlich organisierten Basisgemeinden, ihre miserable Lebenslage als gottwidrig zu erkennen, sich ihrer Menschenwürde bewußt zu werden und ihre Menschenrechte einzufordern. Währenddessen besorgten in immer mehr Ländern Militärregimes die Aufrechterhaltung «von einem Zustand der Ungerechtigkeit, den man institutionalisierte Gewalt nennen kann»[1]. Die Kirche der Armen geriet in eine ungeplante Rolle.

Wo Gewerkschaften verboten, die Presse zensiert, die Opposition umgebracht, inhaftiert oder exiliert war, wo es kein Rechtswesen mehr gab und keine Lehrfreiheit, da bot nun die befreiungstheologisch inspirierte Kirche den politisch Verfolgten Zuflucht, Verteidigung und Solidarität. Nur von Kanzeln war zeitweilig noch die Wahrheit zu hören, nur in bischöflichen Hirtenbriefen von den Untaten der Machthaber zu lesen und nur in Basisgemeinden konnte sich noch Widerstandswille artikulieren. Nicht in allen militärregierten Ländern hielt sich der Episkopat an den Medellín-Beschluß, Machtmißbräuche aufzudecken, die

1 Medellín-Dokumente, II-16.

Unterdrückten zu verteidigen und das Volk zu ermutigen, über eigene Basisorganisationen seine Grundrechte einzufordern. Doch überall wurden aktive Gläubige der Kirche der Armen von meist ebenfalls katholischen Diktatoren in Generalsuniform bedroht, schließlich verfolgt. Zur Rechtfertigung wurde behauptet, die befreiungstheologische Lehre und Praxis seien nicht römisch-katholisch, sondern marxistisch-kommunistisch und somit auszurotten. Diese wahrlich mordträchtige Denunziation fand zuerst in Deutschland Gehör. Der damalige bischöfliche Vorsitzende von Adveniat, des Hilfswerkes der deutschen Katholiken für die Kirche in Lateinamerika, initiierte mit dem damaligen CELAM-Generalsekretär Alfonso López Trujillo 1973 einen Studienkreis «Kirche und Befreiung». Dessen Befunde, 1975 und 1976 veröffentlicht, ergaben eine europäische Christenpflicht, «einen Beitrag zu leisten, um Lateinamerika vom Trauma der Theologie der Befreiung zu befreien»[2]. Rom wurde hellhörig.

Die III. Generalkonferenz des lateinamerikanischen Episkopats 1979 in Puebla, Mexiko, hatte schon Mühe, das Selbstverständnis einer Kirche der Armen zu behaupten und eine «vorrangige Option für die Armen» zur pastoralen Leitlinie zu erheben. Sie fand sich vom gerade neugewählten Papst aus Polen unterstützt. Dennoch gewann in der Kurie widerwärtige Gesinnungsgenossenschaft die Oberhand. Alfonso López Trujillo wurde Kardinal und kurz nach Puebla Präsident des Lateinamerikanischen Bischofsrates (CELAM). Der neue Präfekt der römischen Glaubenskonkregation, Kardinal Joseph Ratzinger, gab Gutachten in Auftrag, die 1984 und 1986 befreiungstheologischem Denken und Wirken wenig Gutkatholisches und viel Glaubensgefährdendes bescheinigten. Mittels zeitiger Versetzungen von Kirchenführern der Medellín-Generation in den Ruhestand, mittels Neubesetzungen von Bischofsstühlen durch Vatikanisten und durch Teilungen von bedeutsamen Erzdiözesen einer Kirche der Armen (São Paulo und San Salvador) wurden die lateinamerikanischen Eigengewächse kräftig beschnitten. Neue Triebe konnten kaum nachwachsen. Lateinamerikas Episkopat wurde unter eurozentralistische Vormundschaft gestellt.

Das damit bekundete Mißtrauen gegenüber der Kirchener-

2 Utopie der Befreiung, Pattloch 1976.

neuerung im «katholischen Kontinent», stets verkleidet als mutterkirchliche Sorge um Glaubenseinheit und -identität, konnte auch der Zusammenbruch des vermeintlichen ‹Unterwanderers Kommunismus› nicht beseitigen. Es prägte Vorbereitung, Verlauf und Ergebnis der IV. Generalkonferenz des lateinamerikanischen Episkopats. Sie wurde zum 12. Oktober 1992 nach Santo Domingo einberufen, in die Hauptstadt der Dominikanischen Republik, an deren Gestaden Christoph Kolumbus am 12. Oktober 1492 zufällig gelandet war, und sollte auf dem Hintergrund von fünfhundert Jahren Evangelisierung die Neu-Evangelisierung Lateinamerikas beraten. Die Vorbereitung oblag dem Lateinamerikanischen Bischofsrat (CELAM) und der Päpstlichen Kommission für Lateinamerika (CAL). Deren ersterstellte Beratungsunterlage (*Documento de Consulto*) wurde von der Mehrheit der 22 nationalen Bischofskonferenzen verworfen. Sie hatten darin vergeblich nach Spuren der Fortsetzung des Weges von Medellín nach Santo Domingo gesucht. Die oberhirtlichen Alternativvorschläge (*Aportes*), vom CELAM vollständig gedruckt, ergeben ein realistisches Bild vom derzeitigen Selbstverständnis des lateinamerikanischen Katholizismus, und das ist nicht einfarbig.

Konsequent durchgehalten findet sich das Konzept einer Kirche der Armen in den Beiträgen aus Brasilien, Chile, Uruguay, El Salvador und Guatemala; es ist noch gut erkennbar in den Eingaben aus Argentinien, Paraguay, Bolivien, Ecuador und Honduras; es hinterließ noch Einzelelemente in den Wünschen aus Peru; es ist in den Aussagen der Bischofskonferenzen von Kolumbien, Venezuela, Panama, Puerto Rico, der Dominikanischen Republik und Mexiko nicht zu entdecken; gar keine Beiträge gibt es von den Kirchen in Haiti und Kuba.

Zwei Beispiele mögen die Spannweite der ortskirchlichen Befindlichkeit verdeutlichen. Chiles Episkopat forderte für die IV. Generalkonferenz die Selbstbehauptung als lateinamerikanisches kirchliches Lehramt. Das solle sich nicht lähmen lassen durch immer neu gebotene Erweise seiner Rechtgläubigkeit – «wir müssen aufhören, eine infantile Kirche zu sein» –, sondern die lebensverändernde Kraft des Evangeliums vermitteln. Das sei besonders wichtig, «weil wir in letzter Zeit Zeugen schwerer Ärgernisse waren», verursacht durch die Tatsache, «daß ein Teil der Kirche als Besitzerin der absoluten Wahrheit auftrat und sich anmaßte, Theologen, selbst Bischöfe auszugrenzen und damit konkrete Erfahrungen von Kirche mit großem Zeugniswert ins Abseits zu stellen». Die anstehende Neue Evangelisierung solle den in den Armen inkarnierten Jesus in den Mittelpunkt stellen und sei immer neu auszurichten an dem biblisch bezeugten jesuanischen Vorbild. Evangelisieren könne die Kirche am besten durch einen entsprechenden Lebensstil. Am anderen Ende der Skala bekundete das Episkopat des Gastgeberlandes Dominikanische Republik Zweifel, ob Lateinamerika-eigenes Bedenken einer Neuen Evangelisierung überhaupt nötig sei. Denn: «Wir glauben, daß die theologische und pastorale Reflexion all unserer Probleme und Herausforderungen schon durch den Heiligen Vater geleistet worden ist.» Dem folgte die Auflistung von 13 päpstlichen Lehrschreiben und Predigten auf Lateinamerikareisen und der Vorschlag, sich diese «Erleuchtungen» zu eigen zu machen.

«Es ist ein Jammer, daß die IV. Generalkonferenz ausgerechnet in Santo Domingo stattfindet.» Die das sagt, ist eine doppelte Dominikanerin. Schwester Marlusa ist Bürgerin der Dominikanischen Republik und Nonne im Dominikanerorden, dessen weiblicher Zweig sich hier dem Erbe des Ordensbruders Las Casas verpflichtet weiß, einem vehementen Verteidiger der Indianer Anfang des 16. Jahrhunderts. Marlusa stammt aus der Oberschicht, absolvierte als junge Ordensfrau eine gediegene theologische Ausbildung in den USA und in Europa, promovierte und lehrte danach im ordenseigenen Kolleg für höhere Töchter.

Inspiriert von der II. Generalkonferenz des lateinamerikanischen Episkopats 1968 in Medellín schickte Schwester Marlusa ihre Schülerinnen zu Sozialstudien und Praktika in hauptstädtische Elendsviertel und aufs Land. Die Konfrontation der jungen Damen mit der miserablen Lebenslage der Mehrheit ihrer Landsleute und anschließende Fälle von Verweigerung, weiterhin mit Papi zum Kleiderkauf nach Miami zu fliegen, brachten einen Elternaufstand gegen Marlusas «befreiende Erziehung». Die vermeintliche «Marxistin» und ihresgleichen wurden 1972 aus dem Ordensgymnasium entfernt. Zwei Jahre später beschloß die Ordensleitung der Dominikanerinnen in Santo Domingo die «Option für die Armen». Das Kolleg wurde der Hierarchie geschenkt, die Ordensfrauen zogen gruppenweise um in Slums und entlegene Dörfer. Dort betrieben sie befreiende Evangelisierung und den Aufbau von Basisgemeinden.

Bei der III. Generalkonferenz des lateinamerikanischen Episkopats 1979 in Puebla gehörte Schwester Marlusa zum Team der beratenden Befreiungstheologen. Noch heute dankt sie Las Casas und dem Heiligen Geist für den Beistand beim Ringen um die Fortsetzung der original-lateinamerikanischen Kirchenreform.

Schwester Marlusa und ihresgleichen kommen gut zurecht mit der tatsächlichen Pluralität im Verständnis und der Ausübung eines biblisch begründeten Glaubens. Unterstützung ihrer bewußtseinsbildenden Arbeit in Basisbewegungen verlangen sie von der mächtigen Kirchenführung in Santo Domingo nicht mehr. Ihnen genügt es, wenn Kardinal Nicolás de Jesús López Rodríguez befreiungstheologische Praxis duldet. Doch der rückschrittliche Kardinal ist derzeit auch Präsident des Lateinamerikanischen Bischofsrates CELAM und wird als solcher einer der drei Präsidenten der IV. Generalkonferenz des lateinamerikanischen Episkopats in Santo Domingo sein.

Im CELAM war inzwischen das ganze Spektrum der bischofskonferenzlichen Eingaben zu einem Arbeitsdokument (*Documento de Trabajo*) verschweißt worden. Das wurde als Taschenbuch in anderen Ländern Lateinamerikas allen kirchlichen Gruppierungen zugänglich gemacht mit der Bitte um Stellungnahmen. Nur nicht in der Dominikanischen Republik. «Hier», erzählt Schwester Marlusa, «mußte sich sogar die Konferenz der Ordensleute ein Exemplar aus dem Ausland besorgen.» Raubkopien wurden hergestellt und Kurzfassungen fast konspirativ verbreitet.

Dieses Gastgeberland ist in der Tat einzigartig in seiner *de facto* Staats-Kirchenverfassung. Hier regieren allein und unangefochten der dienstälteste Staatspräsident, der 85jährige Joaquin Balaguer Ricardo, und der jüngste Kardinal Lateinamerikas, der 55jährige López Rodríguez. Darum bedauert die Befreiungstheologin Schwester Marlusa die Wahl des Tagungsorts. Sie ist eine weibliche Verkörperung der bald 25jährigen Kirche der Armen. Deren Rückgrat sind lange schon vor allem Ordensfrauen, von denen es 110 000 in Lateinamerika gibt. Keine einzige hat Stimmrecht in der IV. Generalkonferenz in Santo Domingo. Und dieser Mißstand wäre an jedem Tagungsort der gleiche.

Die IV. Generalkonferenz des lateinamerikanischen Episkopats wurde vom Papst eröffnet. Johannes Paul II. gab eine treffliche Beschreibung der gegenwärtigen politischen, sozialen und wirtschaftlichen Notstände in Lateinamerika. Enttäuschend war sein Rückblick in die Vergangenheit, demzufolge die katholische Kirche «seit den ersten Schritten der Evangelisation [...] eine unermüdliche Verteidigerin der Indios war, Schützerin der Werte ihrer Kulturen und Förderin der Humanität angesichts der teilweise skrupellosen Mißbräuche der Kolonisatoren». Das ist zumindest eine unzulässig verkürzte Darstellung der geschichtlichen Wirklichkeit. Denn so handelten immer nur einzelne beherzte Missionare, und die konnten zwar Indianerschutzgesetze durchbringen, doch ihre indianerfreundlichen Werke wurden oft mit Hilfe der katholischen Weltkirchenleitung zerstört – wie beispielsweise die Jesuitenreduktionen in Bolivien und Paraguay. Zudem hat die Kirche bis heute keinen namhaften Eingeborenenverteidiger heiliggesprochen. Machtkonfliktive Glaubensvorbilder wie ein Bartolomé de las Casas blieben unerwünscht.

Das bestätigen auch Papstaussagen zur gegenwärtigen Kirchenlage. Freundliche Worte für die Basisgemeinden waren verbunden mit der Mahnung zur Wahrung einer «klaren kirchlichen Identität» und «voller Übereinstimmung mit dem Kirchlichen Lehramt». Beides stand gar nicht in Frage, es sei denn, das Kirchliche Lehramt wird zuständigen Ortsbischöfen abgesprochen und kirchliche Identität bedeutet Verzicht auf wirksamen Einsatz für Recht und Gerechtigkeit, der in Unrechtsregimen Konflikte mit den Machthabern einschließt.

Aber dann sagte Johannes Paul II. den vor ihm versammelten Bischöfen und Konferenzberatern: «Das Banner der Gerechtigkeit darf sich die Kirche von niemandem entreißen lassen, von keiner Ideologie und keiner kirchlichen Strömung, weil Gerechtigkeit eine der ersten Forderungen des Evangeliums ist und zugleich Frucht der Ankunft des Gottesreiches.» Ein unbestrittener Satz; nur verfügt die Kirche längst nicht mehr über weltliche Macht. Was sie unter dem Banner der Gerechtigkeit sammeln kann, sind die Ohnmächtigen. Ihnen versprach der Papst in Santo Domingo: «In Fortsetzung der Konferenzen in Medellín und Puebla bekräftigt die Kirche ihre vorrangige Option für die Armen, eine Entscheidung, die allein auf Gottes Wort gegründet ist, nicht auf humanwissenschaftliche oder ideologische Kriterien, die in den Armen keine Menschenbrüder und -schwestern erkennen, sondern nur einen abstrakten wirtschafts- und sozialpolitischen Klassenfaktor. Aber unsere Option ist fest und unwiderruflich.» Mit diesem Signal hatte Johannes Paul II. der IV. Generalkonferenz des lateinamerikanischen Episkopats die Weichen gestellt. Ins Recht gesetzt fühlten sich die bischöflichen Leiter einer Kirche der Armen, die durchgängig behaupten, dieser polnische Papst würde sie verstehen, Mißverständnisse gäbe es nur mit der römischen Kurie.

Die aber blieb nach der Abreise des Papstes mit 13 Vertretern in Santo Domingo präsent. Fast alle Ministerien, in der Kirchensprache Kongregationen genannt, waren in Gestalt ihrer Minister, sprich Präfekten, oder Stellvertreter – wie im Fall des erkrankten Kurienkardinals Joseph Ratzinger – allgegenwärtig: Die Kongregation für die Glaubenslehre, für Gottesdienst und Sakramentenordnung, für die Bischöfe, für den Klerus, für die Ordensleute, für die Evangelisierung der Völker und für das katholische Bildungswesen. Dazu kamen der afrikanische Präsident der Päpstlichen Kommission für Lateinamerika und sein spanischer Vize sowie die den Kongregationen nachgeordneten Päpstlichen Räte für die Laien, für die Familie, für Gerechtigkeit und Frieden.

Dank der von Rom erlassenen neuen Konferenzordnung blieb dem Papst auch das Recht vorbehalten, die dreiköpfige Konferenzleitung zu bestimmen. So präsidierten der Vatikanische Kardinal-Staatssekretär Angelo Sodano, der machtbewußte Kardinal von Santo Domingo, Nicolás López Rodríguez und der brasilianische Erzbischof Serafim Fernandes de Araujo, allesamt nicht ausgezeichnet durch Sensibilität für die Kirche der Armen.

Die 232 stimmberechtigten Konferenzmitglieder der IV. Generalkonferenz des lateinamerikanischen Episkopats waren in Santo Domingo in Fünf-Sterne-Hotels untergebracht, wenn auch zum halben Preis von 114 bis 130 Dollar; Frühstück nicht inbegriffen. Nach einem zwölfstündigen Arbeitstag, in dessen kargen Pausen Heerscharen von lateinamerikanischen Journalisten ihren bischöflichen Landsleuten Exklusivinterviews abtrotzten, mochte kein Konferenzteilnehmer den Luxus so recht genießen. Aber nur einer Landesdelegation mißlang das Einschlafen im Luxusgemach, gedenkend ihrer Option für die Armen. Die Vertreter der brasilianischen Bischofskonferenz verlangten ihre Umquartierung in bescheidene Unterkünfte. Dieser erste kleine

Aufstand mißglückte. Die örtlichen Organisatoren vom Lateinamerikanischen Bischofsrat erklärten, in der Hauptstadt der Dominikanischen Republik seien nicht genügend schlichte Zimmer aufzutreiben. Im kirchlichen Bildungshaus San Pablo, Tagungsort der Konferenz, übernachteten die CELAM-Mitarbeiter. Das Exerzitienhaus Manresa belegten 75 Konferenzberater: Ordensfrauen, Priester, Diakone und Laien.

Zu den Beratern gehörte ein Deutscher, Prälat Dieter Spelthahn, Geschäftsführer von Adveniat. Spelthahn stand in der Liste als «Generaldirektor» verzeichnet, und ganz unzutreffend war die unbeholfene Spanischübersetzung keineswegs, denn ohne die dauerhafte Adveniat-Finanzierung gäbe es keinen Lateinamerikanischen Bischofsrat, das heißt keine kontinentale Koordination der Kirchenarbeit und keine Tagung einer gesamtlateinamerikanischen Bischofskonferenz. An deren Rand flüsterten Einzelstimmen, ob es nicht für eine Kirche der Armen gedeihlicher sei, auf ausländische Finanzhilfe zu verzichten, was beispielsweise die – von vielen als entfremdet empfundene – Priesterausbildung in traditionellen Seminaren zu Fall brächte. Doch zum Vorschlag eines Moratoriums wird es gewiß nicht kommen. Lateinamerikas kirchensteuerlose Kirchenführung weiß insgesamt Adveniat für die ermöglichte größere Unabhängigkeit von der Gunst oligarchischer Geldgeber zu danken. Die hätten zweifellos auch niemals in den Aufbau einer indianischen Kirche investiert. Und damit sind wir beim Schwerpunkt der ersten Konferenztage in Santo Domingo: der *Pastoral Indígena*.

In Ländern mit noch rein indianischer Bevölkerungsmehrheit wie Guatemala und Bolivien hat sich die katholische Kirche schon vor Jahren zur Wiedergutmachung der Missionierungsschäden entschlossen. Gleiches gilt für Ecuador, wo 40 Prozent der Bevölkerung unvermischte Nachkommen der Ureinwohner sind. Ecuadors Indios waren in Santo Domingo präsent durch den Delegierten Manuel Cachimuel aus Quito, eine unverwechselbare Gestalt mit langem schwarzem Zopf, dem Poncho und dem grauen Filzhut in dieser karibischen Hitze. Cachimuel leitet die Abteilung Eingeborenen-Pastoral der ecuadorianischen Bischofskonferenz. Beim Auftritt auf der alltäglichen zweistündigen Pressekonferenz gab er seine Nationalität mit Quechua an. «Unsere Religiosität», fuhr Manuel Cachimuel fort, «ist das Geschenk von Pachacama – dem Herrn des Weltalls und Allpamama – Mutter Erde, von denen unsere Mythen erzählen und die wir in eigenen Riten verehren.» In dieses kosmologische Weltbild der indianischen Völker sei Gott nicht erst mit den christlichen Missionaren als Offenbarung hereingebrochen. «Er hatte schon zuvor seinen Bund mit uns geschlossen, und die Bibel verstehen wir heute in Übereinstimmung mit unseren Visionen und unserer Lebensweise [...].» Manuel Cachimuel schilderte den Journalisten, was er und bischöfliche Beistände schon vor der IV. Generalkonferenz des lateinamerikanischen Episkopats erklärt hatten: indianische Kultur, die in den Aufbau einer indianischen Kirche ungeschmälert eingebracht werden sollte – mit eigener Verfassung, eigenen Priestern, eigener Leitung, eigenen Ausdrucks- und Gottesdienstformen. Bischöfe aus Guatemala und Bolivien sekundierten dem Quechua-Ecuadorianer und berichteten von Grundsteinen, die in ihren Ländern schon bereitlägen.

Nun galt es, die Zweidrittelmehrheit im Konferenzsaal und die vatikanische Erlaubnis zum Aufbau einer indianischen Kirche zu gewinnen. Das wurde schwer, denn die Römer sprachen zwar viel von der Inkulturation des Glaubens, erlaubten sie aber bestenfalls in Form liturgischer Folklore-Versatzstücke. Was die strikt hierarchische Struktur der römisch-katholischen Kirche in Frage stellt, war verboten, und daß es so bleibt, dafür hatte die vatikanische Fraktion auf der Bischofskonferenz in Santo Domingo vorgesorgt.

Selbstbewußte lateinamerikanische Kirchenführer vermerkten die kurienkardinale Präsenz mit sanfter Ironie und gelassener Zuversicht. Die siebzehntägige Zusammenbindung könne doch genutzt werden, um endlich Konflikte offen auszutragen und den realitätsfernen Römern ihre Lebenswirklichkeit nahezubringen. Außerdem müsse wohl nicht befürchtet werden, daß im Vatikan eine nachträgliche Zensur der dokumentierten Arbeitsergebnisse erfolge, wie damals nach der III. Generalkonferenz des lateinamerikanischen Episkopats in Puebla 1979. Doch auch Zweifel wurden laut, ob diese Zusammenkunft überhaupt noch als lateinamerikanische Bischofskonferenz betrachtet werden könne. Ihre Zusammensetzung aufgrund der neuen Statuten und Papstberufungen ergab, daß von den 232 Stimmberechtigten Mitgliedern nur 150 frei gewählte Vertreter der nationalen Bischofskonferenzen Lateinamerikas waren. Das Mißverhältnis hat den Konferenzverlauf geprägt.

«Wir sind wirklich etwas entmündigt in dieser Konferenz, und man spürt sogar eine Art Unterdrückung», erklärten brasilianische Bischöfe. Sie stellten mit 45 Delegierten die mitgliederstärkste Landesdelegation, und sie brachten ungebeugte Streiter in den Dauerkonflikt um Arbeitsweise, Wesen, Nutzen und Aussagen der Versammlung in Santo Domingo. Davon hörten Journalisten nur in Randgesprächen. Sie hatten keinen Zugang zu Plenardebatten, und in den Pressekonferenzen wurde Harmonie konzertiert. Tatsächlich gab es vom zweiten Konferenztag bis in deren letzte Nacht anhaltende Auseinandersetzungen und immer neue Verwirrung.

Die mühsam erstellte Arbeitsgrundlage *Documento de Trabajo* wurde gleich vom Tisch gefegt. Stattdessen hatten sich die Konferenzmitglieder und -berater in 30 sogenannte Sachausschüsse zu begeben. Unter Überschriften wie: Die Heiligkeit der Kirche, Prophetie, Ethik, Die Arbeit, Die Frau, Indianische Kulturen, Das Ordensleben, Armut und Verarmung, Demokratie, Erziehung, Wirtschaft, Die Laien, Die Erde, Die missionarische Kirche, Menschenrechte usw. Weder Logik noch Sachverstand kamen da zusammen. Nach zwei Sitzungen hatten die »Sachausschüsse« Texte abzuliefern, die dann Absatz für Absatz im Plenum abzustimmen waren und meist mit Änderungsvorschlägen zurückverwiesen wurden; zweite Lesung, zweite Redaktion, drei- bis vierfache Wiederholung einer scheinbar parlamentarischen Prozedur.

Am Ende der ersten Konferenzwoche befanden lateinamerikanische Bischöfe, sie seien solche Arbeitstherapie leid und möchten endlich wissen, wer eigentlich Adressat ihrer Lose-Blatt-Produktion sei. Die Antwort kam Mitte der zweiten Konferenzwoche von der kirchenrechtlichen Kommission und besagte: «Das Dokument, das daraus entstehen könnte, ist dem Heiligen Vater zu übergeben, damit er über dessen Inhalt urteilt und dessen Bestimmungsort angibt.»

Tags darauf wurden die zusammengeklammerten Sachausschußtexte den Konferenzteilnehmern überreicht. Journalisten mit guten Beziehungen zu verärgerten Bischöfen bekamen «streng vertraulich» Exemplare zugesteckt. Die Lektüre ergab einen Haufen zusammenhangloser Befunde und ließ nicht erkennen, wie daraus klare Beschlüsse werden könnten.

Am letzten Konferenzwochenende, dem 24. und 25. Oktober,

hat sich die Versammlung dann geteilt. In Santo Domingo blieben die Wortführer ihrer Fraktionen, um noch einmal neue Strategien auszuhandeln im anhaltenden Streit um Inhalt und Adressaten des Abschlußdokuments. Die anderen ließen sich von den Bischöfen der Dominikanischen Republik zu Touren in die Provinz einladen. Ich hatte Gelegenheit, in die Diözese Barahona mitzureisen, ein Grenzgebiet zur Nachbarrepublik Haiti. Während der Fahrt ist Bischof Fabio Rivas über Funktelefon ständig in Verbindung mit den Pfarrern seiner zwölf Gemeinden – zwölf Pfarreien für 325 000 Katholiken. Bei unserer Ankunft im Bischofshaus, in dem früher das amerikanische Management einer inzwischen verstaatlichten Zuckerfabrik residierte, ist unsere zweitägige Stippvisite bereits organisiert. Wir werden in einen Landrover verfrachtet und stolpern, Schlagloch für Schlagloch, in den Hintergrund dessen, was lateinamerikanische Bischöfe «Kultur des Todes» nennen, gegen die sie in der Santo Domingo-Konferenz ihren Einsatz für eine «Kultur des Lebens» behaupten wollen.

Wir sehen einen Ausschnitt aus dem Alltag zeitgenössischer schwarzer Sklaven. Es sind Saisonarbeiter aus Haiti, gedungen zur Zuckerrohrernte, kaserniert in sogenannten *Bateyes*, stacheldrahtumzäunten Gefangenenlagern. Steinbaracken, unterteilt in fensterlose Schlafräume für acht- bis zehnköpfige Familien. Nackte Kinder, Erwachsene um leere Kochtöpfe. Die nächste Zuckerrohrernte beginnt im Januar. Während der sechsmonatigen Arbeitslosigkeit gibt es nur das Gnadenbrot, Zuckerrohr zu kauen, ab und zu bereichert durch kleine Fische, die hungerbäuchige Kinder im abwässerverseuchten Flüßchen hinter den Baracken ergattern. Lollo, 45jähriges Oberhaupt eines Clans, ist schon hier geboren, und er kann spanisch, im Gegensatz zu seinen Schicksalsgenossen und -genossinnen, die sich im haitianischen Kreolisch verständigen. Warum bleibt Lollo mit Kindern und Enkeln in dieser Sklaverei? Weil, sagt er, hier in den Randzonen der Dominikanischen Republik wenigstens ihr nacktes Überleben gesichert ist, in Haiti nicht einmal das. Ein paar Monate waren sie zwischenzeitlich heimgekehrt, voriges Jahr, während der kurzen Amtszeit des Präsidenten Aristide. Mit dessen Sturz wurde ihre vorerst letzte Hoffnung auf Befreiung begraben.

Den Lollos und ihresgleichen wissen sich Vertreter der Kirche der Armen erstverpflichtet. Allen Opfern wirtschaftlicher, sozialer und politischer Gewalt wollen sie den Gott des Lebens zur Seite stellen und durch menschliche Solidarität erfahrbar machen. Auf der anderen Seite stehen die römisch geförderten Eiferer der «Allianzen für das Leben» mit ihrem Scheuklappenblick allein auf das Leben der Ungeborenen, ihrem Slogan «Abort ist Mord» und der Forderung, Kampfbereitschaft gegen Abtreibungen sowie die Verbreitung empfängnisverhütender Mittel an die erste Stelle der Konferenzbeschlüsse zu setzen. Ihr Wortführer ist in Santo Domingo Kurienkardinal Alfonso López Trujillo, der Präsident des Päpstlichen Rates für die Familie, tatkräftig unterstützt von dem venezolanischen Ehepaar Alberto Vollmer und Christine de Marcellus de Vollmer. Beide sind vom Papst berufene Laienberater, sie als Präsidentin der «Lateinamerikanischen Allianz für die Familie», der die «Allianzen für das Leben» angegliedert sind. Unter seinem Namen steht nur: Volkswirtschaftler. Die Vollmers, Ururenkel deutscher Einwanderer, gehören zu den reichsten und einflußreichsten Familien Venezuelas, besitzen Land, Industrien, Banken, Massenmedien und selbstverständlich eine Schar von Hausdienern und -dienerinnen, die Kinderreichtum zu einer vergnüglichen Freizeitbeschäftigung machen.

In der Pfarrei Enriquillo des Bistums Barahona wird uns ein zweites Hauptstreitprojekt der IV. Generalkonferenz des lateinamerikanischen Episkopats veranschaulicht. Es betrifft das Konzept von Christengemeinde in einem chronisch priesterarmen Kontinent. Die Römer beharren auf der traditionellen Pfarrei unter der Leitung von oben eingesetzter zölibatärer Priester. Ihre ortskundigen Widersacher setzen auf Pfarrverbünde von Basisgemeinden und die Entklerikalisierung der Kirche. Mit gutem Grund: in Enriquillo muß der junge Pfarrer Ramirez zwei Stadtkirchen versorgen und 15 Außenstationen in verkehrsentlegenen Dörfern, insgesamt 14 000 Katholiken. Ramirez hat für die Landesseelsorge Animatoren ausgebildet und eingesetzt, glaubensstarke Menschen, mehr Frauen als Männer, die in ihrer Dorfkapelle Basisgemeinden aufbauen, Verbünde von Glauben und Leben. So lernen beispielsweise die Kleinbauernfamilien in dieser an Tropenfrüchten und Gemüse reichen Gegend, ihre nahrhaften Eigenerzeugnisse selbst zu konsumieren, anstatt wie bislang drei Kokosnüsse für den Gegenwert einer kleinen Coca-Cola zu verscherbeln. Das ist ein Stück Gewinn an Lebensqualität und Selbstbehauptung gegenüber dem Trommelfeuer der Konsumwerbung von 28 Fernsehprogrammen nordamerikanischer Herkunft oder Machart.

Pfarrer Ramirez wünscht sich eine kollegial verfaßte Kirche, in der seine Animatoren priesterliche Mitbrüder und Mitschwestern wären. Er erhofft sich, wie viele lateinamerikanische Bischöfe, von der Konferenz in Santo Domingo entsprechende Leitlinien. Derzeit hat Ramirez einen Praktikanten, der das römische Priesterideal verkörpert. Mattos, schwarzhäutiger Kleinbauernsohn, absolvierte nach der Grundschule acht Jahre Kleines Seminar und Gymnasium, studierte dann vier Jahre im Priesterseminar Philosophie und wird nach einjährigem Praktikum in der Pfarrei Enriquillo zurückkehren ins Priesterseminar für ein vier- bis fünfjähriges Theologiestudium. Ein Animator kommentiert: «Das heißt, wenn alles glückt, wird Mattos nach achtzehnjähriger Klausur, vollgestopft mit abendländischer Philosophie und Theologie, zum Priester geweiht. Abgesehen von dem ungeheuren Finanzaufwand und dem Verlust der auf dem Weg gescheiterten Kandidaten – im Durchschnitt erreicht nur einer von 50 Kleinen Seminaristen das Ziel – haben wir dann einen Cadillac produziert, wo wir doch Lastesel brauchen.»

Wie also soll in Lateinamerika Stärkung, Vertiefung und Wachstum des katholischen Glaubens glücken, des Glaubens einer Kirche, die sich – daran ließ Johannes Paul II. hier keinen Zweifel – immer noch als Alleinbesitzerin der Wahrheit versteht, wenn als vornehmliche Kräfte der Neuen Evangelisierung Priester und Ordensleute genannt werden? Lateinamerikas chronischem Priestermangel ist nach allen Erfahrungen der letzten Jahrzehnte weder mit Werbekampagnen und Gebetsaktionen für Priesterberufungen noch mit Angeboten kostenloser Gymnasialbildung und Studien beizukommen. Die einsichtigen Bischöfe wissen sehr wohl, daß die Zulassung von verheirateten Männern zum Priesteramt und die Priesterweihe von Ordensfrauen den Seelsorge-Notstand beheben könnte. Doch darüber ist mit Johannes Paul II. nicht zu reden.

Im vorauseilenden Gehorsam fand sich in keiner Eingabe einer nationalen Bischofskonferenz auch nur die bescheidene Anfrage, solche Lösungen wie die Zulassung von verheirateten Männern zum Priesteramt und die Priesterweihe von Ordensfrauen weiter bedenken zu dürfen. Klar wurde in Santo Domingo, daß Lateinamerika nicht mehr als «katholischer Kontinent» bezeichnet werden kann. «Die Ausbreitung fundamentalistischer Sekten hat dramatische Ausmaße angenommen und ist wirklich besorgniserregend», heißt es im Schlußdokument. Und weiter: «Dieser Herausforderung ist damit zu begegnen, daß die Kirche an den verwundbarsten Stellen viel stärker evangelisiert und präsent ist, das heißt unter Migranten, in den Siedlungen ohne priesterliche Betreuung, unter einfachen Menschen mit materiellen und familiären Problemen.» Ein bißchen Einsicht in eigene Fehlleistungen ist damit dokumentiert. Und es wird in den pastoralen Leitlinien auch die Hoffnung vermittelt, daß basisgemeindlich organisierte Pfarreien mit zusätzlichen Angeboten von Familiengruppen, Bibelkreisen, apostolischen Bewegungen und katholischen Verbänden den Sekten weniger Einbruchschancen ließen.

Ungelöst blieb aber das Priestermangelproblem in einer Kirche, die es verbietet, Laien priesterliche Aufgaben zu übertragen, und damit einen wesentlichen Grund der Sektenerfolge außer acht läßt. Bei den fundamentalistischen Gemeinschaften, vorzüglich in den vielfältigen Pfingstkirchen, sind charismatisch begabte Männer und Frauen Priester und Priesterinnen. Sie entstammen der eigenen Gemeinde, leben moralisch vorbildlich inmitten der ihren: Sektengemeindeleiter saufen, huren, prügeln ihre Frauen nicht, verlassen ihre Familien nicht, wann immer es ihnen beliebt, und verdienen selbst ihren Lebensunterhalt. Diese Nähe und Beispielhaftigkeit kann eine zölibatsbeharrliche und klerikerzentrierte Kirche nicht bieten.

Lateinamerikanischen Bischöfen mit bis zu 25 Prozent Sektenbekehrten in ihren Diözesen ist das wohl bewußt. Sie wissen auch, daß die ursprünglich aus Nordamerika gesandten Störer mittel- und südamerikanischer Glaubenseinheit längst nicht mehr den Ton angeben. Ihnen ist zu danken, wenn im Schlußdokument nicht mehr beklagt wird, «transnationale Interessenverbünde finanzieren aggressive Sektenmissionen mit dem Ziel, die katholische und kulturelle Einheit der lateinamerikanischen Völker zu brechen». So war es noch in den gebündelten Ausschußtexten zu lesen. Geblieben ist die pastorale Weisung, die Gläubigen zu lehren, ihre «katholische Identität» zu behaupten. Als solche erscheint im Schlußdokument: «Die Verehrung des Geheimnisses der Eucharistie», «Marienfrömmigkeit», «die Einheit mit dem Papst und dem Ortsbischof» sowie der ihnen gebührende Gehorsam und schließlich «die Achtung des Wortes Gottes, so wie es in der Kirche gelesen wird».

Die Bewahrung einer solchen Identität braucht selbstverständlich viele priesterliche Amtsträger. Folglich wird der Arbeit an Berufungen weiter Priorität eingeräumt. Die Ausbildung der Berufenen soll auch fürderhin in früher Jugend beginnen, und der Wert Kleiner Seminare wird ausdrücklich bestätigt. Angesichts «sehr ungesunder gesellschaftlicher und familiärer Verhältnisse müsse den Priesterzöglingen ein gedeihlicher christlicher Lebensraum gewährleistet sein. Mit Freude und Hoffnung», verzeichnet das Schlußdokument, «ein Wachstum der Priesterseminare und den Anstieg der Seminaristen.» Zahlenbelege gibt es nicht. Aus der mir zugänglichen letzten Jahresstatistik von Priesterweihen (1990) ist aber zu errechnen, daß im lateinamerikanischen Durchschnitt jedes der rund 500 Priesterseminare ganze zwei Studenten ans Ziel brachte.

Vorbei sind die Zeiten, in denen beispielsweise das Erzbistum Santiago de Chile seinen Priesternachwuchs in Armenpfarreien leben und mitarbeiten ließ, dessen geistige Schulung bewährten Pfarrern anvertraute und durch samstägliche Studien- und Besinnungstage im Priesterseminar ergänzte. Vergeblich sind auch bischöfliche Träume, Indianern und Schwarzamerikanern eine wirklich inkulturierte Priesterausbildung zu ermöglichen. Es gibt römische Normen für die Priesterformung und das theologische Hochschulstudium. Sie lassen nationalen Bischofskonferenzen Raum für Variationen. Doch sie müssen vatikanischen Visitationen standhalten, und lateinamerikanische Neuansätze haben deren Prüfung nicht bestanden.

86 Seiten »Beschlüsse« sind am Ende der IV. Generalkonferenz des lateinamerikanischen Episkopats bei fünf Stimmenthaltungen einstimmig verabschiedet worden. Sie sagen kaum Neues. Das wichtigste Ergebnis: Die «vorrangige Option für die Armen» wird aufrechterhalten. Die Oberhirten wissen sich mit dieser Entscheidung in der Nachfolge Jesu, der sich mit den Armen identifizierte und seinen Jüngern zugemutet hat, seine Gegenwart in jedem Notleidenden und Geächteten zu erkennen. Da gibt es beängstigende Neuentdeckungen Jesu: in 20 Millionen ausgesetzten Straßenkindern, in schätzungsweise 30 Millionen Aids-Infizierten, in 182 Millionen Elendsgestalten. Lateinamerika wird Schwarzafrika immer ähnlicher. Vor einem Jahrzehnt

lebten 35 Prozent der Bevölkerung in existentieller Not, jetzt fehlt schon 44 Prozent das Existenzminimum. Die externen Ursachen der fortlaufenden Verarmung sind bekannt: Auslandsverschuldung, Weltmarktdiktate, devisenträchtige Exportproduktionen auf Kosten der heimischen Landwirtschaft usw. Interne Möglichkeiten zur Elendsüberwindung finden sich in den Berechnungen der Weltbank und sind im Santo Domingo-Dokument so nicht zu lesen. Sie besagen, daß in keiner Entwicklungsregion der Welt die Kluft zwischen Reichtum und Armut so kraß ist wie in Lateinamerika. 0,7 Prozent des Bruttoregionalproduktes – der Gegenwert von 2 Prozent Kapitalzinsertragsbesteuerung der Reichen, die nicht erhoben wird – würden ausreichen, um allen Armen ein ausreichendes Einkommen zu sichern.

Das ist beschämend für eine Weltkirche, die in Lateinamerika seit fünfhundert Jahren evangelisiert und der die soziale Gewissensbildung beim Nachwuchs der Führungsschichten auf katholischen Oberschulen und Päpstlichen Universitäten mißlang. Die vorangegangenen Generalkonferenzen in Medellín und Puebla hatten aus dieser traurigen Wahrheit Konsequenzen gezogen und nicht mehr auf eine Bekehrung der Machtinhaber gesetzt, sondern der Glaubenskraft der Ohnmächtigen vertraut. Man hat ihr Menschenrechtsbewußtsein gestärkt – wozu nach Erfahrungen in den letzen 25 Jahren nichts besser geeignet ist als die bewußtseinsbildende Bibellektüre. Von dort aus könnten Aufbau und Weiterentwicklung von Bürgerrechtsbewegungen gelingen, in der Hoffnung, über gut organisierte Minderheiten wahlberechtigte Mehrheiten zu gewinnen, um endlich eine gemeinwohlorientierte Politik durchzusetzen. Ermutigung geben Ersterfolge in Brasilien und Chile, wo die Kirche der Armen in dieser Weise aktiv war zwischen Medellín 1968 und Santo Domingo 1992.

Journalistische Kollegen erzählten in Santo Domingo, sie hätten Bischöfe nach der Verabschiedung der Beschlüsse weinen sehen. Und das seien keine Freudentränen gewesen. Ich sah in mehr oder minder erstarrte Gesichter und konnte doch einen erzbischöflichen Freund zum Lachen bringen mit der Wiedergabe des Kommentars einer Ordensoberin: «Die Beschlüsse sind doch gar nicht so wichtig. Wir Ordensfrauen arbeiten nicht für die Kirche, sondern für das Reich Gottes.»

Bischof Erwin Kräutler

Die Hoffnung stirbt zuallerletzt

Frustrationen und Hoffnungen eines Konferenzteilnehmers[1]

1. Aus einer tiefen Liebe zur Kirche unseres Herrn

Als Mitglied der brasilianischen Bischofskonferenz nahm ich an der IV. Generalkonferenz des lateinamerikanischen Episkopats in Santo Domingo teil. Um den Lesern und Leserinnen zu erklären, aus welchem Blickwinkel ich diese IV. Konferenz wahrgenommen habe, will ich Ihnen einige Daten aus meinem Lebenslauf nennen: Ich bin in Österreich geboren, seit 27 Jahren lebe ich in Amazonien, seit zwölf Jahren bin ich Bischof der Prälatur Xingú im Staat Pará, acht Jahre lang war ich Präsident des Indianermissionsrates der brasilianischen Bischofskonferenz. Den Statuten entsprechend konnte ich für eine dritte Periode nicht mehr kandidieren. Aber die brasilianischen Bischöfe wählten mich mit mehr als zwei Dritteln aller Stimmen als Delegierten für Santo Domingo. Ich fühle mich nicht als einer, der vor 27 Jahren aus Österreich in die weite Welt hinausgezogen ist und der nun in seiner Heimatkirche keine Verpflichtungen mehr hat. Mission ist

1 Überarbeitete Fassung der Vorträge in Münster am 4. und 5. Dezember 1992.

längst keine Einbahnstraße mehr. Ich fühle mich auch unseren Schwesterkirchen in Deutschland, Österreich, in der Schweiz, in Europa verpflichtet. Wo immer man mich ruft, da will ich weitergeben, was in unserem Amazonien und in der brasilianischen oder lateinamerikanischen Kirche geschieht. Wenn die LeserInnen hin und wieder den Eindruck gewinnen, daß ich der Kirche gegenüber sehr kritisch sei und meine Frustrationen zum Ausdruck bringe, so sollten sie nicht ungehalten mit mir sein. Ich spreche aus einer tiefen Liebe zur Kirche unseres Herrn. Ich glaube, wir müssen den Mut haben, zu bekennen und nichts zu beschönigen oder abzuschwächen. «Dein Wort soll aber sein ‹ja, ja – nein, nein›», hat Franz Grillparzer gesagt, aber er hat es der Bibel entnommen.[2]

Sind in Santo Domingo Weichen gestellt worden für den Weg der Kirche ins 21. Jahrhundert oder ins dritte Jahrtausend? Das ist die Frage, über die ich mit Ihnen nachdenken möchte. Von Jahrtausenden zu reden, das klingt natürlich noch überwältigender, als von Jahrhunderten zu sprechen. Manche behaupten ja, daß die Kirche nicht in Jahrhunderten, sondern in Jahrtausenden denkt. Leider Gottes hat man sehr oft diesen Eindruck.

2. Tagungsort und TeilnehmerInnen der IV. Generalkonferenz

Im Februar 1493, während der Rückkehr von seiner ersten Reise in die Neue Welt, schrieb Kolumbus an Luis de Santangel, den Verwalter der königlichen Privatschatulle: «Es ist ein Land, das man zu besitzen begehrt und das man, wenn man es einmal gesehen hat, nicht mehr vergißt.»[3] Gemeint war die «Hispaniola» getaufte Insel, auf der Kolumbus an Land ging. Diese Insel ist heute aufgeteilt in Haiti und die Dominikanische Republik. Santo Domingo, die Hauptstadt der Dominikanischen Republik, war Tagungsort für die IV. Generalkonferenz des lateinamerikanischen Episkopats. 356 Teilnehmer hatte die Konferenz, davon 220 ge-

2 Vgl. Mt 5,37: «Euer Ja sei ein Ja, euer Nein ein Nein; alles andere stammt vom Bösen.»

3 Vgl. Christoph Kolumbus: Amerika, das Paradies. In: Die Neue Welt. Chroniken von Kolumbus bis zu den Unabhängigkeitskriegen, hrsg. von Emir Rodríguez Monegal, Suhrkamp Verlag Frankfurt 1982, S. 67 ff.

wählte, von ihren jeweiligen Bischofskonferenzen delegierte und zwölf vom Papst ernannte Bischöfe. Von der Kurie waren 28 Vertreter entsandt, 15 von ihnen stimmberechtigt. Bedauert wurde, daß nicht alle der von den jeweiligen Bischofskonferenzen nominierten und gewählten Delegierten und offiziellen Berater von Rom akzeptiert worden sind, wie etwa Dom Cândido Padin[4], der in Brasilien sehr großes Ansehen genießt und heute auch als emeritierter Bischof im Pastoralreferat der Bischofskonferenz arbeitet und Verantwortung trägt. Mitarbeiterinnen und Mitarbeiter von der Basis fehlten. Ich hatte den Eindruck, daß fast alle Laien, die für die Konferenz ernannt oder ausgewählt worden waren, aus einer bestimmten Klasse kamen. Ich fand niemanden, den ich irgendeiner kleinen Basisgemeinde in Brasilien oder in meiner Diözese hätte zuordnen können. Einzige Ausnahmen bildeten ein Mädchen aus Kolumbien, das die Jugend vertreten hat, und ein Indio, José Manuel Cachimuel aus Ecuador. Alle anderen Laien, Frauen und Männer sowie Jugendliche, kamen aus einem ganz bestimmten Milieu. Sollte das nur zufällig so gewesen sein?

3. Herausforderung: die Realität Lateinamerikas

Die Bischöfe sind fünfhundert Jahre nach Beginn der Evangelisierung in Lateinamerika zusammengetroffen, um die pastoralen Schwerpunkte der Ortskirchen weiterzuentwickeln. Seit der letzten Generalkonferenz in Puebla 1979 hat sich die Situation auf dem Kontinent erheblich verschlechtert. Neue Herausforderungen sind hinzugekommen.

Stagnation und Rezession kennzeichnen die Wirtschaft der achtziger Jahre. Erst im letzten Jahr lag das Wachstum mit drei

4 Anmerkung des Herausgebers: Dom Cândido Padin, ehemals Bischof in Bauru, Brasilien, wurde durch den Vatikan von der Teilnahme ausgeschlossen mit der Begründung, er sei kein amtierender Bischof mehr. Andere emeritierte Bischöfe dagegen wurden zugelassen, einer aus Ecuador sogar gegen den ausdrücklichen Wunsch der ecuadorianischen Bischofskonferenz. In Pressekreisen wurde vermutet, diese Entscheidung Roms sei eine späte Strafe für Padins Verhalten nach der Konferenz von Puebla. Damals hatte er die Öffentlichkeit darauf aufmerksam gemacht, daß Aussagen des in Puebla beschlossenen Dokumentes in Rom verändert worden waren.

Prozent wieder über dem der Bevölkerung. Als Folge neuer Kapitalflüsse und zunehmender Auslandsinvestitionen konnten die Importe gesteigert werden. Dennoch ist es nicht gelungen, die Zahl der absolut Armen zu vermindern. In Lateinamerika können derzeit 196 Millionen Menschen ihre minimalen Grundbedürfnisse nicht decken. Mit ein Grund dafür sind die sinkenden Weltmarktpreise für Kaffee, Kakao und Zucker, jene Produkte, die in einigen Ländern wie Costa Rica, Dominikanische Republik, Ecuador, El Salvador, Guatemala, Haiti, Honduras, Kolumbien, Nicaragua nicht nur für die Bauern, sondern für die gesamte Volkswirtschaft die wichtigsten Einnahmequellen sind. Diese Güter machen zwischen 10 bis 15 Prozent der Exportleistung aus. Die Auslandsverschuldung hält viele Staaten in demütigender Abhängigkeit und drängt die Bevölkerung ins soziale Abseits. Die lateinamerikanischen Länder führen die Liste der am meisten verschuldeten Länder an. Im Jahre 1990 betrug die Auslandsschuld in Brasilien 120, in Mexico 97, in Argentinien 62 Milliarden US-Dollar. Die politische Öffnung, die seit 1987 lateinamerikaweit einsetzte, ist mit der Durchführung von freien Wahlen keineswegs überall gesichert, wie man manchmal glaubt. Trotz personeller Veränderungen innerhalb der Regierungen sind frühere Politiker und Militärs noch immer in entscheidenden Positionen zu finden. Manche demokratischen Systeme drohen unter der politischen und wirtschaftlichen Belastung zusammenzubrechen. Das gesamte Sozialwesen liegt in vielen Ländern im argen. An die 150 Millionen Menschen erhalten kaum oder gar keine ärztliche Versorgung. In den ländlichen Gebieten steht für mehr als 10 000 Menschen nur ein Arzt zur Verfügung. Hier beträgt die Kindersterblichkeit bis zu 15 Prozent. In den Städten wird das Heer der Straßenkinder immer größer. So treiben sich in Brasilien 15 Millionen Kinder und Jugendliche ohne Heim und ohne die Geborgenheit einer Familie auf den Straßen und Plätzen herum. Arbeitsplätze fehlen sowohl auf dem Land als auch in der Stadt. Die offiziellen Zahlen der Arbeitslosen werden mit 39 bis 40 Prozent angegeben, am meisten betroffen sind die Frauen und die Jugendlichen. In Chile etwa lebt von den 2,8 Millionen Jugendlichen knapp die Hälfte in der Hauptstadt Santiago. Nur 600 000 Jugendliche gehen einer regelmäßigen Beschäftigung nach, für die sie sehr wenig oder weniger als 100 US-Dollar Lohn im Monat erhalten.

Nach wie vor ist die Landfrage ungelöst. Gewalt und Tod sind oft die Folge von illegalen Invasionen in Indianergebiete oder von Landbesetzungen durch Bauern ohne Land. Eine Agrarreform, die diesen Namen verdient, wurde in keinem Land konsequent in Angriff genommen, geschweige denn durchgeführt. In Brasilien sind mehr als 10 Millionen Landarbeiter von Grund und Boden verbannt. Daneben gibt es Großgrundbesitzer, die Millionen von Hektaren Land ihr eigen nennen. Es ist unmöglich, ein Gebiet etwa in der Größe von Nordrhein-Westfalen, das eine Fläche von 34 068,31 Quadratkilometern hat, zu bebauen. Dieses Land dient nur zur Geldanlage oder zu Spekulationszwekken. Das ist der Hintergrund. Reiche werden nach wie vor immer reicher auf Kosten der Armen, die immer ärmer werden. Armut ist kein Schicksal. Armut wird gemacht. Dafür trägt jemand Verantwortung. Und Armut hat konkrete Gesichter. Elend hat Namen. Armut ist physischer Tod in Folge von Hunger und Krankheit. Armut ist intellektueller Tod infolge von Analphabetismus und Einschränkung der persönlichen Entfaltung, die eine Beteiligung an gesellschaftlichen Vorgängen unmöglich machen. Armut ist aber auch die Folge des programmierten Todes, der bewußt eingeleiteten Zertrümmerung der einheimischen Kulturen. Armut ist Nicht-Sein-Dürfen.

Zu einer der größten Herausforderungen für die Kirche Lateinamerikas zählt eben die Masse der Armen, der Verelendeten mit ihren Forderungen nach Achtung der Menschenwürde, nach Recht auf Grund und Boden, nach angemessener Aus- und Weiterbildung, nach gerecht entlohnter Arbeit, nach Wohnung und Gesundheitsvorsorge, nach Möglichkeiten zur Mitbestimmung. Hier stehen gewaltige Aufgaben für alle an, die hören und sehen wollen und die bereit sind zu konkreten Taten. Ein Bischof rief sogar in die Versammlung hinein: «Wir dürfen nicht mehr von der Option für die Armen sprechen! Wir müssen von der Option für die Verelendeten sprechen!» Denn zwischen Armut und Misere besteht noch ein qualitativer Unterschied.

4. Das theologische Fundament: die Option Gottes für die Armen

Die Kirche muß eine Antwort geben, die das Leben fördert, und zwar ganzheitlich – gerade dort, wo andere den Tod säen. Gott offenbart sich ja als Gott des Lebens, als ein Gott, der hört, sieht, fühlt, herabsteigt und der die Gerechtigkeit liebt als die einzig wahre Liturgie, die ihm gefällt; ein Gott, der alle Frömmigkeit verabscheut, die von der Liebe zum Schwachen, zum Armen, zum Gedemütigten und zum Verachteten getrennt ist. Und weil Gott ein Gott des Lebens ist, nimmt er auch Partei für all jene, die weniger Leben haben, denen Leben verweigert, geraubt, abgesprochen wird, die in ihrem Leben gefährdet oder bedroht sind, die nach mehr Leben schreien. Gerade in dieser Dimension hat die Option für die Armen ihre theologische Wurzel.

Auf dieser Basis, auf diesem Fundament bewegten wir uns, als wir nach Santo Domingo kamen. «Die Armen können nicht warten», hatte auch Papst Johannes Paul II. bei einer Messe in Santo Domingo gesagt.[5] Es waren vor allem die Armen, die im Vorfeld der Feierlichkeiten ihre Stimmen zum Protest erhoben, etwa bei der Eröffnung des Kolumbus-Leuchtturms, als der Erzbischof von Santo Domingo, Kardinal Nicolás de Jesús López Rodríguez, die sterblichen Überreste des Seefahrers in die Obhut des Staates übergab. Kritik wurde auch geübt an der Ortswahl der zweiten Papstmesse vor diesem kostspieligen Bauwerk zu Ehren des Kolumbus. Diese Eucharistiefeier am 11. Oktober wirkte für die Bevölkerung wie die Einweihung des umstrittenen Denkmals und teilweise auch als Rechtfertigung einer Politik gegen die Armen des Landes. Auf Flugblättern wurde das 100 Millionen US-Dollar teure Bauwerk als grobe Verschwendung angesichts des Elends der Menschen in der Karibik und in Lateinamerika bezeichnet.

Während die indianischen Völker und die Nachkommen der Negersklaven in nahezu allen Ländern der Karibik und Lateinamerikas den 12. Oktober 1992 als Tag der Trauer mit Kundgebungen, Sternmärschen und Demonstrationen begingen, wurde in Santo Domingo die IV. Generalkonferenz des lateinamerikanischen Episkopats feierlich eröffnet.

5 Vgl. die Predigt des Papstes am 11. Oktober 1992 bei der Messe am *Faro a Colón*. In: Mensajes del Santo Padre en su Tercera Visita a la República Dominicana, Ediciones MSC, Santo Domingo 1992, Nr. 8, S. 19.

5. Diskontinuitäten im Vorbereitungsprozeß für Santo Domingo

Die Einstimmung auf diese historische und bedeutsame Konferenz ging bereits auf das Jahr 1983 zurück, als Papst Johannes Paul II. in Haiti bei der 19. Tagung des Lateinamerikanischen Bischofsrates (CELAM) am 9. März 1983 eine Novene einleitete, während der die Kirche in Lateinamerika das Geschenk der Evangelisierung bis zum Jubiläumsjahr gebührend hervorheben sollte. Der Papst erhob damals auch die Forderung nach einer neuen Evangelisierung, die neu sein sollte in ihrem Eifer, in ihren Methoden und in ihrem Ausdruck.

Man könnte meinen, daß damit eine breit angelegte, langfristige und kontinuierliche Vorbereitung garantiert gewesen wäre. Leider war der Weg zur Generalkonferenz durch Brüche und Diskontinuitäten geprägt. Jede neue Vorbereitungsphase schien die vorangegangene zu ignorieren oder bewußt zu annullieren. Dafür gibt es untrügliche Hinweise: Das erste von CELAM im Jahre 1991 vorgelegte Beratungsdokument entsprach absolut nicht den Erwartungen der Ortskirchen. Unzufrieden über diese Vorlage, haben die Bischofskonferenzen selber Vorschläge ausgearbeitet und unterbreitet, die in der SECUNDA RELATIO zusammengefaßt wurden. Die Kritik an den ersten vorgelegten Dokumenten richtete sich unter anderem gegen den triumphalistischen Ton, der angesichts des großen Unrechts an den indianischen Völkern und Negersklaven völlig unangebracht war.

Auf der Grundlage dieser Kritik erstellten vom CELAM und der CAL (Päpstliche Kommission für Lateinamerika) ernannte Experten das Arbeitsdokument[6]. Es führte die Weichenstellungen der Versammlungen von Medellín 1968 und Puebla 1979 weiter, auch wenn der Aspekt der Befreiungstheologie bereits zu kurz kam. Als Schwerpunkte der Pastoral wurden darin die Option für die Armen, die Option für die Jugend und besonders auch die Option für die indianischen Völker und Afroamerikaner im Sinne einer Konkretisierung der Option für die Armen formuliert. Das Arbeitsdokument mußte zur Approbation nach Rom

6 Vgl. IV. Generalkonferenz der lateinamerikanischen Bischöfe, Neue Evangelisierung – Menschliche Entwicklung – Christliche Kultur. Deutsche Übersetzung, hrsg. vom Sekretariat der Deutschen Bischofskonferenz. In: Arbeitshilfen, Nr. 89 B, o.J.

gesandt werden. Dort lag es fast drei Monate. Dies wiederum hatte eine verspätete Ankunft in Lateinamerika zur Folge, so daß einige Bischofskonferenzen das Arbeitsdokument erst wenige Wochen vor der Generalkonferenz erhielten. Die kubanische Delegation bekam es sogar erst in Santo Domingo zu Gesicht. Das Arbeitsdokument wurde jedoch bedeutungslos, als der von Rom ernannte Parallelsekretär, Bischof Medina von Rancagua in Chile, bereits zu Anfang der Versammlung erklärte: «Die Konferenz hat begonnen, die Phase des Arbeitsdokumentes ist damit abgeschlossen.»

Schließlich gab es noch einmal einen Bruch zwischen der Arbeit der thematischen Kommissionen und der Redaktion des Schlußdokumentes. Die Redaktionskommission unterwarf die Texte der thematischen Kommissionen ihrem eigenen Schema und veränderte sie grundlegend.

Ich muß noch erklären, warum ich vom Parallelsekretär spreche: In Medellín und Puebla war der CELAM-Generalsekretär auch der Sekretär der Vollversammlung. In Santo Domingo wurden dem CELAM-Generalsekretär Dom Raymundo Damasceno Assis nur ganz nebensächliche Aufgaben zugeteilt. Einer unserer brasilianischen Bischöfe hat den Sachverhalt sarkastisch folgendermaßen formuliert: Der Generalsekretär hat die Aufgabe erhalten, bekanntzugeben, wo Bischöfe vermißte Kleidungsstücke finden oder Postsendungen abholen können. Währenddessen übte sich der von Rom ernannte Parallelsekretär in der Interpretation der Abstimmungsergebnisse.

Die Vorsitzenden hatten für die Koordination, Redaktion und juridische Beratung sowie für die Botschaften und Abstimmungen von vornherein die Kommissionsmitglieder bestellt. Kurienkardinal Eduardo Martínez Somalo[7] war – wie ich gehört habe – für die Leitung der Redaktion des Schlußdokumentes bestimmt. Die Kriterien für diese Ernennungen wurden dem Plenum nicht bekanntgegeben. Diese Vorgaben entsprachen aber nicht den Interessen des Plenums. Deshalb brachten die einzelnen Bischofsdelegationen weitere Namensvorschläge ein, die aber kaum Berücksichtigung fanden. Dem Plenum gelang es jedoch, Dom Luciano Mendes de Almeida, Erzbischof von Mariana, als Vor-

7 Präfekt der vatikanischen Kongregation für das Ordensleben.

sitzenden der Redaktionskommission durchzusetzen. Er ist Präsident der brasilianischen Bischofskonferenz. Dadurch war eigentlich inmitten der Versammlung eine grundsätzliche Vertrauensbasis geschaffen worden, weil wir Brasilianer – und wir waren 50 – in unseren Luciano natürlich Vertrauen haben. Er ist über die Landesgrenzen Brasiliens hinaus bekannt als ein sehr tiefsinniger Mensch und konzilianter Typ und als einer, der Tag und Nacht arbeitet. Er behandelte Eingaben von seiten des Plenums immer mit sehr tiefem Respekt und Einfühlungsvermögen. Allerdings kam er nicht so zum Zug, wie wir es uns gewünscht hatten. «Die größte Gefahr ist, daß der Zentralismus durchgesetzt wird, daß dies eine schöne, römische Synode zur Beratung des Papstes wird.» Diese Befürchtung, die Dom José Ivo Lorscheiter am 14. Oktober 1992 der Deutschen Presseagentur gegenüber äußerte, wurde während der einzelnen Konferenzphasen mehr oder weniger zur Realität.

6. Die Arbeitsphase

Den Auftakt zur Arbeitsphase bildeten einige Referate zur theologischen Erleuchtung der Bischöfe. Aber diese Erleuchtungen waren von der eben beschriebenen Realität Lateinamerikas soweit abgehoben wie die Milchstraße von der Erde. Lediglich das Referat über die Förderung der menschlichen Entwicklung, von einem Jesuitenpater der Universität «Madre y Maestra» in Santo Domingo gehalten, baute auf dem Arbeitsdokument auf und bezog auch die täglichen Herausforderungen mit ein.

Am 13. Oktober 1992, kurz nach der Eröffnung, tauchte bereits die Frage nach dem Ziel und nach der Richtung der Konferenz auf. Das Plenum erhielt keine zufriedenstellende Antwort. Bis zum 15. Oktober folgte zusammenhanglos eine Wortmeldung nach der anderen. Es entstand tatsächlich der Eindruck, daß sich einige Bischöfe mittels Protokoll für die Nachwelt verewigen wollten.

6.1 Debattenbeitrag: Priestermangel und Sektenproblematik

Rühmliche Ausnahme war die Wortmeldung von Dom Antonio Possamai, Bischof von Ji-Paraná in Brasilien. Er beklagte das

Fehlen des sakramentalen Lebens in den Gemeinden, das auf den Mangel an Priestern zurückzuführen sei, und schlug vor, die Kirche solle auch Personen zu Priestern weihen, die sich nicht für ein eheloses Leben entscheiden.[8] Der enorme Priestermangel in Lateinamerika mache es vielen Katholiken unmöglich, regelmäßig Eucharistie zu feiern. Teilweiser Applaus des Plenums und eisiges Schweigen des Präsidiums waren die Reaktionen.

Viele Bischöfe sehen im Fehlen solcher verheirateter Priester einen Grund für den steigenden Zulauf zu den Sekten. Diese setzen für tausend Personen jeweils einen Prediger ein, der von Hütte zu Hütte geht. Katholische Priester leiten oft Pfarreien mit bis zu 100 000 Menschen. Manche Gemeinden bekommen ihren Priester kaum mehr als einmal im Jahr zu Gesicht. Nach Schätzungen der Kirche ist die Zahl der Mitglieder jener Gemeinden, die von Sekten betreut werden, in Lateinamerika von vier Millionen im Jahre 1967 auf gegenwärtig mehr als 30 Millionen angewachsen. Viele Leute sehen heute beispielsweise kaum mehr einen Unterschied zwischen einem Sonntagsgottesdienst mit einer gewöhnlichen katholischen Gemeinde und einem Kult im Tempel oder im Gottesdienstraum einer Sekte. Eine Frau, die an der Transamazonica lebt, sagte es einmal so: «Ich möchte am Sonntag an der Eucharistiefeier teilnehmen. Das, was ich sonst erfahre, das ist nicht unbedingt das Zentrum meines Glaubens. Das machen die evangelikalen Sekten genauso. Sie lesen die Heilige Schrift und predigen darüber. Warum verweigert man uns die Eucharistiefeier?» Für mich stellt sich das Problem genau so dar, wie es die Frau formuliert hat: Aus welchem Grund, mit welchem Recht verweigern wir unseren Gemeinden die sonntägliche Eucharistiefeier, die jeder Pfarrer und jeder Bischof immer lautstark als das Zentrum unseres Glaubens ausruft? In unserer Diözese Xingú existieren 600 kleine kirchliche Basisgemeinden. Dafür gibt es 18 Priester. Sie können sich vorstellen, wie oft die Leute Eucharistie feiern können in einer Diözese, die so groß ist wie das vereinigte Deutschland. Es gäbe wunderbare Möglichkeiten, dieser Situation und diesem Leid abzuhelfen. Man ist an die Wurzel des Übels noch nicht herangegangen. Wir sollten

8 Vgl. Presse-Bulletin Nr. 7 vom 15. Oktober 1992 (Pressestelle der IV. Generalkonferenz).

nämlich dafür arbeiten, eine partizipativere Kirche, eine weniger pyramidale Kirche zu haben. Eine Neue Evangelisierung wäre meines Erachtens eben diese Gemeinde, diese Familie um den Tisch der Eucharistie, und nicht pyramidal angelegt in dem Dreischritt «Gott – Autorität – Unterwerfung».

Nein, die eucharistische Mahlgemeinschaft soll für uns Beispiel sein, aber davon hat man in Santo Domingo nicht gesprochen. Noch ist dies wohl nur ein Traum, den viele von uns haben: daß es wohl den Priester gibt, den wir heute haben und der von Ort zu Ort zieht, aber daß vor Ort eben auch der ständige Priester oder die ständige Priesterin – wie immer man sie nennen soll – anwesend ist, die am Sonntag der Eucharistie vorsteht, damit eine richtig christliche Gemeinde zum Tragen kommt. Sie kann ja Lehrerin, oder er kann Landwirt sein. Warum sollen sie nicht am Sonntag der Eucharistiefeier vorstehen und am Montag wieder ihrer Arbeit nachgehen können? Wir hatten gehofft, daß man das in Santo Domingo wenigstens einmal anspricht, thematisiert, signalisiert. Es ist nicht geschehen. Die Sektenproblematik hat – so spüre ich es – mit diesem Problem zu tun.

6.2 Der Bruch mit der Arbeitsmethode: Sehen – Urteilen – Handeln

Aus den anfänglichen Wortmeldungen im Plenum kristallisierten sich langsam jene Themen heraus, die ab 15. Oktober in 30 Kommissionen behandelt wurden. Jeder Teilnehmer hatte die Möglichkeit, sich in drei Kommissionen einzutragen. Persönlich war ich in der glücklichen Lage, in der von mir als Nummer Eins gewählten Kommission zugelassen zu werden. Andere wurden ohne Angabe von einsichtigen Gründen einer anderen Kommission zugewiesen. Ich gehörte der Kommission Nr. 26 an, die zur Reflexion über die indianischen und afroamerikanischen Kulturen eingesetzt worden war. Als wir über die zum zweiten Mal redaktionell überarbeiteten Kommissionstexte diskutierten, kam von einem Moment zum anderen der Entwurf für das Grundschema des Schlußdokuments ins Plenum. Wortmeldungen dazu waren nicht vorgesehen. Man hatte uns gesagt, daß die Abstimmung nur vorläufig sei, um den Puls der Konferenz zu fühlen. Aufgrund eines ersten oberflächlichen Eindruckes gaben denn auch die Bischöfe ihre Stimmen ab. Als wir zu einem späteren

Zeitpunkt Änderungsvorschläge einbringen wollten, war zu hören, daß kraft der Annahme des Schemas keine substantiellen Änderungen mehr erlaubt seien. So wurde die vorläufige Abstimmung im nachhinein praktisch als endgültige Zustimmung gedeutet, und die Bischöfe erkannten leider erst zu spät, daß sie die Preisgabe der traditionellen lateinamerikanischen Methode beschlossen hatten.

Bisher war stets die Realität in Lateinamerika der Ausgangspunkt für unsere pastoralen Dokumente. Die Realität wurde analysiert, Hintergründe wurden erforscht und Ursachen für Ungerechtigkeit, Diskriminierung und Marginalisierung aufgezeigt. Wie ist die konkrete Situation unseres Volkes? Was sind die vordringlichen Probleme, Nöte und Schwierigkeiten? Welche gesellschaftlichen Strukturen sind für das Elend verantwortlich? Wer ist am Volk schuldig geworden? Das waren die Fragen. Das war die Ausgangsbasis – das Sehen. Sehen bedeutet jedoch nicht nur mit den Augen sehen, man muß auch hören, hinhören auf das Volk, auf die Basis. Der Heilige Geist kommt ja von dort. Wir können doch nicht sagen, als Bischöfe haben wir ihn gepachtet, und er kann auch nicht geographisch eingegrenzt werden. Jesus hat den Geist Gottes seiner ganzen Kirche versprochen.

In einem zweiten Schritt wurde gefragt: Was will Gott *für* uns? Wie urteilt Gott darüber? Was steht in der Schrift? Was sagt das Evangelium dazu? Welche Antwort gibt uns das Konzil? Das kirchliche Lehramt? Die Tradition der Kirche, zum Beispiel vorangegangene Konferenzen und Versammlungen in Lateinamerika oder die einzelnen nationalen Bischofskonferenzen?

Im dritten Schritt werden die pastoralen Linien zusammengefaßt, das Handeln: Was will Gott *von* uns? Hier geht es um die Antwort aller Christen auf eine ganz besondere Situation, inspiriert durch das Wort Gottes. Welche pastoralen Schwerpunkte oder Prioritäten wollen wir setzen? Welche Optionen kommen zum Tragen?

Statt dieser Methode, die für Medellín und Puebla ausschlaggebend war, wurde der Konferenz ein Konzept mit einer veränderten Abfolge vorgelegt: An den Anfang wird die theologische Fundierung, diese berühmte *iluminación teológica*, gestellt. Dann erst kommen die Herausforderungen und schließlich die pastoralen Linien. Es geht sozusagen um ein deduktives Schema. Ausgehend von der theologischen Reflexion steigt man hinunter in die konkrete Realität, die sich in Form von Herausforderungen präsentiert, und gelangt zu pastoralen Linien. Sehen Sie den Unterschied?

Wenn Sie die Texte von Puebla und Medellín betrachten oder überhaupt alle unsere Dokumente (jedenfalls jene, von denen ich Kenntnis habe): stets gehen alle auf folgende Weise vor: Welche Realität erleben wir, und zwar auch in innerkirchlicher Hinsicht? Wenn es beispielsweise um die Priesterausbildung in Brasilien geht, hat man zuerst einmal die Realität festgestellt, im zweiten Schritt darüber geurteilt und im dritten gefragt: Was können wir tun? Wie handeln wir? Welche Schwerpunkte setzen wir? Wie gehen wir weiter? Was tun wir? Was schlagen wir für alle Diözesen Brasiliens vor, oder im Fall unserer IV. Generalkonferenz: Was soll lateinamerikaweit geschehen? Einige Kommissionen, etwa wir in der Kommission 26, gingen auch hier wieder von den konkreten Fakten aus. Wir versuchten, die Realität, also das Sehen, an erste Stelle zu setzen. Die Redaktionskommission aber nahm sich das Recht heraus, die Reihenfolge zu ändern, als wir unseren Text abgeliefert hatten, und stellte die theologische Begründung an den Anfang. Die aus dieser Methodenänderung resultierende Spannung war während der ganzen Konferenz zu spüren.

Auch die Geschäftsordnung[9] und deren Handhabung gaben oft Anlaß zu Kritik. Ende August wurde die Geschäftsordnung kommentarlos allen Bischöfen zugeschickt. Eine Diskussion und Abstimmung im Plenum zu Beginn der Vollversammlung, wie es sonst bei Konferenzen dieser Dimension üblich ist, gab es nicht. Einige unpräzise Formulierungen in den Artikeln ließen mehrere Interpretationen zu und hatten eine juristische Verunsicherung zur Folge. Mehrmals geschah es sogar, daß das Präsidium die Sitzungen unterbrach, um sich zur Beratung zurückzuziehen und sich selber Klarheit zu verschaffen. Die unklare Geschäftsordnung ermächtigte die Vorsitzenden, viele einzelne Punkte nach ihrem Gutdünken auszulegen. Anfragen zur Geschäftsordnung haben üblicherweise – so sind wir es in Brasilien gewohnt – Priorität. In der Konferenz von Santo Domingo wurden viele Geschäftsordnungsanträge von den Vorsitzenden schweigend über-

9 Vgl. den Beitrag von Enrique Dussel in diesem Buch.

gangen. Die Form der konsultativen Abstimmung, um die Stimmung im Plenum abzuschätzen, also den Puls zu fühlen, wurde vom Parallelsekretär Jorge Medina mißbraucht. Im Falle der Ablehnung eines bestimmten Textes bestimmte er autoritär, daß dieser durch einen von der Redaktionskommission vorbereiteten Text ersetzt wurde. Dadurch wurde die Position der Redaktionskommission gefestigt und die Möglichkeit des Plenums, Texte abzuändern, geschwächt. Natürlich steckte dahinter die Absicht, eine Kursänderung der lateinamerikanischen Kirche herbeizuführen. Aber das ist nicht gelungen. Von Anfang an waren sich die Bischöfe darin einig: Die Option für die Armen darf nicht fallen. Und sie ist im Schlußdokument enthalten.

7. Eine verpaßte Gelegenheit: keine prophetischen Gesten

Was meines Erachtens in Santo Domingo fehlte, waren die prophetischen Gesten. Es gab keine konkreten prophetischen Gesten der versammelten Bischofskonferenzen Lateinamerikas.

7.1 Kein Glückwunsch für die Friedensnobelpreis-Trägerin Rigoberta Menchú

Durch einen glücklichen Umstand wurde in den Tagen der Vollversammlung, es war am 17. Oktober 1992, der Friedensnobelpreis an Rigoberta Menchú aus der Diözese Cobán, Guatemala, verliehen. Im Gedenkjahr 1992 ist es mehr als gerechtfertigt, einer Frau und Indianerin, deren Eltern und Geschwister grausam ermordet wurden und die sich selbst seit Jahren für die Rechte der indianischen Völker einsetzt, diesen Preis zu verleihen. Bischof Gerardo Flores, Vorsitzender der guatemaltekischen Bischofskonferenz und Heimatbischof von Rigoberta Menchú, bekundete im Plenum seine Freude und erhielt auch Applaus. Die Kommission 26 machte eine Eingabe an das Präsidium, die Vollversammlung möge Rigoberta Menchú eine Gratulationsbotschaft zukommen lassen. Von dieser Eingabe wurde bis zum Schluß der Konferenz nicht gesprochen. Sie wurde schlicht und einfach unterschlagen. Tage später, nach mehreren Anläufen, brachte der Kardinal Paulo Evaristo Arns im Plenum wiederholt die gleiche Bitte vor. Der Kardinal von Santo Domingo war mit dem Vorschlag wieder einmal nicht einverstanden und meinte, diese Botschaft könne ideologisch und politisch mißbraucht werden. Schließlich wurde ein Ausweg gefunden: Man gab bekannt, daß im Sekretariat ein Brief zur Unterschrift ausgelegt werde, so daß jeder einzelne von diesem Angebot Gebrauch machen könne. Natürlich wollte auch ich meinen Glückwunsch zum Ausdruck bringen, konnte den Text aber nirgendwo finden. Zu guter Letzt stand Bischof Flores an der Ausgangstür des Plenums und bat die vorbeikommenden Bischöfe um ihre Unterschrift.

7.2 Keine Vergebungsbitte[10]

Das lateinamerikanische Episkopat hat die historische Chance verpaßt, die indianischen und afroamerikanischen Völker öffentlich um Vergebung zu bitten. Am 17. Oktober 1992 haben 33 brasilianische Bischöfe den Antrag für ein offizielles Schuldbekenntnis eingebracht. Die Bischöfe sollten die Mitschuld der Kirche an den Grausamkeiten gegenüber den Indios und Afroamerikanern anerkennen und deren Nachfahren um Verzeihung bitten. Wir glaubten, daß dieser Eingabe selbstverständlich entsprochen würde, und kümmerten uns um keine weiteren Unterschriften von Bischöfen, etwa aus anderen Ländern. Wir dachten, mit 33 Unterschriften würde diese Eingabe selbstverständlich durchgehen. Unser ursprünglicher Plan war, die Vergebungsbitte im Rahmen eines Bußaktes der Bischöfe zusammen mit dem Volk in der Kathedrale von Santo Domingo auszusprechen, und die Medien sollten diese Geste der ganzen Welt übermitteln. Der Kardinal von Santo Domingo hatte unser Anliegen zuvor schon vernommen und war völlig aufgebracht. Er deutete an, unter keinen Umständen die Kathedrale für solch einen Bußakt zur Verfügung zu stellen. Am 19. Oktober hatte der Kardinal von Santo Domingo wieder den turnusmäßigen Vorsitz inne. Statt einem Bischof aus der Gruppe der Unterzeichner das Wort zu erteilen, rief er willkürlich den Bischof Italo di Stefano aus Argentinien zur Stellungnahme auf. In seinen zehn Minuten dauernden Ausführungen vermittelte dieser den Eindruck, als würde er den Völkermord an den Indianern mit der zweifelhaften Aufarbeitung

10 Vgl. den Abschnitt «Bußakt» im Beitrag von Norbert Arntz in diesem Buch.

der Nazi-Verbrechen vergleichen. Seines Erachtens seien die Statistiken übertrieben. Tatsächlich seien nicht siebzig Millionen, sondern nur etwa fünfzig oder vierzig Millionen Indios umgebracht worden. Die genaue Zahl könne ja nicht festgestellt werden. Mir kam bei dieser Abrechnung schaudernd in den Sinn, was ich längst aus anderen Diskussionen kannte: Nicht 6,5 Millionen Juden, sondern nur 4,5 Millionen Juden seien in der Nazi-Zeit umgebracht worden. Ich sage dagegen: Wenn nur ein Jude, wenn nur ein Indianer und wenn nur ein Schwarzer mißhandelt, gefoltert oder umgebracht worden ist, so ist dies einer zu viel!

Am Abend desselben Tages – das klingt jetzt fast wie die Osterbotschaft, aber es war auch eine Osterbotschaft – griff der alte Bischof José Dammert Bellido, der Vorsitzende der peruanischen Bischofskonferenz und Bischof von Cajamarca, in die Debatte ein. Er widersprach dem Vorredner und sagte, man habe nie einen Dialog mit der indianischen Kultur aufgenommen. Im Laufe der Jahrhunderte habe man nie versucht, ihre Denkweise oder ihre Kosmos-Vision zu verstehen. Es sei ein Thema, mit dem man sich ausführlich beschäftigen müsse, weil es ein menschliches Problem sei, das von vielen Bischöfen eine echte Umkehr verlange, das heiße, die Entscheidung für neue Wege und damit einen langwierigen Prozeß. Das Präsidium verwies darauf auf den internen Bußakt, der am 23. Oktober vorgesehen war. Dabei seien auch Medienvertreter zugelassen.

Wir wurden sogar davor gewarnt, an einer Bußfeier der Basisgemeinden auf dem Platz «Bartolomé de las Casas» in Santo Domingo teilzunehmen. Auch dort könnte die Anwesenheit von Bischöfen ideologisch mißbraucht werden, hieß es als Begründung. Dom José Maria Pires, Erzbischof von Paraiba, Brasilien, und ich nahmen dennoch an dieser erhebenden und ergreifenden Feier teil. In Santo Domingo wurde das indianische Volk der Taino ausgerottet, oder sie starben als Opfer der Fron. Beim feierlichen Bußakt waren hauptsächlich Afroamerikaner und Afroamerikanerinnen anwesend.

8. Das Drama um das Schlußdokument

Am 21. Oktober 1992, also eine Woche vor Abschluß der Konferenz, wurde die Arbeit in den Kommissionen mit der vierten und letzten Redaktion abgeschlossen. Die Redaktionskommission erhielt 30 Texte von den thematischen Kommissionen, die damit ihre Arbeit beendet hatten und sich auflösten. In den folgenden Tagen kamen Teile der überarbeiteten Texte ins Plenum zur Diskussion und Abstimmung. Zuerst wurde den Bischöfen die christologische und historische Einleitung zur Debatte vorgelegt, wobei letztere nach hitzigen Auseinandersetzungen nicht die notwendige Zweidrittelmehrheit fand. Die unterschiedliche Interpretation der Abstimmungsergebnisse brachte Verwirrung und Unzufriedenheit mit sich. Es gab folgende Abstimmungsformeln: *placet* (Zustimmung), *placet iuxta modum* (Zustimmung mit Änderungsantrag) und *non placet* (Ablehnung). Die Meinungen über die Bedeutung jeder einzelnen Formel klafften bei allen weit auseinander, bei den Stimmberechtigten, der Redaktionskommission und dem Präsidium. Wie sollten wir einen Änderungsvorschlag einbringen? Und mit welchem Modus? Einige Bischöfe votierten *non placet*, in der Hoffnung, damit einen neuen Weg einschlagen und Alternativvorschläge präsentieren zu können. Andere, die auch den Text abändern wollten, stimmten hingegen *iuxta modum*. Die Stimmen *iuxta modum* wurden allerdings so interpretiert, daß sie den vorliegenden Text zunächst billigten und nur geringfügige redaktionelle Änderungen anbringen wollten.

In den meisten vorgelegten Kapiteln spürte man Satz für Satz, daß sich die Texte der Kommissionen dem vorliegenden Grundschema zu unterwerfen hatten. Gute inhaltliche Ansätze wurden unterbunden, manche verkürzt und viele abgeschwächt. In meiner Kommission, der Kommission 26, wurden sogar Bibelzitate und ein Zitat des Vaticanum II unterdrückt. Unser Text wurde von der Redaktionskommission deutlich abgeändert und entschärft.[11]

In den *Conclusiones*, den Beschlüssen[12], steht nun alles drin, was die Schlußredaktion vorgelegt hat und was in einer torpedierten Schlußabstimmung mit fünf Enthaltungen akzeptiert worden ist. Allerdings wurden wir am Schluß völlig überrollt.

11 Vgl. die Synopse des Textes der Kommission 26 und des Schlußdokumentes im Beitrag von Ludger Weckel in diesem Buch.

12 Vgl. die Analyse des Schlußdokumentes von Pablo Richard in diesem Buch.

Kardinal Sodano stand mit der Uhr in der Hand vor uns und wies darauf hin, daß wir Punkt elf mit dem Omnibus in die Kathedrale zur Schlußfeier fahren müßten. Aber es gab mindestens noch etwa fünfzig bis sechzig Eingaben für Textverbesserungen. Ich persönlich gab drei ein. Da kam dann wieder die Redaktionskommission zum Zuge. Die Redakteure haben sich selber das Recht gegeben, darüber zu befinden, ob eine Eingabe behandelt wird oder nicht. In Brasilien ist es üblich, daß man am Schluß, wenn man den Text gelesen hat, noch einmal darauf hinweisen kann: «Ich oder wir wollen diese Art von Text nicht, sondern unser Vorschlag ist ein anderer!» In einem solchen Fall wird das Plenum gefragt. Das Plenum stimmt bei uns in Brasilien darüber ab, ob dieser von Bischof Franz oder Hans vorgeschlagene Text akzeptiert oder verworfen wird. Aber in Santo Domingo hat sich die Redaktionskommission dieses Recht herausgenommen. Am letzten Morgen bekamen wir eine Liste der Eingaben, auf der zu lesen stand: «angenommen/abgelehnt». Die eine oder andere Eingabe konnte noch in einer furchtbar eiligen Abstimmung gerettet werden. Ich hatte das Gefühl: Viele Bischöfe zeigten bei der Schlußabstimmung die grüne Karte, damit sie endlich aus diesem Plenum herauskamen. Viele bekreuzigten sich auch und sagten: «Gott sei Dank, das ist vorbei!» Oft und oft wollte auch ich selber gehen. Ich dachte daran, daß ich etwas anderes zu tun hätte. Ich saß da mit meinen Frustrationen und wußte nicht, warum ich anwesend war. Aber man sagte sich auch immer wieder: Ja, gut, bleiben wir noch. Es kommt drauf an, zu retten, was zu retten ist.

9. Die Hoffnung ist das letzte, was stirbt

Doch etwas anderes kann ich auch hervorheben: Ich bin glücklich, bei der Kommission 26 dabei gewesen zu sein. Ich war beeindruckt, daß Bischöfe und Priester anderer lateinamerikanischer Länder über die pastorale Arbeit unter den indianischen Völkern und Afroamerikanern genauso denken, wie wir in Brasilien. Am Anfang dachten wir zwei Brasilianer, wir müßten die anderen zu unseren Vorschlägen aus dem Indianermissionsrat bekehren. Das war absolut nicht notwendig, wir rannten offene Türen ein. Da waren Priester, als Indianer und Afroamerikaner, und Bischöfe, die alle auf eine jahrzehntelange Arbeit in der Indianerpastoral zurückblicken konnten. Dies war meines Erachtens sehr, sehr positiv. Das Dokument, das wir erarbeitet haben, ist kein weltbewegendes Dokument. Aber immerhin, man kann unseren Beitrag, so glaube ich, doch gut verwenden. Er ist die Frucht von tage- und nächtelanger Arbeit.

Die Hoffnung dürfen wir nie verlieren. Im Portugiesischen haben wir ein Sprichwort, das sagt: Die Hoffnung ist das letzte, was stirbt. Wir befinden uns in kirchlicher Hinsicht in einer sehr schwierigen Zeit. Ich bin kein Prophet, ich weiß nicht, wie es weitergehen wird. Aber im Schlußdokument gibt es einige Kapitel, die wirklich gut sind: jenes über die Ökologie zum Beispiel, oder das Kapitel über die *tierra*, über die Landprobleme, und das Kapitel über die Menschenrechte. Wir nehmen diese Abschnitte heraus und arbeiten damit, das Passende auswählend vielleicht, aber phantasievoll. Das Schlußdokument von Santo Domingo bedeutet nicht, daß die ganzen Dokumente der brasilianischen Bischofskonferenz oder der bolivianischen jetzt *ad acta* gelegt werden. Nein, wir gehen weiter! Das ist meine Hoffnung. Man kann die Basisgemeinden oder die Befreiungstheologie nicht mehr stoppen. Und mögen andere Bischöfe dies in Deutschland hundertmal behaupten, mich werden sie davon nicht überzeugen.

Für die Kirche in Lateinamerika hat die IV. Generalkonferenz des lateinamerikanischen Episkopats in Santo Domingo immerhin die Option für die Armen mit neuem Eifer übernommen und bekräftigt. Das ist meiner Auffassung nach einer der großen Erfolge: Man hatte vor der Konferenz in Santo Domingo gesagt, es solle eine Kursänderung eingeleitet werden. Die Option für die Armen ist, Gott sei's gedankt, geblieben. Wir haben sie gerettet. Ein zweiter Erfolg ist, so meine ich: Was Medellín vergessen und Puebla nur angedeutet hat, wurde nun endlich nachgeholt – die Berücksichtigung der ethnischen Vielfalt und die Achtung vor dem kulturellen Anderssein, die Sorge um die Mitwelt als Teil der Schöpfung und der religiöse Dialog. Das sind Punkte, die Perspektiven für eine neue Art und Weise der pastoralen Arbeit geben. Lateinamerika ist ein multiethnischer und multikultureller Kontinent. Bis in die Gegenwart wird diese Vielfalt und das kulturelle Anderssein nicht anerkannt. Die Perspektive für die nächsten Jahre oder Jahrzehnte besteht darin, daß wir die Vielfalt akzeptieren, anerkennen und respektieren. Die indianischen

Völker haben ganz besondere menschliche Werte hervorgebracht wie Solidarität, Gastfreundschaft, Großherzigkeit. Auch der Papst anerkennt dies, wenn er davon spricht, sie hätten die Überzeugung, daß sich das Böse mit dem Tod und das Gute mit dem Leben identifiziert. Diese Werte waren bereits Frucht der Gegenwart Gottes, bevor die ersten Verkünder des Evangeliums nach Amerika kamen. Wir sind heute aufgerufen zu einem respektvollen, einfühlenden, freundschaftlichen und solidarischen Zugehen auf die verachteten Kulturen der indianischen Völker Lateinamerikas. Ganz bewußt wollen wir uns heute im Sinne des Evangeliums für diese Völker einsetzen, deren Leben noch immer durch ein ausbeutendes und unterdrückendes System gefährdet ist. Ich zitiere, was wir darüber in unserem Kommissionstext gesagt haben:

– Wir wollen das Evangelium Jesu durch das Zeugnis einer bescheidenen, verständnisvollen und prophetischen Haltung anbieten.

– Wir wollen im Kennenlernen der verschiedenen Kulturen wachsen.

– Wir wollen im Rahmen eines respektvollen, ehrlichen und geschwisterlichen Dialogs die Stimmen dieser Völker und Menschen schätzen lernen.

– Wir wollen eine wirkliche Inkulturation ihrer Liturgie fördern, indem wir ihre Symbole, Riten und religiösen Ausdrucksformen sowie ihre sozialen und gemeinschaftlichen Strukturen mit Achtung aufnehmen und berücksichtigen.

– Wir wollen ihre theologische Reflexion begleiten und ihre kulturellen Ausformungen respektieren.

– Wir wollen die afroamerikanischen Völker in der Verteidigung ihrer Identität und ihrer eigenen Werte unterstützen.

– Wir wollen für die volle Geltung der Menschenrechte der Indios, der Afroamerikaner und Mestizen eintreten und dabei die Verteidigung ihres Landes miteinschließen.

– Wir wollen ermöglichen, daß den Indios und Afroamerikanern eine Bildung garantiert wird, die ihren jeweiligen Kulturen entspricht.

– Wir wollen von den Armen lernen, einfach zu leben, und die Weisheit der indianischen Völker teilen und schätzen, was die Bewahrung der Natur betrifft als Lebensraum für uns alle.

– Wir wollen all jene Organisationen der Landarbeiterinnen und Landarbeiter, der Indianerinnen und Indianer in solidarischer Weise unterstützen, die um die Garantie oder Rückerstattung ihres angestammten Landes kämpfen.

Es sind Zitate aus dem Text, den wir als Kommission verfaßt haben. Ich weiß jetzt noch nicht, in welcher Form sich das alles im Schlußdokument wiederfindet. Aber wir Kommissionsmitglieder sind in unserer täglichen Arbeit davon überzeugt: In dem Maß, in dem die Indianervölker, die Afroamerikaner und die Mestizen auf dem ganzen Kontinent eine Perspektive für ihr Überleben in Würde und Gerechtigkeit, das heißt für das Reich Gottes, sehen, werden auch die anderen, die Bauern ohne Land, die Straßenkinder, die herabgewürdigten Frauen, die Arbeitslosen, die Entwurzelten, die Armen einen Weg der Hoffnung und neue Lebensperspektiven finden. Alle gehören sie zum messianischen Volk, das aufgerufen ist, die Welt in Christus zu erneuern und zu gestalten.

Lassen Sie mich zum Schluß eine Einladung aussprechen, die auch in den Beschlüssen von Santo Domingo formuliert ist: Bringen wir «[...] eine neue wirtschaftliche, gesellschaftliche und politische Ordnung voran, die der Würde aller und jedes einzelnen Menschen entspricht, indem wir mehr Gerechtigkeit und Solidarität verwirklichen und allen Menschen den Horizont der Ewigkeit eröffnen»[13].

13 Ebd., Nr. 296.

Enrique Dussel

Das ‹institutionelle› Problem: Machtfaktor Geschäftsordnung[1]

Was ich das ‹institutionelle› Problem dieser IV. Generalkonferenz nennen möchte, hat uns alle, die wir von Anfang an dabei waren, gleich im ersten Augenblick beschäftigt und unsere ganze Aufmerksamkeit erregt.

Bekannt ist, daß die Väter des II. Vatikanischen Konzils (1962 bis 1965) von prophetischem und beispielhaft theologischem Geist erfüllt waren. Aber ebenso bekannt ist, daß sie dem ‹institutionellen› Aspekt nicht genügend Aufmerksamkeit schenkten. Ich beziehe mich dabei auf die Reform der kirchlich wirksamen kanonischen Institutionen. In der Tat haben die Konzilsväter nicht gleich ein neues Kirchenrecht geschaffen[2]. Das Konzil hat auch die römische Kurie nicht reformiert; es hat keine der entscheidenden Kongregationen verändert, nur einige neu eingerichtet (für den Dialog mit den christlichen Kirchen und mit den anderen Religionen) und zwei Sekretariate geschaffen (für Gerechtigkeit und Frieden sowie für die Laien). Diese neuen Insti-

1 Übersetzung von Norbert Arntz.
2 Als es viele Jahre später veröffentlicht wurde, hat man darin fast nichts mehr vom «Geist» des Konzils gespürt.

tutionen haben im Laufe der Jahre an Bedeutung verloren, während die lang bestehenden Kongregationen ihre alte Macht zurückerlangten.

Ebenso gilt – daran hat der Papst am 4. Dezember 1992 erinnert, als der Kardinal von München zu Besuch in Rom war – die Demokratie als eine «Institution» der politischen Gesellschaft und nicht der Kirche, so daß diese von jener nichts zu kopieren hat. Dabei wird jedoch übersehen, daß es in der Kirche ein Grundgesetz der Liebe gibt, das dazu verpflichtet, die Schwestern und Brüder in vollem Umfang zu beteiligen, wenn kollegiale Entscheidungen getroffen werden – wie zum Beispiel bei der Ernennung von Bischöfen. Konservative Bischöfe werden ohne jede Beratung und in massiver Weise gegen den Willen der Bischöfe und des katholischen Volkes der lateinamerikanischen Kirche aufgezwungen. Heute zählen nur die Vorschläge der Nuntien, weder die der Ortsbischöfe noch die örtlicher Priester- oder Laiengremien. Damit wird nicht nur eine antidemokratische Situation geschaffen, sondern auch die Achtung vor den Grundgesetzen der Liebe, der Geschwisterlichkeit des Evangeliums und der Einmütigkeit in Hoffnung und Glaube verletzt. Eine unnachgiebige Autoritätsausübung von oben nach unten, ohne die Suche nach Einheit in geschwisterlicher Liebe, wird von der Gemeinde als von außen kommende, aufgezwungene Beziehung eines Tagelöhners («Mietlings») und nicht als die eines liebevollen Hirten erlebt. Eine solche Lage ruft unerträgliche und überflüssige Spannungen hervor, macht die Kirche in ihrem pastoralen und missionarischen Handeln unbeweglich und wirkt häufig skandalös für eine Zivilgesellschaft, die für den Respekt vor den Menschenrechten sehr sensibel ist. Diese Rechte auch im eigenen Inneren zur Geltung zu bringen ist die Kirche nicht geübt. Stets wird entschuldigend darauf verwiesen, die Kirche habe Gott zu gehorchen. Dabei übersieht man aber, daß die Menschenrechte vor allem göttlichen Ursprungs sind und auf Liebe und Gerechtigkeit gründen.

Ich verweise darauf, weil die Ereignisse in Santo Domingo solche Gedanken in mir hervorgerufen haben und weil ich mich auf diesen einen, aber meines Erachtens grundlegenden Aspekt beziehen möchte. Ich halte ihn für grundlegend, weil er das Gesamtklima der Generalkonferenz entscheidend bestimmte. Der ‹institutionelle› Rahmen, der die Beziehungen zwischen den

Teilnehmern in Santo Domingo festlegte, bestimmte entscheidend und wesentlich die Vorgänge und Resultate der Generalkonferenz, insbesondere natürlich das Schlußdokument, das eine ad hoc vom Präsidium ernannte Kommission redigierte.

In den fünfziger Jahren entwarfen der Subsekretär des Vatikanstaates, Msgr. Montini, und der Sekretär der von ihm selbst gegründeten brasilianischen Bischofskonferenz (CNBB), der Priester Hélder Câmara, den Plan, ein zweites lateinamerikanisches Kontinental-Konzil unter der Leitung von Msgr. Manuel Larraín, Bischof von Talca (Chile), zu organisieren.[3] Der damalige Papst Pius XII. billigte die Idee, aber reduzierte das Ereignis auf eine schlichte und im kanonischen Recht nicht definierte «Generalkonferenz». Die I. Generalkonferenz des lateinamerikanischen Episkopats versammelte sich 1955 in Rio de Janeiro[4] und gründete den Lateinamerikanischen Bischofsrat CELAM (*Consejo Episcopal Latinoamericano*). 1964 wurde in Rom der Generalrat der Kommission für Lateinamerika (COGECAL) aus der Taufe gehoben, der später nur noch als Kommission für Lateinamerika CAL (*Comisión para América Latina*) weiterexistierte. Bei der II. Generalkonferenz in Medellín stellte die CAL den zweiten Vizepräsidenten, während der Präsident von CELAM zugleich der Präsident der Konferenz war. Wie bekannt, fand die II. Generalkonferenz 1968 statt.[5] Sie ist von so großer Bedeutung, daß man sie als entscheidenden Bezugspunkt seit dem Anfang der Kirchengeschichte auf dem lateinamerikanischen Kontinent bezeichnen kann. Die Bischöfe konnten sich in voller Freiheit beraten, sie arbeiteten unter schwierigen Bedingungen, sie lebten in einem Seminar zusammen, wo man bis spät in die Nacht hinein diskutierte. Die Redaktion des Schlußdokumentes wurde in den Kommissionen gemeinsam vorgenommen. Das Ergebnis hinterließ bei der Kirche des Kontinentes und weit über ihre Grenzen hinaus einen tiefen Eindruck.

3 Das erste hatte 1899 in Rom stattgefunden. Vgl. Enrique Dussel, Die Geschichte der Kirche in Lateinamerika, Grünewald, Mainz, 1988, S. 167 ff.

4 Vgl. op.cit., S. 217 ff.; Enrique Dussel (Hrsg.), The church in Latin America (1492-1992), Burn & Oates-Orbis, Kent-New York, 1992.

5 Ebd., S. 228 ff.; und: Enrique Dussel, De Medellín a Puebla, CEE-Edicol, México, 1979.

Die III. Generalkonferenz fand in Puebla (1979)[6] statt; ihr Präsident war Kardinal Baggio, zugleich Präsident der Päpstlichen Kommission für Lateinamerika (CAL), ihr Generalsekretär der Generalsekretär des CELAM, damals Weihbischof López Trujillo. Auch wenn man nicht mehr die Freiheit erlebte, die noch Medellín geprägt hatte – alle Befreiungstheologen waren ausgeschlossen, einige wurden trotzdem von teilnehmenden Bischöfen eingeladen –, konnten die 23 Kommissionen doch immer noch mit einer üblichen Geschäftsordnung arbeiten. Die Bischöfe selber waren es, die über alle Angelegenheiten der Generalkonferenz entschieden und das Schlußdokument redigierten. Unter institutionellem Gesichtspunkt arbeitete die Generalkonferenz in der bisherigen Tradition.

Bei der IV. Generalkonferenz von Santo Domingo gab es wesentliche Veränderungen im «institutionellen Gefüge», «neue Bestimmungen», auf die ich mich beziehen möchte, da sie dazu geführt haben, die ‹Natur›[7] der Generalkonferenz zu verändern. In seiner Eröffnungsansprache bezieht sich der Papst selbst nicht nur auf die beginnende Generalkonferenz, sondern auch auf zukünftige Konferenzen: «Diese Generalkonferenz könnte die Zweckmäßigkeit prüfen, in nicht allzu ferner Zukunft eine *Begegnung von Repräsentanten der Episkopate aus dem ganzen amerikanischen Kontinent* zu begehen, die den Charakter einer Synode haben könnte, mit dem Ziel, die Zuammenarbeit zwischen den verschiedenen Ortskirchen zu verstärken.»[8]

Dieser Vorschlag ließ daran denken, daß die Generalkonferenzen, die ein Ort selbständiger Überlegungen und Entscheidungen der lateinamerikanischen Bischöfe gewesen waren, in Zukunft durch «konsultative», von Rom einberufene Synoden ersetzt werden sollten, in denen die Bischöfe nicht mehr die Autorität besäßen, die sie sich in den vorangegangenen Konferenzen errungen hatten. Als man jedoch bei der Generalkonferenz in Santo Domingo daran ging, die Elemente zusammenzutragen,

6 Vgl. Enrique Dussel, De Medellín a Puebla, II. Teil.
7 Ein Scholastiker würde sagen: das Wesen, die Essenz.
8 Rede Johannes Pauls II. zur Eröffnung der IV. Generalkonferenz in Santo Domingo, Pressesaal des Heiligen Stuhls, 12. Oktober 1992, Nr. 8, Abschnitt 17, S. 7 der an die Presse in Santo Domingo ausgehändigten Kopie.

von denen man vor Beginn noch keine klare Kenntnis hatte, stellte sich immer mehr heraus, daß die ortskirchliche Freiheit in Wirklichkeit bereits verloren gegangen war.

In der Tat war schon seit 1991 bekannt, daß der Vatikan den Präsidenten und den Exekutiv-Sekretär der IV. Generalkonferenz ernennen würde. Viele hatten diesen Vorgang als eine echte römische «Intervention» in die Konferenz definiert, andere dagegen deuteten sie nur als eine stärkere Präsenz des Vatikans. Ohne vorherige Ankündigung und erst bei ihrer Ankunft in Santo Domingo händigte man den Teilnehmern eine Geschäftsordnung für die IV. Generalkonferenz aus, deren Impressum lautet: «Päpstliche Kommission für Lateinamerika, Vatikanstadt». Die Mehrheit der Bischöfe hatte also nicht einmal die Zeit, den Text vor Beginn der Konferenz zu studieren. Auf der zweiten Seite aber steht zu lesen, daß «mit offiziellem Schreiben vom 10. Juli 1992 (N. 308.245)» die Geschäftsordnung bekanntgegeben worden sei.

Juristisch betrachtet kommt die Geschäftsordnung also aus Rom; sie ist in Rom erdacht, entwickelt und gedruckt worden. Der CELAM hat in keinem Moment daran mitgewirkt. Die Bischöfe in Santo Domingo hatten sie nur in Empfang zu nehmen und «auszuführen». Gleich vom ersten Augenblick in der ersten Sitzung der Konferenz gab es eine Debatte darüber. Einigermaßen ungewöhnlich war, daß argentinische Bischöfe – einige von ihnen sind wegen ihrer konservativen Haltung bekannt – das Wort ergriffen; unter ihnen zum Beispiel Kardinal Raúl Primatesta sowie die Bischöfe Carmelo J. Giaquinta und Justo Laguna. Sie fanden sich in einer Linie mit brasilianischen Bischöfen, die als progressiv angesehen werden, wie zum Beispiel Ivo Lorscheiter, Luciano Mendes und vielen anderen wie José L. Aczona, Clemente Isnard, Sinesio Bohn usw. Was sie – wenn auch nur zwischen den Zeilen – sagen wollten, war eine Art Klage: Warum hat man so gehandelt? Warum hat man so wenig Vertrauen in die Bischöfe? Warum solch strenge Kontrolle?

Was war geschehen? Faktisch wurde in der Geschäftsordnung ein dreifaches Präsidium[9] etabliert: Der erste Präsident, und damit der wirklich entscheidende Präsident der IV. Generalkonfe-

9 Reglamento, S. 6.

renz, war Kardinal Angelo Sodano, Kardinalstaatssekretär und während des Regimes von Pinochet Nuntius in Chile, mit dem er damals in herzlichem Dialog stand; der zweite Präsident war der Kardinal von Santo Domingo, Nicolás de Jesús López Rodríguez, verantwortlich für die Organisation der Konferenz; der dritte Msgr. Serafím Fernandes de Araújo von Belo Horizonte in Brasilien, der sich gleich von Anfang schnell in die Arbeiten seiner Brüder im Bischofsamt eingliederte. Das Generalsekretariat der Konferenz wurde doppelt besetzt: auf der einen Seite Msgr. Jorge Arturo Medina Estévez, in Chile bekannt durch seine politische Einstellung, zu Zeiten Pinochets Rektor der Katholischen Universität und zum Bischof in Chile ernannt, als Msgr. Sodano dort Nuntius war; er fungierte faktisch als Generalsekretär; auf der anderen Seite Weihbischof Raymundo Damasceno Assis aus Brasilien, Generalsekretär des CELAM, der faktisch keine entscheidende Rolle spielte.

Immer bewußter wurde wahrgenommen, daß die von Rom ernannten Amtsträger entschieden und bedenkenlos das gesamte Kommando übernahmen. In der ersten Sitzung griffen die Bischöfe zwei entscheidende Punkte der Geschäftsordnung heftig an: das Stimmenverhältnis (Zwei-Drittel-Mehrheit oder einfache Mehrheit) für alle Entscheidungen, die mit der Abfassung des Schlußdokumentes zu tun hatten, und die Ernennung der Mitglieder der Redaktionskommission für das Schlußdokument. Dabei handelte es sich um zwei Schlüsselfragen für die gesamte Konferenz.

Bevor wir darauf zu sprechen kommen, wie diese Fragen, die zu konfliktträchtigen Debatten führten, gelöst wurden, wollen wir einige Anmerkungen zu anderen Aspekten der Geschäftsordnung und der Konferenz im allgemeinen machen.

Zunächst zur Geschäftsordnung: Artikel 1 über «das Präsidium» ist fundamental. Denn das Präsidium «stellt fest, wer» Mitglied der Konferenz ist, «leitet und koordiniert die Aufgaben der Konferenz», «bestimmt die Kommissionen und ernennt ihre Mitglieder», und schließlich wacht es «über das gute Funktionieren der Kommissionen». Außerdem legt die Geschäftsordnung fest, daß der «erste Präsident» (Msgr. Sodano) «persönlich» «die Eröffnungs- und Schlußrede der Konferenz zu halten [hat]», «sowie andere Funktionen offiziellen oder ausführenden Charakters [wahrzunehmen hat], die mit der Konferenz im Zusammenhang stehen». Bei den Sitzungen der Konferenz schließlich «entscheidet er über ihren Ablauf, über die zu diskutierenden Themen und über eventuelle Abstimmungen, nachdem er sich mit den beiden anderen Präsidenten beraten hat, wenn er *es für nötig hält*»[10]. In Artikel 4 über «das Generalsekretariat» heißt es: «Die Sekretäre arbeiten *abhängig von und in Übereinstimmung* mit den Normen und Anweisungen des Präsidiums»[11]. Über die «Kommissionen» lesen wir: «Das Präsidium bestimmt, welche Kommissionen entsprechend den im Tenor der allgemeinen Dynamik ausgewählten Themen eingerichtet werden sollen»[12]. In Artikel 6 wird über «die Abstimmungen» gesagt: «Die Abstimmungen geschehen nach den Normen des Kirchenrechts»[13], aber dann heißt es: «Das Präsidium kann abstimmen lassen [...] *über Fragen, die es für geeignet hält*»[14]. In Artikel 7 geht es um die «Abstimmungen»: «Zur Annahme der Beschlußtexte sind Zwei-Drittel der abgegebenen gültigen Stimmen der anwesenden Stimmberechtigten notwendig»[15]. Zu den «Beschlußtexten» heißt es in Artikel 12: «Nachdem die Konferenz sie ordnungsgemäß verabschiedet hat, *werden die Dokumente durch die Präsidenten der Konferenz dem Heiligen Vater vorgelegt*, damit er ihren Inhalt prüfe und über ihre Verwendung entscheide.»[16]

Selbst bei oberflächlicher Lektüre wird man bemerken, daß der erste Präsident die ‹institutionelle› Schlüsselgewalt der IV. Generalkonferenz besaß. In Wirklichkeit ist die gesamte Geschäftsordnung von seiner Person abhängig.[17]

10 Ebd., S. 6-7; Hervorhebung von uns.
11 Ebd., S. 14.
12 Ebd., S. 15.
13 Ebd., S. 16.
14 Ebd., S. 17.
15 Ebd., S. 17.
16 Ebd., S. 19.
17 Weitere Hinweise: Das Konferenzsekretariat bereitet die Tagesordnung vor, «um sie dann durch das Präsidium billigen zu lassen» (Art. 4,3); es fertigt die Protokolle der Generalkonferenzen in Zusammenarbeit mit Bischöfen oder Experten, «die vom Präsidium ernannt werden», an (Art. 4,4.5); als offizielle Dokumente der Konferenz gelten nur die Texte, die durch das Generalsekretariat «mit Zustimmung des Präsidiums» als solche ausgehändigt werden (Art. 4,5); bezüglich der Information an die Presse wird gesagt, daß der Direktor, die Verantwortlichen und Mitarbeiter des Presseamtes «durch das Präsidium ernannt werden» (Art. 4,7).

Die Diskussion darüber, ob die Schlußdokumente durch einfache Mehrheit angenommen werden könnten, wurde durch den ersten Präsidenten beendet. Er persönlich entschied, daß die Verfügung der Geschäftsordnung einzuhalten sei. Das hieß: Zwei Drittel der abgegebenen gültigen Stimmen werden benötigt. Was bedeutete dies? Insofern eine große Anzahl von Teilnehmern durch Rom ernannt worden war[18], hatte diese Bestimmung faktisch die Bedeutung einer Sperrminorität gegen jegliche unerwünschte Entscheidung.

Die Bischöfe haben heftig darüber diskutiert, das Recht zu bekommen, wenigstens die Kandidaten für die Redaktionskommission des für die Gesamtkonferenz entscheidenden Schlußdokumentes zu nominieren. Wiederum war es das Präsidium, das faktisch die vier Redakteure ernannte. Zwar wurde die Kommission von einem brasilianischen Bischof koordiniert, aber die Kommission der Redakteure behielt in engem Kontakt mit dem Präsidium die unmittelbare Verantwortung für den Text. Der erste unter ihnen war Msgr. Javier Lozano Barragán von Mexico, rechte Hand des früheren Präsidenten des CELAM, Msgr. López Trujillo.

Mit keinem Wort haben wir bisher etwas über den Inhalt der Debatten gesagt oder über die Beschlüsse, die angestrebt wurden; auch nichts über die Art und Weise, wie das Schlußdokument redigiert wurde. Wir haben uns vielmehr ausschließlich mit dem ‹institutionellen› Faktum befaßt, das wesentlich ist: Die lateinamerikanischen Bischöfe hatten von Anfang an keine Entscheidungsgewalt über die Entwicklung der Konferenz. Wie man am ganzen Verlauf der Konferenz ablesen kann, hatten sie bereits am dritten Tag die Kontrolle verloren, als über den Abstimmungsmodus und die Nominierung der Redaktionskommission für das Schlußdokument entschieden wurde. Das Schlußdokument als solches ist bereits von anderer ‹Natur› als die Dokumente von Medellín und Puebla. Es beweist einen beklagenswerten Verlust an Mitverantwortung und Freiheit der Bischöfe.

18 Vgl. die beiden Abschnitte des Artikels 2 über «die Teilnehmer»: «1.1.7. Andere Bischöfe Lateinamerikas, die vom Papst ernannt werden» (S. 8); in 1.1.8. wird auf weitere «von Seiner Heiligkeit bestimmte» Kardinäle oder Bischöfe verwiesen (ibid.), die man zu den Mitgliedern der CAL, der Kurie, dem Nuntius von Santo Domingo usw. noch hinzufügen müßte.

Mir liegt außerdem daran, auf ein Faktum hinzuweisen, das scheinbar sekundär, aber von großer Bedeutung für diejenigen Bischöfe Lateinamerikas ist, die sich dem Geist des Evangeliums und den Armen verpflichtet fühlen. Einige Bischöfe – die brasilianischen zum Beispiel, aber sie waren nicht die einzigen – wollten aus den luxuriösen Hotels ausziehen, in denen sie untergebracht waren und die einige konservative Bischöfe als schokkierend empfanden.[19] Die Regierung der dominikanischen Republik zahlte dafür mehr als 100 US-Dollar täglich; der Kardinal von Santo Domingo hatte das akzeptiert. Die Bischöfe wollten lieber in den Häusern von Ordensgemeinschaften wohnen, die ihnen Zimmer angeboten hatten. Mit Recht argumentierten die Bischöfe, einerseits müsse es für ihre armen Gläubigen «ein Skandal» sein, wenn sie erführen, daß sie in solchen Luxushotels gewohnt hätten, und andererseits könnte ein solcher Wohnungswechsel ihren Beratungen nützen. Neben dem Beispiel des einfachen Lebensstils war dies der entscheidende Grund. Denn die Hotels lagen relativ weit vom Konferenzort entfernt, der Transport hin und her war schwierig; ganz unmöglich aber war es, sich noch spät abends zu treffen, um sich zu beraten oder Ideen auszutauschen. Die Unterbringung also bedeutete Zeitverlust und Isolation der Konferenzmitglieder voneinander. Das Präsidium der Konferenz jedoch lehnte es aus verschiedenen Gründen – unter anderem, weil es die Regierung der dominikanischen Republik nicht bloßstellen wollte – rundweg ab, die Unterkunftsorte zu wechseln. Der Zeitverlust wurde auch an einem anderen Vorgang noch spürbar: Von Anfang an war eine große Zahl von Plenarsitzungen geplant, in denen zwar alle reden konnten, aber Übereinkünfte kaum zu erreichen waren, während die Kommissionssitzungen, in denen die Bischöfe zu Beschlüssen über die diskutierten Themen kommen sollten, um diese an die Redaktionskommission weiterzugeben, nur in geringer Zahl vorgesehen waren. Die Frage der Unterkunftsorte und der Versammlungsorganisation war der Grund dafür, daß sich unter den Bischöfen der Eindruck verbreitete, es fehle an Konzentration, die Zeit werde vertan und die Kreativität der Bischöfe werde

19 In einem der Hotels gab es einen Schönheitswettbewerb, so daß weitgehend entkleidete «Damen» sich mit den traditionell gewandeten Herren Kardinälen, Erzbischöfen und Bischöfen auf den gleichen Fluren trafen.

nicht genutzt, um ein wegweisendes Schlußdokument zustandezubringen. Es schien, als sei alles darauf angelegt, das Mitspracherecht, die Autorität, die Freiheit und die Kollegialität des lateinamerikanischen Episkopats auf ein Minimum zu reduzieren.

Auch wenn viele sich vom ersten Tag an mutig gegen den eisernen Panzer der Geschäftsordnung wehrten, am Ende war doch die von Rom aus verfügte Verfahrensordnung überlegen. Die Konferenz brachte nur ein schwaches Ergebnis hervor. Wollte man vielleicht gerade ein mäßiges Resultat, um zu beweisen, daß Synoden viel geeigneter seien als Konferenzen? Darüber hinaus muß man sich fragen, ob nicht in den neunziger Jahren alles auf einige konsultative Synoden hinausläuft, in denen die Bischöfe nur ein scheinbares Mitsprachrecht haben, so wie man in den fünfziger Jahren an ein lateinamerikanisches Konzil dachte, am Ende aber nur eine Generalkonferenz durchsetzte!? Und gilt schließlich nicht die Freiheit und Kreativität des lateinamerikanischen Episkopats in den Augen bestimmter Leute als ein schlechtes Beispiel für die Kirchen Afrikas und Asiens?

Pablo Richard

Die Beschlüsse von Santo Domingo in befreiungstheologischer Perspektive

1. Der Schlüssel zur Interpretation

Eine erste Interpretation der IV. Generalkonferenz des lateinamerikanischen Episkopats darzubieten ist die mit diesem Artikel verfolgte Absicht. Wir beziehen darin den Vorbereitungsprozeß der Konferenz ein und die Zukunftsperspektiven, die sich aus ihr ergeben.

Das grundlegende Kriterium für die Interpretation ist die Kontinuität mit den vorangegangenen Konferenzen von Medellín und Puebla. In dieser Perspektive gehören der sogenannte «Anhang» des ersten Vorbereitungsdokumentes «Elemente für eine pastorale Reflexion» (vom Februar 1990), die SECUNDA RELATIO (vom Februar 1992) und das Arbeitsdokument (vom Juni 1992) zu den wichtigsten Dokumenten des gesamten Prozesses. In dieser Perspektive werden auch die Beschlüsse der IV. Generalkonferenz in ihrer – noch vorläufigen – Fassung vom 28. Oktober 1992 interpretiert.

2. Die IV. Generalkonferenz: ein Kairos für die Kirche Lateinamerikas und der Karibik

Der Kairos ist eine historisch günstige Gelegenheit, ein entscheidender Augenblick, ein Angebot von Gnade und Umkehr. Versteht man es, einen Kairos zu ergreifen, kann man in der Geschichte einen Sprung nach vorne tun; verpaßt man den Kairos, wird die Geschichte zurückgeworfen, und die Lage wird schlimmer als vor dem Kairos. Ohne Zweifel waren und sind das Jahr 1992 und der Gesamtprozeß der Generalkonferenz von Santo Domingo für die lateinamerikanische Kirche ein Kairos. Die Herausforderungen sind immens. Um den Kairos der Kirche erfassen zu können, werden wir einfach die Herausforderungen aufzählen. Denn in der Antwort auf die darin gestellten Fragen steht die Glaubwürdigkeit der Kirche für die Zukunft Lateinamerikas und der Karibik auf dem Spiel.

1) Armut, Elend und Ausschluß der Mehrheit der Menschen aus dem Wirtschaftsleben mit ihren zerstörerischen gewalttätigen Konsequenzen für das Kollektiv und die Einzelpersonen; Nötigung zur freien Marktwirtschaft als Modell ohne Alternative; Krise der Zivilgesellschaft in der Familie, in den Kommunikationsmedien, in der Erziehung; Korruption und Drogenhandel; autoritäre Strukturen, Rassismus, Machismo, Naturzerstörung und Militarismus; Entwicklung wirtschaftlicher, politischer und gesellschaftlicher Alternativen.

2) Sekten: die kleinen Leute werden spirituell sich selbst überlassen, die Volksreligiosität wird manipuliert.

3) Die Moderne: ihre Beurteilung und Evangelisierung; Evangelisierung der Großstädte und der modernen Kultur.

4) Evangelisierung der Zivilgesellschaft: Evangelium und Kulturen (der Indígenas, der AfroamerikanerInnen und der unteren Volksschichten); Evangelium und soziale oder Volks-Bewegungen mit gesellschaftlichen Alternativen; die Kirche und die neuen gesellschaftlichen Subjekte (Indios, Schwarze, Frauen, Jugendliche).

5) Innere Reform der Kirche: ein neues Kirchenmodell, Basisgemeinden, neue Amtsstrukturen, Ordensleben, Spiritualität und Bibellektüre, lateinamerikanische Theologie, Ökumenismus.

Bietet die Kirche mit der Generalkonferenz von Santo Domingo eine Antwort auf die mit diesen Herausforderungen verknüpften Fragen? Oder sind wenigstens die Beschlüsse der Generalkonferenz geeignet, solche Antworten zu finden? Nimmt die Kirche den Kairos wahr, den Gott ihr bietet?

Ganz allgemein gesagt, kann ich auf diese Fragen mit Ja antworten. Ich habe die Hoffnung, daß die Gesamtkirche mit der IV. Generalkonferenz von Santo Domingo in der von Medellín und Puebla bereits markierten Richtung weitergehen wird. Die Interpretation, die wir in diesem Artikel anbieten, begründet diese Hoffnung, jedoch nicht im Sinne des bereits Erreichten, sondern mehr im Sinne einer vor uns liegenden Aufgabe. Mit der Interpretation wollen wir die Hoffnung rekonstruieren.

3. Die grundsätzliche Bedeutung von Santo Domingo

Die Kirche Lateinamerikas und der Karibik hat es in Santo Domingo geschafft, ihre eigene Identität und ihr Selbstbewußtsein zu stärken und zu vertiefen. Sie hat damit die Grundlagen für ihre zukünftige, kreative Weiterarbeit geschaffen, für einen Neuanfang mit eigenen Wurzeln und eigener Identität. Spektakuläre Triumphe wurden nicht erzielt. Aber schon die eigene Identität und das eigene Selbstbewußtsein zu stärken war nicht einfach, denn es gab Manipulationsversuche von außerhalb, die gezielt die Identität der lateinamerikanischen Kirche zu brechen suchten. Insbesondere die von der römischen Kurie aufgezwungenen Ernennungen und Geschäftsordnungsregeln hatten objektiv diese Tendenz. In diesem Sinn wirkten ebenso ausdrücklich die Maßnahmen, die der Generalkonferenz gleich zu Anfang aufoktroyiert wurden: Man neutralisierte das Arbeitsdokument und wies die Arbeitsmethode «Sehen – Urteilen – Handeln» zurück; den Bischofskonferenzen wurde verboten, als Konferenzen aufzutreten; vier lehramtliche Vorträge wurden vorgesetzt, welche die Debatte regelrecht blockierten. Trotz all dieser Maßnahmen ist es der Kirche Lateinamerikas und der Karibik gelungen, ihr Selbstbewußtsein und ihre Identität zu sichern und Fundamente für die zukünftige Arbeit zu legen. Diese Identität wird vor Beginn der Generalkonferenz von Santo Domingo am deutlichsten im Dokument SECUNDA RELATIO erkennbar. Es wird auch nach der Generalkonferenz ein Dokument höchster Autorität bleiben, da in ihm das Denken des lateinamerikanischen Episkopats unmißverständlich und eindeutig wiederzufinden ist. Dieses Denken ist im Lauf der Generalkonferenz zum Zuge gekommen, wenn auch zunächst ‹in die Knie gezwungen› und ‹eingesperrt› durch eine Ekklesiologie, die ihm fremd ist und die mit den Traditionen von Medellín und Puebla bricht. All das werden wir im folgenden analysieren und interpretieren.

4. Die Beschlüsse der IV. Generalkonferenz: eine Gesamtübersicht

Wir analysieren jetzt das Schlußdokument der IV. Generalkonferenz, «Beschlüsse» genannt, so wie es am 28. Oktober, dem letzten Tag der Generalkonferenz, ausgehändigt wurde, ein Dokument von 86 Seiten, unterteilt in die Abschnitte 1 bis 303. Es enthält wichtige Tendenzen und Themen, die der Interpretation wert sind. Wir werden Abschnitt für Abschnitt analysieren und die jeweiligen Zwischenüberschriften zitieren. Wir werden auf die positiven Texte hinweisen, welche die Identität der Kirche Lateinamerikas und der Karibik in Kontinuität mit Medellín und Puebla wiedergeben; wir werden ebenso auf die negativen Texte verweisen, in denen zum Teil auf konfuse und abstrakte Weise die Identität mißachtet oder gar geleugnet wird.

4.1 Erster Teil: Jesus Christus, Evangelium des Vaters (1 bis 21)

Im allgemeinen ist der erste Teil ein konfuser und oberflächlicher Abschnitt. Einige positive Texte sind[1]:

1: Die Kontinuität zu Medellín und Puebla wird bestätigt, die Vergebungsbitte ausgesprochen. Die Themen der Generalkonferenz werden erwähnt.

4b: Bevorzugung der Armen und der Opfer.

7b: Beziehung zwischen Kirche und Reich Gottes.

13: Zielsetzung der Evangelisierung: «Das Evangelium der Gerechtigkeit».

17: Anerkennung der «Samenkörner des Wortes» in den Religionen der UreinwohnerInnen.

19: Die Subjekte der Erst-Evangelisierung.

20: Anklage der Vergehen – Bitte um Vergebung.

21b: Anerkennung der Märtyrer.

1 Die Numerierung des Textes wird vorangestellt; der Kleinbuchstabe bezieht sich auf den entsprechenden Absatz.

4.2 Zweiter Teil: Jesus Christus, der als Lebendiger seine Kirche evangelisiert (22 bis 286)

Kapitel I: Die Neue Evangelisierung (23 bis 156)

Das Kapitel enthält eine Ekklesiologie, die wenig oder gar nichts mit der Identität der Kirche Lateinamerikas und der Karibik zu tun hat. 35 der ingesamt 86 Seiten des Dokumentes sind ihr gewidmet. Der Text bleibt abstrakt und ist häufig konfus; sobald er aber konkret und eindeutig wird, stehen seine Aussagen im Gegensatz zur kirchlichen Praxis in Lateinamerika. Diese Ekklesiologie kommt fast ohne den Bezug zur Bibel aus.[2]

Einige positive Texte in diesem Kapitel sind:
50: über die prophetische Funktion der Kirche.
95 und 97: über die Laien.
104 bis 110: über die Frau (insbesondere 107 bis 110).
112 bis 114: über die Jugend.

Kapitel II: Die Förderung menschlicher Entwicklung (157 bis 227)

Dieses Kapitel ist überwiegend positiv und nimmt Medellín und Puebla kreativ wieder auf. In den Nummern 157 bis 209 (14 Seiten) werden eine Realitätsanalyse, eine theologische Reflexion und ein pastoraler Leitfaden dargestellt, die man als das inspirierende Zentrum des gesamten Dokumentes bezeichnen könnte. Nur der kleine letzte Abschnitt über die Familie (210 bis 227) argumentiert auf der Linie der traditionellen Moral und ohne Perspektive; doch auch darin lassen sich einige positive Absätze aufzählen: die Nummern 218, 221, 222 und 227.

Kapitel III: Die Christliche Kultur (228 bis 286)

Auch dieses Kapitel ist mit wenigen Ausnahmen positiv und kreativ zu nennen. Den konfusesten Teil bilden die Einführung (228 bis 230) und der erste Abschnitt mit der Überschrift «Kultu-

2 Nur in den Nummern 37 und 104 bezieht man sich auf das Alte Testament; das Neue Testament wird einseitig und nur in nebensächlichen Punkten zitiert.

relle Werte – Christus, der Maßstab für unser moralisches Verhalten» (231 bis 242)[3]. Der Abschnitt über die Erziehungstätigkeit der Kirche (263 bis 278) ist im allgemeinen recht widersprüchlich, davon positiv ausgenommen sind die Absätze Nr. 265, 267, 270 bis 271, 275, 277 bis 278.

4.3 Dritter Teil: Jesus Christus, Leben und Hoffnung für Lateinamerika. Pastorale Prioritäten (287 bis 303)

Der gesamte Abschnitt über die Pastoral ist positiv, insbesondere weil genau in der Mitte (296) die vorrangige Option für die Armen betont wird.

4.4 Resümee

Die Beschlüsse enthalten eine Christologie (Erster Teil) und eine Ekklesiologie (Zweiter Teil, Kapitel I), die im allgemeinen der Identität der Kirche Lateinamerikas und der Karibik fremd sind. Dagegen bringen die Texte über die Menschliche Entwicklung (Zweiter Teil, Kapitel II), über die Christliche Kultur (Zweiter Teil, Kapitel III) und über die Pastoralen Leitlinien (Dritter Teil) im allgemeinen die Identität unserer Kirche gut zum Ausdruck. Mit anderen Worten: sobald die Neue Evangelisierung von einer christologischen und ekklesiologischen Theorie aus reflektiert wird, zeigt der Text Tendenzen, unsere kirchliche Identität zu beschneiden; sobald die Neue Evangelisierung jedoch von erlebter menschlicher Entwicklung, Kultur und praktizierten pastoralen Optionen aus reflektiert wird, bringt der Text zum Ausdruck, was dem Bewußtsein und der Identität der lateinamerikanischen Kirche zutiefst zu eigen ist.

5. Die bemerkenswertesten Texte der Beschlüsse

Aus den Beschlüssen der IV. Generalkonferenz will ich einige Texte hervorheben, die einerseits eine Kontinuität mit Medellín und Puebla aufweisen, andererseits Neues aussagen. Die Darstel-

3 Der Absatz Nr. 233 ist davon auszunehmen, er ist positiv.

lung geht von der Mitte des Schlußdokumentes (178 bis 181) aus und bezieht den gesamten Text ein. Die hier zitierten Texte sind die bemerkenswertesten; sie dienen als Schlüssel für eine globale Interpretation der in Santo Domingo durchgeführten IV. Generalkonferenz. Wir glauben, daß es diese Texte sind, die unsere Basisgemeinden und Pfarreien erreichen sollten; diese Texte werden das Leben unserer Kirchen anregen. Gewiß sollten diese Texte später in den größeren Zusammenhang mit früheren Dokumenten des lateinamerikanischen und karibischen Episkopats gestellt und in diesem Kontext kommentiert werden, insbesondere in Verbindung mit Medellín (1968), Puebla (1979), der SECUNDA RELATIO (Februar 1992) und dem Arbeitsdokument (Juni 1992). Denn alle diese Texte, die der CELAM veröffentlicht hat, machen die ureigene Tradition unserer Kirche aus.

Die Texte der Beschlüsse der IV. Generalkonferenz von Santo Domingo, die wir hier hervorheben möchten, sind die folgenden:

5.1 Zentrale theologische Grundlage: die Leidensantlitze Christi und die vorrangige Option für die Armen («Verarmung und Solidarität»: Nr. 178 bis 181)

Wir beginnen mit diesem Text, denn – wie gesagt – er steht im Zentrum der Beschlüsse und kann als wichtigster Bezugspunkt für die Interpretation des Ganzen dienen.

• «Evangelisieren heißt tun, was Jesus Christus tat, als er in der Synagoge darauf hinwies, daß er kam, den Armen das Evangelium zu verkünden (vgl. Lk 4,18-19). Er, ‹der reich war, wurde arm, um uns durch seine Armut reich zu machen› (2 Kor 8,9). Er fordert uns heraus, ein glaubwürdiges Zeugnis evangeliumsgemäßer Armut in unserem Lebensstil und in unseren kirchlichen Strukturen abzulegen, so wie er es selber getan hat» (178a).

• «Dies ist die Begründung, die uns zu einer evangeliumsgemäßen und vorrangigen Option für die Armen verpflichtet; sie steht unwiderruflich fest, sie ist aber weder eine ausschließliche noch eine ausschließende Option; bei den Konferenzen von Medellín und Puebla wurde sie feierlich bestätigt. Im Licht dieser vorrangigen Option und nach dem Beispiel Jesu werden wir einzeln und gemeinsam zu allem evangelisierenden Tun inspiriert (vgl. SRS 42; RM 14; DI 16). Mit Hilfe des ‹evangelisierenden

Potentials der Armen› (Puebla 1147) wollen wir als arme Kirche die Evangelisierung unserer Gemeinden vorantreiben» (178b).

• «Auf den Leidensgesichtern der Armen das Leidensantlitz des Herrn entdecken (Mt 25,31 bis 46) stellt eine Herausforderung dar, die alle Christen zu einer tiefreichenden persönlichen und kirchlichen Umkehr ruft. Im Licht des Glaubens sehen wir

– die entstellten Gesichter aller, die durch den von Inflation, Auslandsschulden und gesellschaftlichen Ungerechtigkeiten hervorgerufenen Hunger gezeichnet sind;

– die enttäuschten Gesichter aller, die von den Politikern viele leere Versprechungen hören;

– die gedemütigten Gesichter jener, deren eigene Kultur nicht respektiert, ja sogar verachtet wird;

– die erschreckten Gesichter aller, die unter der täglichen allgegenwärtigen Gewalt zu leiden haben;

– die verängstigten Gesichter der verlassenen Kinder, die durch unsere Straßen streifen und unter unseren Brücken schlafen;

– die leidenden Gesichter der Frauen, die gedemütigt und zurückgelassen werden;

– die erschöpften Gesichter der Migranten, die keine würdige Aufnahme finden;

– die vorzeitig gealterten Gesichter derer, die trotz ihrer Arbeit nicht einmal das Minimum haben, um würdevoll überleben zu können (Arbeitsdokument 163).

Barmherzig lieben heißt auch sich denen zuwenden, die spirituell, gesellschaftlich und kulturell Bedürftige sind» (178c).

Pastorale Herausforderungen

• «Die wachsende Verarmung, der Millionen unserer Schwestern und Brüder bis ins unerträgliche Elend ausgeliefert sind.»

• «Wir Hirten fühlen unser Innerstes erschüttert, wenn wir täglich die große Anzahl der Männer und Frauen, der Kinder und Alten sehen, die unter der unerträglichen Last des Elends ebenso wie unter den verschiedenen Formen gesellschaftlichen, ethnischen und kulturellen Ausschlusses leiden.»

• «Die Politik neoliberalen Typs, die heute in Lateinamerika und in der Karibik vorherrscht, verschlimmert die negativen Konsequenzen dieser Mechanismen noch einmal.»

• «Die Liste der Leidensantlitze, auf die wir in Puebla bereits hingewiesen hatten (Nr. 31 bis 39), müssen wir verlängern. [...][4] Der Herr verlangt von uns, daß wir sein eigenes Antlitz in den leidenden Antlitzen unserer Schwestern und Brüder wiedererkennen» (179).

Pastorale Leitlinien

• «Mit erneuerter Entschiedenheit die dem Evangelium entsprechende vorrangige Option für die Armen als Verpflichtung übernehmen, und zwar, wie das Beispiel und die Worte des Herrn zeigen, voller Vertrauen in Gott, bereit zu einfachem Lebensstil und zur Aufteilung der irdischen Güter.»

• «Dem geschwisterlichen Dienst an den Ärmsten unter den Armen Vorrang geben und jene Institutionen unterstützen, die für sie sorgen: für die Behinderten, die Kranken, die alleinstehenden Alten, die verlassenen Kinder, die Gefangenen, die Aids-Kranken und für all jene, welche der aufmerksamen Nähe des barmherzigen Samariters bedürfen.»

• «Aus unseren Pfarreien einen Raum der Solidarität machen.»

• «Organisationen solidarischen Wirtschaftens, durch welche unsere Völker auf die beängstigende Lage der Armut zu reagieren versuchen, anregen und bestärken.»

• «Die Staaten dazu drängen, daß sie gegen die durch das neoliberale Wirtschaftsmodell verschlimmerte Lage, die hauptsächlich die Ärmsten trifft, angemessene Maßnahmen ergreifen. In dieser Situation kommt es darauf an, besonders auf jene Millionen LateinamerikanerInnen zu verweisen, die in der informellen Wirtschaft ums tägliche Überleben kämpfen» (180 bis 181).

5.2 Widerstand und Solidarität angesichts der neuen internationalen Ordnung (157 bis 209)

• «Förderung menschlicher Entwicklung: eine privilegierte Dimension der Neuen Evangelisierung» (157 bis 163).

• «Über das soziale Denken der Kirche zu unterrichten, ‹gehört zur evangelisierenden Mission› (SRS 41) und ‹hat die Be-

4 Auslassung von Pablo Richard [Anmerkung des Übersetzers].

deutung eines Instrumentes der Glaubensverkündigung› (CA 54), weil es uns erleuchtet, den Glauben konkret zu leben» (158).

• «Deshalb besteht christliche Solidarität sicherlich im Dienst an den Bedürftigsten, vor allem aber ist sie Treue zu Gott. Darin hat die enge Beziehung zwischen Evangelisierung und menschlicher Entwicklung ihren innersten Grund» (159c).

• «Nachfolge Christi bedeutet sich dazu verpflichten, Jesu Lebensstil entsprechend zu leben» (160).

• «Die neuen Zeichen der Zeit im Bereich menschlicher Entwicklung» (164 bis 209).

Menschenrechte

• «Wenn die Kirche das Evangelium der Menschenrechte verkündet, maßt sie sich keine ihrer Mission fremde Rolle an, sondern gehorcht dem Auftrag Jesu Christi, die Hilfe für die Bedürftigen zur wesentlichen Forderung ihrer evangelisierenden Sendung zu machen» (165).

• «Die Menschenrechte werden nicht nur verletzt durch Terrorismus, Unterdrückung und Mord, sondern auch durch die von extremer Armut eingeschränkten Lebensbedingungen und die ungerechten Wirtschaftsstrukturen, welche die Ursache für große Ungleichheiten darstellen. Politische Intoleranz und Gleichgültigkeit gegenüber der generalisierten Verarmung sind Beweise für die Mißachtung des menschlichen Lebens, über die wir nicht schweigen können» (167a).

• «Die Verletzung der Menschenrechte der Kinder, der Frau und der ärmsten Gruppen der Gesellschaft, wie der Campesinos, der Indígenas und der AfroamerikanerInnen, müssen wir hier auf besondere Weise anklagen. Auch den Drogenhandel muß man denunzieren» (167b).

• «Pastorale Leitlinien: Auf wirksamste und mutigste Weise, vom Evangelium und der Soziallehre der Kirche ausgehend, die Menschenrechte fördern und zwar in Wort und Tat. Zusammenarbeit in der Verpflichtung, die individuellen und sozialen Menschenrechte zu verteidigen – insbesondere das Recht auf die Befriedigung menschlicher Grundbedürfnisse –, die Rechte der Völker, der Kulturen und der marginalisierten Schichten. Gegen die Vergewaltigung der Kinder, der Frauen, der Schutzlosen und der Gefangenen vorgehen» (168a).

Ökologie

• «Schöpfung Gottes und Auferstehung Jesu: theologische Grundlagen der Ökologie» (169).

• «Das Ausmaß der ökologischen Krise: die großen Städte in Lateinamerika und in der Karibik sind in ihren verkommenen Zentren, besonders aber in den Elendsvierteln krank. Auf dem Land werden die Indígena-Bevölkerung und die Campesinos ihres Landbesitzes beraubt oder auf minder produktives Land abgedrängt. Die Wälder Amazoniens und anderer Teile des Kontinentes werden weiter abgeholzt und verbrannt» (169).

• «Angesichts dieser Krise sieht man einen Ausweg in der Idee einer nachhaltigen Entwicklung, die von der Absicht getragen ist, die heutigen Bedürfnisse und Neigungen zu berücksichtigen, ohne die Chancen für die Zukunft zu beeinträchtigen. Auf diese Weise will man wirtschaftliches Wachstum und ökologische Grenzen miteinander in Einklang bringen» (169).

• «Entwicklungspläne müssen ethischen Kriterien unterworfen sein. Ökologische Ethik impliziert, daß die individualistische Nützlichkeitsmoral aufgegeben wird. Ökologische Ethik setzt voraus, das Prinzip der universalen Bestimmung aller Güter der Schöpfung sowie die Förderung von Gerechtigkeit und Solidarität als unverzichtbare Werte anzuerkennen» (169).

• «Die ChristInnen können sich davon nicht freisprechen, für Entwicklungsmodelle mitverantwortlich zu sein, die zu den heutigen Umwelt- und Sozialkatastrophen geführt haben» (169).

• «Eine Spiritualität kultivieren, welche die Erfahrung Gottes, der stets in der Natur gegenwärtig ist, zurückgewinnt» (169).

• «Von den Armen lernen, genügsam zu leben. Die Weisheit der Indígena-Völker, die Natur als Lebenswelt für alle zu bewahren, würdigen und daran Anteil nehmen» (169).

Die Erde (171 bis 177)

• «Im Hinblick auf die Erde müssen auf unserem Kontinent zwei gegensätzliche Mentalitäten in Betracht gezogen werden:

1) Für die Indígena-Gemeinschaft gehört die Erde zur Gesamtheit der Lebenselemente. Die Erde ist Leben, heiliger Boden, ‹weibliches Antlitz Gottes›, einigendes Zentrum des gesamten Gemeinschaftslebens. Von der Erde leben sie und mit

ihr leben sie zusammen. Durch die Erde fühlen sie sich in der Gemeinschaft mit ihren Vorfahren und in Harmonie mit Gott verbunden. Eben deshalb ist die Erde, ihr Land, wesentlicher Bestandteil ihrer religiösen Erfahrung und ihres eigenen historischen Projektes. In den Indígenas lebt ein natürliches Empfinden des Respekts vor der Erde. Sie ist die Mutter Erde, die ihre Kinder ernährt. Deshalb muß man sie beschützen, sie um Erlaubnis für die Aussaat bitten und darf sie nicht mißhandeln.

2) Die merkantilistische Sicht betrachtet die Erde ausschließlich unter dem Gesichtspunkt von Ausbeutung und Gewinn. Sie scheut sich deshalb auch nicht, ihre legitimen Besitzer zwangsweise umzusiedeln oder zu vertreiben» (172).

- «Der Merkantilismus selbst treibt die Spekulation mit dem städtischen Boden an und macht den Landbesitz unerschwinglich für Wohnungen zugunsten der Armen, die immer zahlreicher in unseren Großstädten leben» (172).
- «Die Mentalität, die dem christlichen Verständnis entspricht, hat ihre Grundlage in der Heiligen Schrift. Sie sieht in der Erde und den Naturelementen stets Verbündete des Volkes Gottes und Instrumente der Erlösung. Die Auferstehung Jesu Christi stellt die Menschheit erneut vor die Aufgabe, die ganze Schöpfung zu befreien, damit sie in einen neuen Himmel und eine neue Erde verwandelt wird, wo die Gerechtigkeit wohnt» (173).

Die demokratische Ordnung (190 bis 193)

- «Das Volk unseres Kontinentes hat die Freiheit, die ein Wesenszug des Menschen ist und die besonders von der Moderne hervorgehoben wird, immer mehr errungen. Das Volk hat es möglich gemacht, die Demokratie als die am meisten akzeptierte Regierungsform zu errichten, obwohl sie eher rein formal als real ausgeübt wird» (191).
- «Pastorale Leitlinien: der Zivilgesellschaft unablässig die Werte einer genuin pluralistischen, gerechten und partizipativen Demokratie vor Augen führen. Das Volk darüber aufklären und darin bestärken, daß es selber die Vorreiterrolle wirklich übernimmt» (193).

• «Im Bewußtsein, daß eine neue Weltwirtschaftsordnung aufkommt, von der Lateinamerika betroffen ist, fühlt sich die Kirche aus ihrer Perspektive verpflichtet, ausdrücklich an einem eigenen Urteil zu arbeiten. Wir müssen uns fragen: Bis wohin soll die Freiheit des Marktes gelten? Welche Merkmale soll der Markt aufweisen, damit er für die Entwicklung der großen Mehrheit von Nutzen ist?» (194)

• «Die Lehren des Heiligen Vaters weisen darauf hin, daß konkrete Maßnahmen der öffentlichen Hand notwendig sind, damit die Marktwirtschaft nicht zu etwas Absolutem wird, dem man alles opfert; damit sich die Ungleichheit nicht verschärft und die große Mehrheit noch mehr an den Rand gedrängt wird. Ohne daß sich die Gesamtgesellschaft und die in ihr handelnden Personen zuverlässig zur Solidarität verpflichten, kann es eine kreative und zugleich sozial gerechte Marktwirtschaft nicht geben. Ein juristischer Rahmen hat die Würde der Person, die Rechtschaffenheit, die Ehrfurcht vor dem Leben, die Verteilungsgerechtigkeit und die wirksame Sorge für die Ärmsten zu sichern» (195b).

• «Das Problem der Auslandsschulden ist nicht nur, ja nicht einmal hauptsächlich ein ökonomisches, sondern ein menschliches Problem, denn es treibt in immer schlimmere Verarmung, behindert die Entwicklung und vertagt die Förderung der Ärmsten. Wir stellen die Legalität der Schulden in Frage, wenn durch ihre Tilgung das Überleben von Völkern ernsthaft gefährdet ist, wenn die Bevölkerung selber vor der Schuldenaufnahme nicht konsultiert wurde und wenn die Schulden für nicht immer zulässige Zwecke verwendet wurden. Deshalb machen wir uns als Hirten die Sorge von Johannes Paul II. zu eigen, wenn er es als notwendig bezeichnet, ‹Formen der Erleichterung der Rückzahlung, der Stundung oder auch der Tilgung der Schulden zu finden, Formen, die mit dem Grundrecht der Völker auf Erhaltung und Fortschritt vereinbar sind› (CA 35)» (197).

• «Die Grundlagen für eine reale und wirksame Solidarwirtschaft zu schaffen, ohne zu übersehen, daß auch die entsprechenden sozio-ökonomischen Modelle auf lokaler und nationaler Ebene zu schaffen sind» (201a).

• «Die Suche nach und die Einrichtung von sozio-ökonomischen Modellen fördern, die die freie Initiative, die Kreativität von Personen und Gruppen sowie die Lenkung durch den Staat miteinander in Einklang bringen, ohne die besondere Zuwendung zu den notleidenden Schichten aus den Augen zu verlieren. Alles soll daraufhin orientiert sein, eine Wirtschaft der Solidarität und Partizipation zu realisieren, deren Ausdruck verschiedenartige Eigentumsformen sind» (201b).

• «Die Marktwirtschaft, die insbesondere die Armen trifft, anklagen. Wir können nicht durch Abwesenheit glänzen, wenn es zur Stunde niemanden gibt, der ihre Interessen wachsam verteidigt» (202b).

Andere Zeichen der Zeit

– Die Arbeit (182 bis 185).
– Die Mobilität der Menschen: die Migrationen (186 bis 189).
– Die Einheit Lateinamerikas (204 bis 209).

5.3 Die historischen Subjekte für die Inkulturation des Evangeliums

Indios, Schwarze und Mestizen

• «Einheit und Pluralität in den Kulturen der Indígenas, AfroamerikanerInnen und Mestizen» (243 bis 251).

• «Die inkulturierte Evangelisierung soll stets die Erlösung und integrale Befreiung eines bestimmten Volkes oder einer bestimmten Menschengruppe zum Ziel haben, die ihre Identität bestärken und auf ihre spezifische Zukunft vertrauen wollen. Indem die Kirche sich den Mächten des Todes widersetzt und die Perspektive des menschgewordenen Jesus Christus übernimmt, der das Leben aller Menschen ausgehend von der Erfahrung der Schwachheit, der Armut und dem erlösenden Kreuz gerettet hat, verteidigt sie die echten kulturellen Werte aller Völker, insbesondere der unterdrückten, wehrlosen und an den Rand gedrängten Völker gegenüber der niederwalzenden Gewalt der Strukturen der Sünde, die in der modernen Zivilisation sichtbar wird» (243c).

• «Lateinamerika und die Karibik bilden einen multiethnischen und multikulturellen Kontinent. Hier leben im allgemeinen Völker der UreinwohnerInnen zusammen mit AfroamerikanerInnen, Mestizen und Nachkommen von EuropäerInnen und AsiatInnen; alle mit ihren je eigenen Kulturen, die in Übereinstimmung mit der Kosmos-Vision jedes Volkes der jeweiligen gesellschaftlichen Identität ihren Platz zuweisen» (244).

• «Die Versklavung der Schwarzen und die Vernichtung der Indios war die schlimmste Sünde bei der kolonialen Ausbreitung des Westens. Leider gab es im Hinblick auf die Sklaverei, den Rassismus und die Diskriminierung auch Menschen der Kirche, die nicht unbeteiligt waren an der Situation» (246b).

• «Nachdem wir zusammen mit dem Papst ‹vor der grenzenlosen Heiligkeit Gottes für die Taten, die von Sünde, Unrecht und Gewalt gekennzeichnet sind› (Generalaudienz am 21. Oktober 1992), unsere Indígena- und afroamerikanischen Geschwister um Vergebung gebeten haben, wollen wir eine inkulturierte Evangelisierung entwickeln:

1) Für und mit unseren Schwestern und Brüdern aus den Indígena-Völkern wollen wir:

– das Evangelium Jesu anbieten in Verbindung mit einem Zeugnis demütigen, verständnisvollen und prophetischen Handelns, indem wir ihr Wort in einem respektvollen, freien und geschwisterlichen Dialog achten und uns darum bemühen, ihre eigenen Sprachen kennenzulernen;

– im kritischen Verständnis ihrer Kulturen wachsen, um diese im Licht des Evangeliums angemessen zu würdigen;

– eine Inkulturation der Liturgie fördern, indem wir ihre Symbole, Riten und religiösen Ausdrucksformen achten [...][5];

– ihre eigene theologische Reflexion begleiten, indem wir ihre kulturellen Sprachformen respektieren, die ihnen helfen, Rechenschaft von dem Glauben und der Hoffnung abzulegen, die in ihnen leben;

5 [Anmerkung des Übersetzers:] Die Auslassung lautet: «[...] die mit dem eindeutigen Glaubenssinn in Einklang stehen, damit der Wert der universalen Symbole und die Übereinstimmung mit der allgemeinen Disziplin der Kirche erhalten bleibt». Die Satzerweiterung zeigt, wie die römische Fraktion den ursprünglichen Kommissionstext aus ihrem institutionellen Interesse heraus uminterpretiert. Pablo Richard versucht durch die Ausklammerung, an lateinamerikanischer Identität zu «retten, was zu retten ist». Das Gleiche wäre an vielen anderen Textstellen des Schlußdokumentes nachzuweisen.

– in der Kenntnis ihrer Kosmos-Vision wachsen, die aus dem globalen Zusammenhang von Gott, Mensch und Welt eine Einheit macht, von der alle menschlichen, spirituellen und transzendenten Beziehungen durchdrungen sind;

– in den Indígena-Völkern die autochthonen kulturellen Werte durch die Inkulturation der Kirche fördern, um zu einer besseren Realisierung des Reiches Gottes zu gelangen.

2) Unseren afroamerikanischen Schwestern und Brüdern sagen wir:

– Im Wissen um das Problem der Marginalisierung und des Rassismus, das auf der schwarzen Bevölkerung lastet, will die Kirche durch die evangelisierende Mission an ihrem Leiden teilhaben und sie bei ihren legitimen Wünschen nach einem gerechteren und würdigeren Leben für alle begleiten.

– Eben deshalb will die Kirche Lateinamerikas und der Karibik die afroamerikanischen Völker darin unterstützen, ihre Identität zu verteidigen und ihre eigenen Werte zur Anerkennung zu bringen [...].

– Auf die gleiche Weise verpflichten wir uns, in der Pastoral den afroamerikanischen Gemeinden besondere Aufmerksamkeit zu widmen, indem wir die öffentliche Darstellung der eigenen religiösen Ausdrucksformen ihrer Kulturen fördern» (248 bis 249).

Frauen (104 bis 110)

«Pastorale Verpflichtungen. Wir halten die folgenden Leitlinien des Handelns für dringlich:

– mutig die Gewalttaten gegen die Frauen in Lateinamerika und der Karibik anklagen, insbesondere gegen die Indígenas, die Afroamerikanerinnen, die zur Migration Gezwungenen und die Arbeiterinnen, natürlich auch jene Gewalttaten, die in den Kommunikationsmedien gegen ihre Würde verübt werden (107);

– das Bewußtsein von Priestern und führenden Laienkräften bilden, damit sie die Frauen in der kirchlichen Gemeinde akzeptieren und schätzen, nicht nur im Hinblick auf das, was sie tun, sondern vor allem im Hinblick auf das, was sie sind (108);

– in der Erziehung eine neue Sprache sprechen und neue Symbole schaffen, die niemanden zum Objekt degradieren, sondern den Wert jedes Menschen als Person bewahren. In den Bildungsprogrammen solche Inhalte vermeiden, die die Frau diskriminieren, indem sie ihre Würde und Identität einschränken [...]. Es ist dringend notwendig, auf die Übernahme von Leitungsaufgaben durch Frauen zu hoffen und ihre Mitwirkung beim Organisieren und Fördern der Neuen Evangelisierung in Lateinamerika zu forcieren. Wir müssen eine Pastoral voranbringen, welche die Indígena-Frauen in der Gesellschaft, in der Bildung und in der Politik fördert.»

Jugendliche (111-120)

• «Viele Jugendliche sind Opfer gesellschaftlicher Verarmung und werden an den Rand gedrängt, sie finden keinen Arbeitsplatz oder werden nicht eingestellt, sie haben eine Ausbildung erfahren, die auf die Lebensbedrohungen der Jugendlichen nicht hinweist, auf den Drogenhandel, die Guerilla, die Bandenbildung, die Prostitution, den Alkoholismus, den sexuellen Mißbrauch; viele werden durch die Propaganda der Massenmedien eingeschläfert und durch kulturellen Zwang oder durch aktivistischen Pragmatismus entfremdet, der neue Probleme für die emotionale Reifung der Heranwachsenden und der Jugendlichen geschaffen hat» (112a).

• «Auf der anderen Seite bemerken wir, daß es Heranwachsende und Jugendliche gibt, die dem herrschenden Konsumismus widerstehen und sich durch die Ausweglosigkeit der kleinen Leute oder durch die Leiden der Ärmsten sensibilisieren lassen. Sie wollen in der Gesellschaft aktiv werden, indem sie Korruption aufdecken und Spielräume echter demokratischer Mitbestimmung schaffen. In wachsendem Maße bilden sie Gruppen, Bewegungen und kirchliche Gemeinschaften, um zu beten und verschiedenartige Dienste missionarischen oder apostolischen Handelns zu übernehmen» (112b).

• «In der Kirche Lateinamerikas verlangt die in Gruppen organisierte katholische Jugend, daß die Hirten sie spirituell begleiten und bei ihren Tätigkeiten unterstützen, vor allem aber brauchen sie in jedem Land eindeutige pastorale Leitlinien, die eine organische Jugendpastoral ermöglichen» (113).

• «Wir nehmen uns vor, die in Puebla proklamierte ‹vorrangige Option› für die Jugendlichen nicht nur affektiv, sondern effektiv zu erneuern» (114).

Kinder (221)

«In Lateinamerika und der Karibik leben immer mehr Kinder. Jugendliche, Heranwachsende und Kinder machen bereits mehr als die Hälfte der Bevölkerung auf dem Kontinent aus (55 Prozent). Diese ‹verschwiegene Notlage› in Lateinamerika ist nicht nur in quantitativer Hinsicht eine Herausforderung, sondern ganz besonders in humaner und pastoraler Hinsicht. Die Zahl der ‹Straßenkinder›, die Tag und Nacht ohne Heim und Zukunft umherstreifen, hat in vielen Städten erheblich zugenommen. Kinder ohne Familie, ohne Liebe, ohne Zugang zur Ausbildung, das heißt Kinder in extrem physischem und moralischem Elend, das eine Folge des Zerfalls der Familienbindung ist, sind in einigen Ländern Opfer von Tötungskampagnen geworden, die Polizei und Privatleute organisiert haben. Man stellt sogar fest, daß Kinder und ihre Organe vermarktet oder für satanische Kulte verwendet werden. Hinsichtlich der Glaubenserziehung nehmen wir wahr, daß Katechese und Sakramentenempfang immer weniger ernstgenommen werden» (221).

5.4 Evangelisierung in der Stadt und in der modernen Welt (252 bis 262)

«Pastorale Leitlinien:

– Katechese, Liturgie und kirchliche Organisation sollen als Teile einer städtisch inkulturierten Pastoral verwirklicht werden. Die Kirche hat das Evangelium in die Kultur der Stadt und des Stadtmenschen zu integrieren, ihre Werte und Anti-Werte zu unterscheiden, ihre Sprache und Symbole zu begreifen (256).

– Die Stadtpfarrei muß neu geordnet werden [...]. Privilegierte Orte der Mission sollen die Großstädte sein, wo neue Formen der Kultur und der Kommunikation zu entstehen beginnen (257).

– Es müssen mehr kleine Gemeinschaften, kirchliche Gruppen und Bewegungen sowie Basisgemeinden geschaffen werden. Die sogenannte Hochhaus-Pastoral soll in Angriff genommen werden und zwar als Tätigkeitsfeld engagierter Laien, die dort wohnen (259).

– Jene Gruppen, die in der Stadt Einfluß haben oder Verantwortung tragen, sollen verstärkt evangelisiert werden, das heißt, daß sie aus der Stadt, insbesondere aus den armen Vierteln, eine für den Menschen würdige Wohnstatt machen» (261).

5.5 Pastorale Prioritäten (287 bis 303)

• «Wir erneuern unseren Willen, die pastoralen Orientierungen des II. Vatikanischen Konzils, die in den Bischofsversammlungen von Medellín und Puebla auf unsere Realität angewandt wurden, weiter voranzubringen, indem wir sie mit Hilfe der Pastoralen Leitlinien aktualisieren, die wir bei dieser Generalkonferenz skizziert haben» (290).

• Drei Prioritäten unserer Pastoral:

Die erste Priorität: «Eine Neu-Evangelisierung unserer Völker» (293 bis 295)

• «Für das Engagement tragen alle Verantwortung, und zwar von lebendigen Gemeinden aus.»

• «Eine besondere Vorreiterrolle kommt den Laien zu.»

• «Unter ihnen, den Jugendlichen» (293).

Mittels einer kontinuierlichen Glaubenserziehung – «Katechese» – «Glaubensfeier» – «Liturgie» (294).

• Lateinamerika muß «über die eigenen Grenzen hinaus» missionarisch sein (295).

Die zweite Priorität: «Eine integrale Förderung menschlicher Entwicklung in den Völkern Lateinamerikas und der Karibik» (296 bis 297)

• «Wir machen uns den Schrei der Armen zu eigen. Mit erneuertem Eifer entscheiden wir uns in Kontinuität mit Medellín und Puebla zu der evangeliumsgemäßen vorrangigen Option für die Armen. Diese weder ausschließliche noch ausschließende Option soll ähnlich wie bei Jesus Christus all unser evangelisierendes Tun erleuchten» (296a).

• «In diesem Licht sprechen wir die Einladung aus, eine neue wirtschaftliche, gesellschaftliche und politische Ordnung voranzubringen, die der Würde aller und jedes einzelnen Menschen entspricht, indem wir mehr Gerechtigkeit und Solidarität verwirklichen und allen Menschen den Horizont der Ewigkeit eröffnen» (296b).

• «Wir sagen Ja zum Leben und zur Familie» (297).

Dritte Priorität: «Eine inkulturierte Evangelisierung» (298 bis 301)

• In den Großstädten (298).
• In den Völkern der Indígenas und AfroamerikanerInnen (299).
• Eine wirksame Ausbildungstätigkeit und moderne Kommunikation (300).

6. Die neuen Beiträge der IV. Generalkonferenz von Santo Domingo

Bei diesem ersten Versuch, den eigenen Beitrag der IV. Generalkonferenz von Santo Domingo zu systematisieren, haben wir zwei gleichrangige Aufgaben zu erfüllen:

Erstens haben wir zu retten, was die Kirche in Lateinamerika an praktischen Erfahrungen gewonnen hat. Während der vergangenen dreißig Jahre haben wir in Lateinamerika und der Karibik eine beeindruckende und tiefreichende Erneuerung der Kirche erlebt, die vom II. Vatikanum, von Medellín und Puebla in Gang gesetzt worden war. Die Erneuerung der Kirche hat sich in verschiedenartigen kirchlichen Praxisformen niedergeschlagen; sie wurde besiegelt und ratifiziert durch das Blut Tausender von Märtyrern. Diese Praxisformen machen die Wurzel und den Nährboden unserer Identität und unseres Selbstbewußtseins als Kirche aus.

Zweitens haben wir zu systematisieren, was die IV. Generalkonferenz von Santo Domingo neu hinzugefügt hat. Von den bereits beschriebenen Praxisformen aus, die es ermöglichen, unsere Identität als Kirche zu erfahren, haben wir mit Hilfe dessen, was Santo Domingo an Neuem gebracht hat, die Praxis selber weiterzuentwickeln und die Identität zu vertiefen.

a) Rettung der praktischen Erfahrungen der Kirche in Lateinamerika und der Karibik. Wir beginnen mit einer kurzen Auflistung der verschiedenen Praxisformen:

1) Basisgemeinden;

2) gemeinschaftliche (das heißt mit dem Volk und aus der Pastoral entwickelte) Lektüre der Bibel (Wort und Leben);

3) neue Amtsformen, eine neue Struktur von Dienstämtern in der Kirche;

4) ein in das Leben des Volkes sich eingliederndes Ordensleben;

5) lateinamerikanische Theologie;

6) Spiritualität, Glaubenszeugnis, Martyrium (der Gott des Lebens und die Götzen des Todes);

7) Ökumenismus unter Christen und Ökumenismus mit den nicht-christlichen Religionen;

8) Evangelisierung und Volksbildung, Evangelisierung der Volksreligiosität;

9) politisches Engagement der Christen, der Kirche und der Volksbewegungen.

In den ekklesiologischen Texten der Beschlüsse von Santo Domingo sind diese praktischen Erfahrungen unserer Kirche nicht zu finden. Wo man sich auf sie bezieht, geschieht dies mit der Absicht, sie zu entwerten (ihnen die Kraft zu nehmen) und sie zu zähmen. Sie werden jedenfalls weder der Kritik unterzogen noch verurteilt. Auf der anderen Seite jedoch sind alle diese praktischen Erfahrungen explizit in anderen Texten der Beschlüsse zu finden oder, was noch wichtiger ist, implizit der Nährboden jener Beschlußtexte, die in Kontinuität mit Medellín und Puebla formuliert sind. So lassen sie sich als Grundlage wichtiger theologisch-pastoraler Texte entdecken, zum Beispiel in den Abschnitten «Verarmung und Solidarität» (178 bis 181), «Förderung menschlicher Entwicklung: eine privilegierte Dimension der Neu-Evangelisierung» (157 bis 163), «Die neuen Zeichen der Zeit auf dem Felde menschlicher Entwicklung» (164 bis 209), «Einheit und Pluralität in den Kulturen der Indígenas, der AfroamerikanerInnen und Mestizen» (243 bis 251), «Neue Kultur» (252 bis 262) und «Pastorale Hauptlinien» (287 bis 301).[6] Alle diese Texte stammen aus den praktischen Erfahrungen, die wir kurz beschrieben haben und von denen aus die Texte wiederum verständlich und bedeutsam werden. Wir haben also die Be-

6 Vgl. die im Abschnitt 5 zitierten Texte aus dem Schlußdokument.

schlüsse von Santo Domingo in einer befreienden Perspektive zu lesen, um die praktischen Erfahrungen Lateinamerikas selber zu retten, welche die Grundlage für die vorliegenden Texte sind. Außerdem müssen wir die praktischen kirchlichen Erfahrungen in Lateinamerika von einer fremden Ekklesiologie befreien, der sie unterworfen werden sollen. Die Befreiung der kirchlichen Praxis in Lateinamerika und der Karibik wird bereits mit Entschiedenheit und Eindeutigkeit in der lateinamerikanischen Ekklesiologie geleistet, die in den Vorbereitungsdokumenten zu finden ist, in der SECUNDA RELATIO (Februar 1992) und im Arbeitsdokument (Juni 1992).

b) Systematisierung der neuen Beiträge von Santo Domingo. Neben der Rettung und Sicherung der bisherigen kirchlichen Praxis in Lateinamerika haben wir die neue Praxis, die neuen Handlungsfelder und die neuen Themen zu systematisieren, die uns die IV. Generalkonferenz von Santo Domingo aufträgt. Was an Santo Domingo neu und bedeutsam ist, haben wir in eine Linie zu stellen mit Medellín und Puebla, mit der SECUNDA RELATIO und mit den eben erwähnten praktischen Erfahrungen. Wir werden eine kurze Systematisierung versuchen:

1) Das neue Leidensantlitz Christi (178 bis 179): «Die Liste der Leidensantlitze, auf die wir in Puebla bereits hingewiesen hatten (Nr. 31 bis 39), müssen wir verlängern.» (179) Neben den Armen und Ausgebeuteten verweist Santo Domingo uns auf alle, die unter dem extremen Elend, dem Ausgeschlossenwerden, der Demütigung, der Gewalt zu leiden haben (Indios, Schwarze, Frauen, Jugendliche, Kinder, Migranten). «Die entstellten, enttäuschten, gedemütigten, erschreckten, verängstigten, leidenden, ermüdeten und gealterten Gesichter [...]» (178c).

2) Die neuen Zeichen der Zeit auf dem Felde der menschlichen Entwicklung (164 bis 209): in diesem Zusammenhang wird die IV. Generalkonferenz sehr kreativ und formuliert eine angemessene Antwort auf die aktuellen Herausforderungen in Lateinamerika und der Karibik. Die Zeichen sind jetzt: die Menschenrechte, die Ökologie, die Landfrage, die Solidarität, die Arbeit, die Migrationen, die demokratische Ordnung, die Neue Wirtschaftsordnung und die Einheit Lateinamerikas. Diese neuen Zeichen der Zeit verkündet die Kirche als wesentliche Forderungen an ihre eigene evangelisierende Sendung (165). Die genannten Zeichen der Zeit enthalten ein richtiges Programm für

Widerstand und evangelisierende Solidarität der Kirche in der Zivilgesellschaft. Darin gibt es einen bedeutsamen Schritt über Medellín und Puebla hinaus. Vielleicht werden eines Tages diese Texte als bester Beitrag der IV. Generalkonferenz von Santo Domingo in die Geschichte eingehen.

3) Die neuen historischen Subjekte: Indios, Schwarze und Mestizen (243 bis 251), Frauen (104 bis 110), Jugendliche (111 bis 120), Laien und lebendige Gemeinden (293), AusbilderInnen und soziale Kommunikatoren (300). Die neuen Subjekte werden mit all ihrer gesellschaftlichen, kulturellen, spirituellen, pastoralen, kirchlichen wie theologischen Fähigkeit und Stärke vorgestellt.

4) Die neuen Bereiche der Evangelisierung: die Welt der Moderne, die neue Kultur (252 bis 254) und die Großstädte (255 bis 262).

5) Die neuen Mittel der Evangelisierung: eine wirksame Erziehungstätigkeit (263 bis 278) und die neuen Kommunikationsmedien (279 bis 286).

6) Die neuen pastoralen Prioritäten: die IV. Generalversammlung von Santo Domingo hält in der Kontinuität von Puebla an den vorrangigen Optionen für die Armen (296) und für die Jugend (114) fest. Das sind die beiden einzigen vorrangigen Optionen, welche die Kirche in Santo Domingo übernimmt. Aber sie werden durch die neuen pastoralen Prioritäten erweitert (287 bis 301):

– Im Bereich der Neuen Evangelisierung: lebendige Gemeinden, Laien, Jugend und Pastoral kirchlicher Berufe (293); Katechese und Liturgie (294); Mission (295).

– Im Bereich der Förderung menschlicher Entwicklung: eine neue wirtschaftliche, soziale und politische Ordnung durch Gerechtigkeit und Solidarität (296); Ja zum Leben und zur Familie (297).

– Im Bereich der inkulturierten Evangelisierung: die Großstädte (298); die Indígena- und afroamerikanischen Völker (299); wirksame Erziehungstätigkeit und moderne Ausbildung (300).

7. Nach Santo Domingo: neues Selbstbewußtsein und neue Identität der Kirche in Lateinamerika und der Karibik – eine erste Deutung

Für den Gesamtkontext der IV. Generalkonferenz von Santo Domingo haben SozialwissenschaftlerInnen und TheologInnen geltend gemacht, daß die westliche Welt in einer Krise steckt. Sie wird durch ein System hervorgerufen, das von Tag zu Tag mehr Menschen ausschließt, von Tag zu Tag mehr die Natur zerstört, immer patriarchalischer und rassistischer wird, dessen Zerfall sich aggressiv gegen die Jugendlichen gebärdet. Man sprach von einer Lawine des Kapitals gegen die Arbeit, des Nordens gegen den Süden, von einer Entwicklung gegen die Natur. Zugleich verwies man auf Zeichen der Hoffnung in der Geburt eines neuen Bündnisses zwischen *Arbeit, Natur, Geschlecht, Kultur und Generation*. Auf dem Feld der *Arbeit* gibt es eine neue Gemeinsamkeit aller arbeitenden Menschen, der Stadt- und LandarbeiterInnen, derjenigen, die eine Anstellung haben, und derjenigen, die auf der Straße stehen, jener, die in der informellen Wirtschaft tätig sind, und jener, die in alternativen oder solidarischen Wirtschaftsprojekten arbeiten. Auf dem Feld der *Natur* verbünden sich der Kosmos und die ökologischen Bewegungen der einfachen Leute und der WissenschaftlerInnen. Im Hinblick auf das *Geschlecht* erheben sich die Frauen und alle Befreiungsbewegungen der Frauen gegen das Patriarchat, den Machismo und die autoritären Strukturen. Auf dem Feld der *Kultur* melden sich die Bewegungen der Indígenas und AfroamerikanerInnen zu Wort, ebenso wie die Bewegungen von KünstlerInnen und Kulturschaffenden. Hinsichtlich der *Generation* ist die Jugend präsent, nicht nur als eine Bewegung der «Hoffnung auf Zukunft», sondern als ein hier und heute wirksames historisches Subjekt. Aus diesem Bündnis «Arbeit – Natur – Geschlecht – Kultur – Generation» geht nicht nur eine gesellschaftliche Bewegung hervor, sondern eine neue Energie, eine neue Ethik, eine neue Rationalität, eine neue Spiritualität, die in Widerspruch zu dem patriarchalen, rassistischen und dekadenten System treten, das Menschen ausschließt und den Ökotod programmiert. Es entsteht ein neues Bewußtsein, das nach Alternativen sucht, damit alle leben können: ArbeiterInnen und Natur, Frauen und Jugend, Indígenas und Schwarze. Diese ganze Bewegung, Energie, Spiritualität,

Ethik und dieses neue Bewußtsein hat einen symbolischen Namen: «der Süden». Damit wird der Konflikt zwischen Nord und Süd ins Spiel gebracht. «Der Norden» repräsentiert symbolisch die Mächte des Todes. Denn diese sind hauptsächlich im Norden der Erde zu finden: in den entwickelten Ländern des Nordens von Amerika, Europa und Asien. Selbstverständlich sind damit nicht die Völker gemeint, die im Norden leben und ja auch den Mächten des Todes unterworfen sind. «Der Süden» repräsentiert symbolisch jenen Teil der Menschheit und der Natur, die von den Mächten des Todes im «Norden» unterdrückt und ausgeschlossen werden. Weil sie also hauptsächlich in Lateinamerika, in Afrika und Asien zu finden sind, nennt man sie den «Süden».

In diesem Kontext beginnt auch eine neue Identität und ein neues Bewußtsein in der Kirche zu entstehen, das die gleiche Energie und Charakteristik des «Südens» aufweist. Eine neue Ethik, eine neue Spiritualität, eine neue Theologie, eine neue Pastoral und ein neues Kirchenmodell entstehen, das vom gleichen Bündnis «Arbeit – Natur – Geschlecht – Kultur – Generation» geprägt ist. Es ist «die Kirche des Südens», eine Kirche, die aufgebaut, belebt wird und lebt von den ArbeiterInnen, den Armen, den Ausgeschlossenen, den Frauen, den Indígenas, den Schwarzen, den Mestizen, den Jugendlichen, ja auch vom Kosmos und der Natur selber. Es ist eine ökumenische, wahrhaft universale Kirche, die niemanden ausschließt, aber sich eben deshalb vorrangig für die Ausgeschlossenen entscheidet. Vor einiger Zeit noch fürchtete die Kirche den «Kommunismus», heutzutage beginnt ein bestimmtes Modell von Kirche, und zwar die christlich-abendländische Kirche, Furcht vor dem «Süden» zu empfinden. Bei der IV. Generalkonferenz in Santo Domingo hat «die Kirche des Südens» begonnen, sich ihrer selber bewußter und mit sich identischer zu werden. Sie will universale Kirche sein, aber mit neuer Identität und Selbstachtung. Sie will im echten Sinn katholisch-ökumenisch sein, in Treue zur apostolischen Tradition. Aber sie will gleichzeitig und ohne in Widerspruch zu ihrer universalen Bestimmung zu geraten, eine Kirche sein, die sich aus ihrem Selbstverständnis und Selbstbewußtsein ständig zu erneuern und aufzubauen sucht. Sie will eine Kirche sein, die im neuen Bund von «Arbeit – Natur – Geschlecht – Kultur – Generation» verwurzelt ist.

Wie wir zu Beginn des Artikels sagten, ist eines der wichtigsten Ergebnisse der IV. Generalkonferenz, daß die Kirche in Lateinamerika und der Karibik mit neuem Selbstverständnis und neuem Selbstbewußtsein aus ihr hervorgegangen ist. Die kreativsten Texte des Schlußdokumentes von Santo Domingo sind dafür Beweise. Im Artikel konnte ich diese Identität nur skizzieren. Der Süden lebt. Die Kirche des Südens wird unter Schmerzen geboren.

Nikolaus Klein

Sehen – Urteilen – Schweigen: ein Motto für die IV. Generalkonferenz?

1. Das Wissen um den Schmerz und die Ungerechtigkeiten

> «Möge das Wissen um den Schmerz und die Ungerechtigkeiten, die so vielen von unseren Brüdern und Schwestern angetan werden, bei dieser Fünfhundertjahrfeier eine geeignete Gelegenheit sein, demütig für die Beleidigungen um Verzeihung zu bitten und jene Voraussetzungen für ein Leben der einzelnen, der Familien und der Gesellschaft zu schaffen, die eine integrale und gerechte Entwicklung für alle gestatten, vor allem für die am meisten Verlassenen und Hilflosen. Hier kommen mir die Worte des heiligen Toribio de Mogrovejo, des Patrons der Bischöfe von Lateinamerika, in den Sinn. Er drückt damit seinen tiefen Schmerz darüber aus, daß man ‹nicht nur in der Vergangenheit den armen Indios so viele und übergroße Lasten auferlegt hat, sondern daß viele heute noch das gleiche tun›. Die Gefühle und die pastorale Sorge, die diese Worte zum Ausdruck bringen und die der heilige Toribio de Mogrovejo auf dem dritten Provinzialkonzil von Lima im Jahre 1582 ausgesprochen hat, sind noch heute von großer Aktualität, liebe Mitbrüder im Bischofsamt in Lateinamerika, die ihr morgen die Arbeiten der IV. Vollversammlung beginnen werdet.»[1]

Diese Passage stammt aus der Predigt, die Papst Johannes Paul II. am 11. Oktober in einer feierlichen Eucharistiefeier zum Ge-

1 Predigt von Johannes Paul II. bei der Messe vor dem *Faro a Colón*. Pressesaal des Heiligen Stuhls. 11. Oktober 1992. Nr. 3, Abschnitt 9.

denken an den «Beginn der Evangelisierung der Neuen Welt» – so wörtlich zu Beginn seiner Ansprache – in Santo Domingo vorgetragen hat. Schauplatz dieses Gottesdienstes war die große Parkanlage, die das von der Regierung der Dominikanischen Republik aus Anlaß des *Quinto Centenario* errichtete Denkmal, den «Leuchtturm des Kolumbus» (*Faro a Colón*), umgibt.[2] Diese Anlage, die Museum, Mausoleum für die Gebeine von Cristóbal Colón und Leuchtturm zugleich ist, wird von einer Mauer umgeben, die von der Bevölkerung in Santo Domingo «Mauer der Schande» genannt wird. Sie soll den Blick des Besuchers vor noch bestehenden Resten des einmal dort vorhandenen Elendsviertels schützen, dessen Bewohner wegen des Baus dieses Monuments zum größten Teil vertrieben worden sind. Unsichtbar wie dieses Stadtviertel und seine Bewohner sollten nach einem Regierungsdekret auch jene Zehntausende von fliegenden Straßenhändlern sein, denen für den Monat Oktober der Zugang zum kolonialen Teil der Stadt verwehrt wurde, sollte doch dem Papst, den für die IV. Generalkonferenz des lateinamerikanischen Episkopates anwesenden Bischöfen und hochrangigen ausländischen Besuchern die soziale Lage der großen Bevölkerungsmehrheit verborgen bleiben. Für die kleinen Händler bedeutete dies den Entzug der Möglichkeit, den Lebensunterhalt für sich und ihre Familien zu bestreiten.

In seiner Predigt vor dem Leuchtturm des Kolumbus ging Johannes Paul II. ausdrücklich auf diesen Ort des Geschehens ein, aber nicht um an die vor kurzem noch dort lebenden Menschen und deren Vertreibung aus ihren Hütten zu erinnern, und nicht um zu erwähnen, daß der Leuchtturm für die Mehrheit der Bevölkerung die Verkörperung einer Regierungspolitik geworden ist, welche die Verschlechterung ihrer Lebenssituation in Kauf nimmt. Für die Bewohner von Santo Domingo stellt die kreuzesförmige Architektur des *Faro a Colón* weniger ein Kreuz als ein kurzes Schwert dar. Konsequent formierte sich der Protest der Bevölkerung gegen die politische und soziale Situation in den Wochen vor dem 12. Oktober 1992 als Protest gegen dieses monumentale Denkmal und dessen für den 12. Oktober vorgesehe-

2 Zur Entstehungsgeschichte, Architektur und damit verbundener Staatsideologie des *Faro a Colón* vgl. J.-M. Caroit, Sainte Domingue, Colomb chez Pharaon, in: Le Monde, 3. 10. 1992, S. 28.

ne Einweihung.[3] Als Folge dieser Unruhen hatte der spanische König Juan Carlos und eine Reihe von Staatsoberhäuptern aus Lateinamerika ihre Zusage zurückgezogen, an den Einweihungsfeierlichkeiten des *Faro a Colón* teilzunehmen.

Und der Papst? Die Lösung, die gefunden wurde, lautete, daß das Denkmal am 6. Oktober 1992, drei Tage vor seiner Ankunft in Santo Domingo, durch Präsident Joaquin Balaguer eingeweiht und die Papstmesse vor dem *Faro a Colón* vom 12. Oktober auf den vorangehenden Tag verschoben wurde.[4] In seiner Predigt versuchte der Papst außerdem, der Architektur des Denkmals eine eigene Deutung zu geben: «Wir sind vor dem Leuchtturm des Kolumbus versammelt, der in seiner Kreuzesform das Kreuz Christi symbolisieren soll, das im Jahre 1492 in diese Erde eingepflanzt wurde. Damit sollte man zugleich den großen Admiral ehren, der als seinen Willen niedergeschrieben hat: ‹Stellt Kreuze an allen Straßen und Wegen auf, damit Gott sie segne.›»[5] Diese kurze Erwähnung von Cristóbal Colón, die ihn nicht als Entdecker und Eroberer der Insel Hispaniola (das heißt der heutigen Dominikanischen Republik und Haitis) in Erinnerung

3 Bei einer friedlichen Demonstration gegen die staatlich geplanten Feiern zum *Quinto Centenario* und gegen den *Faro a Colón* wurde von Sicherheitskräften ein Anwalt getötet. Ein weiteres Todesopfer forderte die brutale Unterdrückung weiterer Proteste. Daraufhin wurden Demonstrationen während des Papstbesuches (9. bis 14. 10. 1992) verboten. Der Erzbischof von Santo Domingo, Kardinal Nicolás de Jesús López Rodríguez, gegenwärtig Präsident des CELAM und einer der drei Präsidenten der IV. Generalversammlung des lateinamerikanischen Episkopates, bezichtigte die Demonstranten einer unpatriotischen Gesinnung. Der Kardinal ist Präsident der ständigen staatlichen Kommission für die Feiern des Fünfhundertjahr-Jubiläums der Entdeckung und Evangelisierung Lateinamerikas.

4 Bei der Ankunft hatte der Papst in seiner Begrüßungsansprache vor dem Präsidenten J. Balaguer, den anwesenden Regierungsmitgliedern und Bischöfen ausdrücklich das Motiv seiner Reise genannt: «[...] die Kirche will dieses Jubiläum in Bescheidenheit angesichts der Wahrheit feiern, ohne Triumphalismus und falsche Scham. Sie will nur auf die Wahrheit blicken, Gott für das Gute danken und aus den begangenen Fehlern lernen, um so erneut sich der Zukunft zuzuwenden.» Eine Reihe von Texten von Johannes Paul II. zum *Quinto Centenario* sind zu finden in: Fünfhundertjahrfeier der Evangelisierung Lateinamerikas (1) 1492 bis 1992. Arbeitshilfen, 89A, hrsg. vom Sekretariat der Deutschen Bischofskonferenz, Bonn 1991.

5 Predigt von Johannes Paul II. bei der Messe vor dem *Faro a Colón*, Pressesaal des Heiligen Stuhls, 11. Oktober 1992, Nr. 3, Abschnitt 10.

ruft, sondern an den historisch bezeugten Akt der Aufrichtung eines Kreuzes bei der Inbesitznahme dieser Insel erinnert, ohne aber die Umstände und die Ziele seiner Reise zu nennen, drückt im abschließenden Teil der Predigt noch einmal die Tendenz *aller* Ansprachen von Johannes Paul II. in der Dominikanischen Republik aus: zwischen Konquista und ‹Evangelisierung der neuen Welt› eine Unterscheidung in der Art zu machen, daß zwar die verheerenden Folgen der Konquista und deren Wirkungen bis heute thematisiert werden, daß sie sogar als schuldhaftes Handeln einzelner Christen denunziert werden. Die institutionelle, politische Verknüpfung von Konquista und Ausbreitung des Christentums, wie sie nicht nur faktisch geschah, sondern auch von vielen Theologen und Juristen während der Kolonialzeit rechtens begründet wurde, wird dabei nicht erwähnt.

In seiner Eröffnungsrede vor der vierten Generalkonferenz des lateinamerikanischen Episkopates wiederholte Johannes Paul II. noch einmal seine Deutung der Landung von Cristóbal Colón: «In diesem einzigartigen Vorgang [der Papst meint hier die Evangelisierung der ganzen Welt] bildet das Jahr 1492 ein besonders wichtiges Datum. Am 12. Oktober nämlich – also genau heute vor fünfhundert Jahren – kam der Admiral Christoph Kolumbus mit den drei Karavellen aus Spanien hier an und pflanzte in diesem Land das Kreuz Christi auf. Die Evangelisierung im eigentlichen Sinn begann freilich erst mit der zweiten Reise der Entdecker, die von den ersten Missionaren begleitet waren. So begann die Aussaat der kostbaren Gabe des Glaubens.»[6]

2. Die Frage nach dem Unrecht – verharmlost?!

Hatte das eingangs erwähnte aktualisierende Zitat von Toribio de Mogrovejo in Lateinamerika zu recht weite Beachtung gefunden, verliert es im Unterschied dazu im Kontext der Predigt, in der es der Papst verwendet hat, und im Rahmen der Papstreden in Santo Domingo insgesamt an hermeneutischem Potential und an analytischer Kraft: Was Mogrovejo in seiner Äußerung näm-

6 Rede Johannes Pauls II. zur Eröffnung der IV. Konferenz in Santo Domingo, Pressesaal des Heiligen Stuhls, 12. Oktober 1992, Nr. 8, Abschnitt 3.

lich getan hat, daß er einen Unrechtszustand in der Vergangenheit als heute im gleichen Ausmaß bestehenden denunziert, hatte der Papst noch durch seine Zitierweise verstärkt.[7] Diese Verschärfung verlangt gerade danach, die Frage nach den Verursachern der fortdauernden Unrechtssituation zu stellen.[8] Solche Nachfragen hatte der fragende Papst selbst durch seine Deutung der Geschichte der Evangelisierung zumindest verharmlost, vielleicht sogar für den Augenblick stillgelegt.

3. Die Botschaft an die Indígenas

Für diese abschwächende Tendenz gibt es sogar textgeschichtliche Hinweise. In seiner Eröffnungsansprache für die IV. Generalkonferenz des lateinamerikanischen Episkopates am 12. Oktober 1992 hatte Johannes Paul II. eine besondere Botschaft für die Indígenas und die Afroamerikaner als die zwei am meisten von der Armut betroffenen Menschengruppen angekündigt. Die am folgenden Tag einer Gruppe von Indígenas übergebene Botschaft enthielt gegenüber dem ursprünglichen Text drei bedeutende Texteinfügungen.[9]

> «Wie könnte die Kirche, die mit ihren Ordensleuten, Priestern und Bischöfen immer auf der Seite der Indígenas war, anläßlich des fünfhundertjährigen Jubiläums die übergroßen Leiden, die den Bewohnern dieses Kontinents während der Zeit der Eroberung und der Kolonialisierung zugefügt wurden, vergessen? Man muß mit voller

7 «Die Gefühle und die pastorale Sorge hinter diesen Worten, die der heilige Toribio de Mogrovejo auf dem dritten Provinzialkonzil von Lima im Jahr 1592 gesprochen hat, sind noch heute von großer Aktualität, liebe Mitbrüder im Bischofsrat in Lateinamerika.» Predigt von Johannes Paul II. bei der Messe vor dem *Faro a Colón*, Pressesaal des Heiligen Stuhls, 11. Oktober 1992, Nr. 3, Abschnitt 9.

8 Toribio de Mogrovejo blickt auf 90 Jahre zurück, der Papst, indem er Mogrovejo zitiert, auf fünfhundert Jahre. Die größere Zeitdauer markiert die Zunahme des Elends. Die deutsche Übersetzung im Osservatore Romano deutsch (vom 30. 10. 1992, S. 9 f.) schwächt die Aussage des Papstes noch ab, indem sie das emphatische *pleno actualidad* im Spanischen mit «großer Aktualität» übersetzt.

9 Mir lagen drei Versionen dieser Botschaft an die Indígenas vor: IV Conferencia general del episcopado latinoamericano, Santo Domingo, Oct. 12 – 28

Aufrichtigkeit das geschehene Unglück eingestehen, verursacht durch mangelnde Liebe von seiten jener Personen, die in den Indígenas nicht Brüder und Söhne des Vaters im Himmel zu erkennen vermochten.»[10]

Die ursprüngliche Fassung des Textes ging nicht so weit, für die Kirche als Ganze in Anspruch zu nehmen, immer auf Seiten der Indígenas gestanden zu haben.

Eine zweite Textergänzung (in Nr. 6 der Botschaft) ist die Einfügung der Bitte um Vergebung. Die Textstelle endete ursprünglich damit, daß die vorliegende Botschaft ein Aufruf zur Hoffnung sein will. Sie wird folgendermaßen ergänzt:

«[...] und [ein Aufruf] zur Vergebung. Im Gebet, das Jesus uns lehrte, sprechen wir: ‹Vater unser ... vergib uns unsere Schuld, wie auch wir vergeben unsern Schuldigern.› Jesus hat ‹Worte des ewigen Lebens› (Joh 6,68); er weiß, was ‹im Herzen des Menschen ist› (Joh 2,25). Im Namen Jesu Christi bitte ich als Oberhirte der Kirche Euch, ‹vergebt denen, die Euch Unrecht angetan haben›, vergebt all jenen, die während fünfhundert Jahren Euren Vorfahren und Euch Leid und Schmerz zugefügt haben. Wenn wir vergeben, dann legen wir das ‹Unrecht›, das ein Mensch getan hat, in die Hände Gottes im Wissen darum, daß der Herr gerecht und barmherzig im Übermaß ist. Er ist der einzige Herr der Geschichte, der Schöpfer der Welt und der Erlöser der Menschen. Wenn wir vergeben, erneuern wir uns im Geist, und unser Wille gewinnt an Kraft. Die Welt braucht immer Versöhnung und Vergebung, und zwar zwischen einzelnen Menschen wie auch zwischen den Völkern. Allein auf diesem Fundament läßt sich eine gerechtere und brüderlichere Gesellschaft aufbauen.

de 1992. Mensajes del Santo Padre Juan Pablo II en su tercera visita a la Rep. Dominicana, Oct. 9 – 14 de 1992. Documentos, Ediciones MSC, Amigo del Hogar, Santo Domingo, R.D. 1992; der Text in der Originalsprache im Osservatore Romano (vom 16. 10. 1992, S. XVI f.), und der an die Presse gegebene Text mit dem Hinweis, daß er vom Papst ergänzt worden sei. Im Vergleich zum erstgenannten Text enthält der im Osservatore Romano erschienene zwei Zusätze (nämlich den ersten und dritten), während der Pressetext zusätzlich noch den langen Aufruf zur Vergebung enthält. Die Botschaft wurde am 13. Oktober überreicht, nachdem am 12. Oktober auf dem ganzen Kontinent Demonstrationen der Indígenas gegen die Konquista und Kolonialisierung stattgefunden hatten. Zu den schwersten Zwischenfällen kam es in der kolumbianischen Provinz Cauca, wo ungefähr 11 000 Indígenas protestierten.

10 Botschaft Johannes Pauls II. an die Indígenas, Pressesaal des Heiligen Stuhls, 13. Oktober 1992, Nr. 10A, Abschnitt 3.

Deshalb und im Namen unseres Herrn Jesus Christus richte ich an Euch meine dringende Bitte, denen, die ‹Euch beleidigt haben› – wie wir im Vaterunser beten – alles Unrecht und jede Beleidigung, vieles davon kennt nur Gott allein, zu vergeben.»[11]

Die Bitte um Vergebung, die die Täter gegenüber den Opfern aussprechen müßten, wird hier zum eindringlichen Appell an die Opfer, den Tätern zu verzeihen.

Eine dritte Ergänzung (in Nr. 4 der Botschaft) führt aus, daß die Kirche unter ihren pastoralen Aufgaben auch die Förderung all jener Initiativen versteht, die einen Beitrag zum Gemeinwohl und zu einer umfassenden Entwicklung der Indio-Gemeinschaften leisten. Die Ergänzung lautet:

«[...] ebenso Gesetzgebungen zu unterstützen, die sachgemäß die authentischen Werte und Rechte der Indígenas achten und schützen.»

4. Eine eurozentrische Theologie?

Die zwei erstgenannten Textergänzungen fügen sich widerspruchslos in den Gesamttext der Botschaft an die Indígenas ein, welche die Kritik an den verheerenden Folgen der Konquista deutlich ausspricht, gleichzeitig aber daran festhält, daß die Evangelisierung Lateinamerikas die autochthonen Kulturen erst zu ihrem authentischen Selbstverständnis geführt habe:

«Im Licht der christlichen Offenbarung haben die von alters her tradierten Tugenden Eurer Vorfahren wie die Gastfreundschaft, die Solidarität, eine großmütige Gesinnung, ihre Erfüllung durch das Liebesgebot gefunden, welches das oberste Gesetz der Christen sein soll. Die Überzeugung, daß das Übel mit dem Tode und das Gute mit dem Leben identisch ist, öffnete ihre Herzen für Jesus, der ‹der Weg, die Wahrheit und das Leben› (Joh 14,6) ist.»[12]

Von dieser Überzeugung her kommt Johannes Paul II. zu einer positiven Einschätzung der Vielfalt der lateinamerikanischen Kulturen und ihrer Werte. In ihnen sieht er «jene Samen des

11 Ebd., Abschnitt 6.
12 Ebd., Abschnitt 2.

Wortes Gottes»[13] verkörpert, die schon vor der Ankunft der ersten Missionare die Kulturen des Lateinamerikanischen Kontinents prägten: «Diese erleuchteten die Herzen Eurer Vorfahren, damit sie die Spuren des Schöpfergottes in allen seinen Geschöpfen erkennen konnten: die Sonne, der Mond, die Mutter Erde, die Vulkane, die Wälder, die Lagunen und die Flüsse.»[14]

Konsequent zu dieser positiven Bewertung der einzelnen autochthonen Kulturen hebt der Papst auch ausdrücklich hervor, daß die einzelnen Indio-Völker das Recht darauf haben, ihre bis heute bewahrten kulturellen Traditionen weiterzupflegen:

> «Darum ermutigt die Kirche die Indígenas, mit berechtigtem Stolz die Kultur ihrer Völker, die guten Traditionen und Gebräuche, die Sprachen und eigenen Werte zu bewahren und zu fördern. Wenn Ihr Eure Identität verteidigt, nehmt Ihr nicht nur das Euch zustehende Recht in Anspruch, sondern Ihr erfüllt damit auch Eure Pflicht, Eure Kultur an die nachfolgenden Generationen weiterzugeben. Auf diese Weise bereichert Ihr die Gesellschaft als Ganze.»[15]

Daraus zieht der Papst für die Kirche nicht nur die Folgerung, daß sie die Indígenas im Kampf um ihre Autonomie und um die Bewahrung ihrer Kulturen gegenüber den Staaten und einzelnen nationalen Gesellschaften unterstützen soll. Er verlangt auch deren stärkere Integration in die Kirche:

> «Was die Kirche betrifft, ermahne ich alle, jene pastoralen Initiativen zu fördern, die eine größere Integration und Partizipation der Indio-Gemeinschaft in das kirchliche Leben möglich machen. Dafür ist eine erneute Anstrengung notwendig in dem Bereich, was die Inkulturation des Evangeliums betrifft. [...] Es geht eigentlich darum, daß die Indígenas zu den Urhebern ihrer eigenen Entwicklung und Evangelisierung werden. Und das muß auf allen Bereichen geschehen, auch im Bereich der kirchlichen Ämter.»[16]

Diese weitreichende pastorale Perspektive schränkt Johannes Paul II. aber an mehreren Stellen seiner Botschaft wieder ein (in den Nrn. 1, 2, 4), und zwar nicht dadurch, daß er der Botschaft

13 Ebd., Abschnitt 2.
14 Ebd., Abschnitt 2.
15 Ebd., Abschnitt 4.
16 Ebd., Abschnitt 6.

des Evangeliums eine kritische Funktion den Kulturen gegenüber zuschreibt, sondern dadurch, daß er fraglos dem katholischen, europäischen Christentum diese Funktion des Urteilens zuschreibt. An keiner Stelle spricht der Papst davon, daß die Kirche und ihre Evangelisierung selber dem Urteil des Evangeliums unterworfen sind. Die oben zitierte erste Textergänzung ist dementsprechend konsequent, wenn sie die ganze Kirche seit der Konquista als immer dem Evangelium getreu auf der Seite der Indígenas stehend beschreibt.

5. Die Eröffnungsrede zur Generalkonferenz

Zu der Predigt während des Gottesdienstes vom 11. Oktober 1992 vor dem *Faro a Colón* und der Botschaft an die Indígenas gehört als dritte bedeutende Amtshandlung von Johannes Paul II. jene Ansprache, mit der er die IV. Generalkonferenz des lateinamerikanischen Episkopates eröffnet hat.[17] Mit großer Aufmerksamkeit war auf diese Rede gewartet worden, weil man von ihr zu Recht die Position Johannes Paul II. zum Thema der Konferenz («Neue Evangelisierung, menschliche Entwicklung, christliche Kultur. Jesus Christus gestern, heute und in Ewigkeit [Hebr 13,8]») erwarten konnte. Die eigentliche Überraschung aber war die Ankündigung einer Versammlung der Bischöfe des gesamten amerikanischen Kontinents von Alaska bis nach Feuerland (Nr. 17). Der Papst sagte dazu, daß diese Versammlung auch als Sondersynode (in Rom) stattfinden könne.

Der Papst gliederte seine Ansprache nach den drei Stichworten des Konferenzthemas. Er formulierte die Aufgabe der Generalkonferenz mit folgenden Worten:

> «Seit meiner Begegnung in Haiti mit den Bischöfen des CELAM im Jahre 1983 habe ich diesen Ausdruck [der Neuevangelisierung] be-

17 Vgl. Norbert Arntz: Bischöfe bestätigen die Option für die Armen. In: Orientierung vom 15. September 1992, S. 183-186. Und: IV. Generalkonferenz der lateinamerikanischen Bischöfe, Neue Evangelisierung, menschliche Entwicklung, christliche Kultur. Jesus Christus gestern, heute und in Ewigkeit (vgl. Hebräer 13, 8). Arbeitsdokument. Arbeitshilfen, 89B, hrsg. vom Sekretariat der Deutschen Bischofskonferenz. Bonn 1992.

sonders betont, um damit der Evangelisierung in Amerika und in der ganzen Welt neuen Antrieb und neuen Schwung zu vermitteln; das pastorale Wirken soll ‹einen neuen Anstoß bekommen, der imstande ist, neue Zeiten der Evangelisierung heraufzuführen innerhalb einer Kirche, die noch tiefer verwurzelt ist in der unvergänglichen Kraft und Macht des Pfingstgeheimnisses› (Evangelii nuntiandi, 2). Die Neu-Evangelisierung besteht nicht in einem ‹neuen Evangelium›, das ja immer von uns selber, unserer Kultur und unserer Analyse der Bedürfnisse des Menschen käme. Es wäre also kein ‹Evangelium›, sondern bloß menschliche Erfindung und trüge kein Heil in sich. Sie besteht auch nicht in der Entfernung all dessen aus dem Evangelium, was sich die Mentalität von heute nur schwer aneignen kann. Der Maßstab des Evangeliums ist nicht die Kultur, vielmehr ist Jesus Christus der Maßstab einer jeden Kultur und jedes menschlichen Werkes.»[18]

In der Linie dieser Beschreibung verurteilte Papst Johannes Paul II. «alle verkürzenden Theologien», ein «sogenanntes paralleles Lehramt der Theologen», eine «Haltung systematischer Opposition» gegenüber dem authentischen Lehramt (Nr. 7 und 8), und als ein wertvolles Instrument der Neu-Evangelisierung nannte er den bald erscheinenden Universalkatechismus (Nr. 9).

Die neuen Herausforderungen der Glaubensverkündigung sah er in einer wachsenden Säkularisierung:

«In den Städten wächst eine Form der Kultur heran, die einzig auf die Wissenschaft und die Errungenschaften der Technik vertraut und sich als dem Glauben feindlich erweist. Es werden Lebensentwürfe im Gegensatz zu den Werten des Evangeliums vorgelegt. Unter dem Druck des Säkularismus kommt es so weit, daß man den Glauben darstellt, als ob er eine Bedrohung der Freiheit und Autonomie des Menschen wäre.» (Nr. 11)[19]

Eine weitere Bedrohung des Glaubens sah der Papst in dem wachsenden Einfluß des ‹Phänomens der Sekten›.

Dieser weitgehend apologetische Umgang mit den gesellschaftlichen und kirchlichen Veränderungsprozessen in Lateinamerika bestimmte auch den Teil der Rede, in der der Papst über

18 Rede Johannes Pauls II. zur Eröffnung der IV. Konferenz in Santo Domingo, Pressesaal des Heiligen Stuhls, 12. Oktober 1992, Nr. 8, Abschnitt 6.
19 Ebd., Abschnitt 11.

«Die Förderung des Menschen» sprach. Zwar formulierte er ausdrücklich, daß er an der «Option für die Armen» in der Kontinuität der Generalkonferenzen von Medellín und Puebla festhalte, aber er hob deutlich hervor, daß diese Option keine ausschließliche sei[20], wie er auch darauf verwies, daß das kirchliche Lehramt mit seinen beiden Instruktionen über die Befreiungstheologie (1984 und 1986) das authentische christliche Verständnis von Freiheit und Befreiung vorgelegt habe (Nr. 16). Im Kontrast zu diesen defensiven und abgrenzenden Äußerungen standen aber jene Teile der Rede, in denen der Papst sich zur wachsenden Verelendung Lateinamerikas und zur immer größer werdenden Kluft zwischen den reichen Ländern des Nordens und den armen des Südens äußerte (vgl. Nr. 14, 15 und 19).

Die Eröffnungsansprache für die IV. Generalkonferenz von Johannes Paul II. wurde im Verlaufe der Debatten und Entscheidungen der Generalkonferenz immer mit jenen Passagen zitiert, die den Konferenzteilnehmern gegenüber der starren Leitung der drei Präsidenten die Freiheit in der Beschreibung und der Analyse der lateinamerikanischen Wirklichkeit möglich machen sollte.

6. In Kontinuität zu Medellín und Puebla?

In seiner Eröffnungsansprache erwähnte Papst Johannes Paul II. im zentralen Abschnitt seiner Rede, in welchem er über die «Förderung des Menschen» (*promoción humana*) sprach, ausdrücklich die beiden vorangegangenen Konferenzen von Medellín (1968) und Puebla (1979): «In Weiterführung der Konferenzen von Medellín und Puebla bekräftigt die Kirche erneut ihre Option für die Armen. Diese Option gilt nicht ausschließlich, und sie schließt niemanden aus, weil die Heilsbotschaft für alle bestimmt ist.» In dieser Äußerung, deren Anfang bei einem ersten Hinse-

20 Mit dieser Einschränkung spricht Johannes Paul II. durchgehend von der «Option für die Armen». Vgl. I. Berten; Jean-Paul II et «l'option préférentielle pour les pauvres», in: I. Berten, R. Luneau, Hrsg., Les rendez-vouz de Sainte Domingue. Les enjeux d'un anniversaire (1492-1992), Centurion, Paris 1991, S. 249-296. Dieser Gebrauch widerspricht eindeutig dem von Medellín und Puebla (Dokument von Puebla, 1134-1140).

hen unproblematisch zu sein scheint, brechen sich wie im Spiegel die Diskussionen und Konflikte, die den Ablauf wie die Ergebnisse der Konferenz in Santo Domingo prägen sollten. Dafür war für den Verlauf der Versammlung nicht in erster Linie entscheidend, in welchem Sinn Johannes Paul II. selbst seine Aussage verstand und verstanden wissen wollte. Zwar konnte der Papst mit der Art und Weise, wie er die Kontinuität der drei Konferenzen von Medellín, Puebla und Santo Domingo formulierte, auf die Zustimmung aller Konferenzteilnehmer zählen. Was er aber bei seinem Hinweis auf die vorausgegangenen Konferenzen nicht erwähnte, waren die politisch-gesellschaftlichen wie die innerkirchlichen Kontroversen und Konflikte, die die Geschichte der Rezeption von Medellín und Puebla in den lateinamerikanischen Kirchen bestimmt haben[21] und die in Santo Domingo Gegenstand harter Auseinandersetzungen werden sollten. In den Debatten der Versammlung konnte sich jeder Teilnehmer auf die vom Papst erwähnte Kontinuität berufen. Aus diesem Grunde hatte seine Rede einen paradoxen Effekt: Obwohl sie in seinem apologetischen Geschichtsverständnis und in ihrer eurozentrischen Theologie eindeutige inhaltliche Vorgaben für die nachfolgenden Beratungen machte, gewährte sie durch ihre Unbestimmtheit in der erwähnten Thematik einen Spielraum, so daß mit dem Verweis auf die zur Sprache gebrachte Kontinuität zu Medellín und Puebla gegen Grundpositionen der Papstrede argumentiert werden konnte. Auf diese Weise versuchte eine kleine Minderheit von ungefähr dreißig Bischöfen (vor allem aus Brasilien) während der ganzen Dauer der Generalkonferenz durch ihre Voten die Freiheit der Beratungen zu erkämpfen. Die

21 Im Unterschied zu dieser abstrakten Redeweise erwähnen sowohl die SECUNDA RELATIO (Bogotá 1992, S. 12-17 und 32-35) wie das «Arbeitsdokument für Santo Domingo» (Bogotá 1992, deutsch, als Arbeitshilfe Nr. 89B, hrsg. von der deutschen Bischofskonferenz, Bonn 1992, Nr. 620-634) Medellín und Puebla im historischen Kontext. Vgl. S. Mainwaring, A. Wilde, Hrsg., The Progressive Church in Latin America, Univ. of Notre Dame Press, Notre Dame/Ind. 1989; E. L. Cleary, Born of the Poor. The Latin American Church since Medellín, Univ. of Notre Dame Press, Notre Dame/Ind. 1990; D. Keogh, Hrsg., Church and Politics in Latin America, Macmillan, London 1990; R. Della Cava, Vatican Policy, 1978, 1990. An Updated Overview, in: Social Research 59 (1992), S. 169-199.

Konferenz war deshalb vom ersten bis zum letzten Tag durch Kontroversen über die Geschäftsordnung bestimmt.

Zwar ist der juristische Status der Generalkonferenz des lateinamerikanischen Episkopates (amtlich: *Conferencia general del episcopado latinoamericano*) sehr schwach. Seit ihrer Gründung und ersten Sitzung (1955 in Rio de Janeiro) wird sie, da sie keine ständige Einrichtung ist, jeweils neu vom Papst einberufen.[22] Er bestimmt die Präsentation der Konferenz, ihren Generalsekretär, ihre Zusammensetzung, ihre Geschäftsordnung und ihre Beratungsthemen. Diese Entscheidungen werden in Rom im Auftrag des Papstes und nach seiner ausdrücklichen Billigung durch die entsprechende Kurienbehörde, den Päpstlichen Rat für Lateinamerika (CAL), gefällt, während die konkrete Durchführung der Generalkonferenz dem Lateinamerikanischen Bischofsrat (CELAM) übertragen wird. Aus diesem Grunde ist der jeweilige Präsident des CELAM einer der drei Präsidenten der Generalkonferenz, wie der jeweilige Generalsekretär des CELAM deren Sekretär ist. Außerdem sind die Vorsitzenden der Departemente und der Kommissionen des CELAM von Amts wegen Mitglieder der Konferenz.

7. Zwischen Zentralismus und Autonomie

Dieser rechtlich ungesicherte Status der Generalkonferenz gibt einen eindeutigen Gradmesser dafür ab, wie der amtierende Papst und seine Kurienbehörden im jeweiligen Fall die Kollegialität der Bischöfe verstehen und praktizieren. Außerdem verdeutlicht er auch in gleicher Weise die Position des CELAM, ob er als ein Ausführungsorgan der römischen Zentrale oder als Stimme der Ortskirche Lateinamerikas handelt und entscheidet. Ein Rückblick auf die bisher stattgefundenen vier Vollversammlungen zeigt eine zunehmende Tendenz des Papstes und der römischen Zentrale, diese Beratungen des lateinamerikanischen

22 Vgl. F. Houtard, L'histoire de CELAM ou l'oublie des origines, in: Arch. Sc. soc. des Rel. 62 (1986) Heft 1, S. 93-105; A. Anton: Santo Domingo: IV Conferencia General del Episcopado Latinoamericano. Su «status» teológico y el valor magisterial de su documento conclusivo, in: Gregorianum 73 (1992), S. 437-467.

Episkopates als abhängige Instrumente ihrer Autorität zu verstehen. Gegenüber der III. Vollversammlung von Puebla lassen sich für die Konferenz von Santo Domingo folgende Verschärfungen der römischen Einflußnahme feststellen:

– Der von der brasilianischen Bischofskonferenz gewählte Delegierte Cândido Padin, emeritierter Bischof von Bauru/SP, wurde von der Teilnehmerliste gestrichen, obwohl er mit ausdrücklicher Zustimmung des Papstes Mitglied der Pastoralkommission, das heißt der wichtigsten Fachkommission der brasilianischen Bischofskonferenz ist.[23]

– Schon für die Vollversammlungen der Konferenzen von Medellín und Puebla war der Einfluß der römischen Kurie auf die Zusammensetzung der Konferenz erheblich, indem die gewählten Delegationen der einzelnen Bischofskonferenzen durch Ernennung von zusätzlichen Teilnehmern mit allen Rechten von seiten Roms ergänzt wurden.[24] Auch diesmal machte der Papst von dieser Möglichkeit Gebrauch.

– Außerdem waren in Santo Domingo zum ersten Mal die Vertreter der römischen Dikasterien nicht bloß als Eingeladene (wie in Puebla), sondern als Mitglieder mit allen Rechten vertreten.

– Bei den bisherigen Generalkonferenzen wurde der jeweilige amtierende Präsident der CAL zum ersten Präsidenten der Generalkonferenz ernannt. Wäre der Papst weiterhin nach dieser Praxis verfahren, so hätte Kardinal Bernadin Gantin delegiert werden müssen. An dieser Stelle wurde aber mit dem Staatsse-

23 Typoskript einer spanischen Übersetzung des Briefes von Bischof Cândido Padin an seine Mitbrüder vom 15. August 1992 (São Paulo); vgl. dazu DIAL, Nr. 1719 vom 15. Oktober 1992.

24 Nach dem CELAM-Pressebulletin Nr. 3 vom 13. Oktober 1992 hatte die IV. Generalkonferenz im ganzen 356 Teilnehmer, das heißt 307 Mitglieder, 24 Gäste (*invitados*), 20 Berater und fünf Beobachter nichtkatholischer Kirchen und Glaubensgemeinschaften. Stimmberechtigt waren nur die Mitglieder im Bischofsrang (231). Die Römische Kurie entsandte 28 Vertreter, von denen 15 stimmberechtigte Mitglieder waren. Zu den Teilnehmern der Konferenzen von Medellín und Puebla vgl. H. Parada, Cronica de Medellín, Indo-American Presses Service, Bogotá 1975, S. 245-260 bzw. L. Schwarz, Der innere Konferenzverlauf, in: H. Schöpfer, E. L. Stehle, Hrsg.: Kontinent der Hoffnung. Die Evangelisierung Lateinamerikas heute und morgen (Entwicklung und Frieden. Dokumente, Berichte, Meinungen, 8), München-Mainz 1979, S. 33-52.

kretär Kardinal Angelo Sodano der engste Mitarbeiter des Papstes entsandt. Diese Entscheidung wurde auf Fragen von Journalisten damit begründet, daß Kardinal B. Gantin eine Ernennung zu einem der drei Präsidenten mit dem Hinweis auf mangelnde Beherrschung der spanischen Sprache abgelehnt habe. Nicht beantwortet ist aber damit die Frage, wie Kardinal B. Gantin die ordentlichen Geschäfte der CAL führen kann, bei deren Verhandlungen üblicherweise Spanisch gesprochen wird.

– Normalerweise wird der jeweils amtierende Generalsekretär des CELAM zum Generalsekretär der Generalkonferenz ernannt. Zwar wurde gemäß dieser Regelung der brasilianische Bischof Raymundo Damasceno Assis für die Aufgabe bestimmt. Ihm wurde aber in der Person von Jorge Medina Estévez, Bischof von Rancagua in Chile, ein zweiter Generalsekretär zugeordnet.[25]

– Die bisherigen Geschäftsordnungen sahen jeweils vor, daß das von der Generalkonferenz beratene und akzeptierte Schlußdokument vor seiner Veröffentlichung durch den Papst approbiert werden mußte. Der entsprechende Abschnitt der für Santo Domingo gültigen Geschäftsordnung war so formuliert, daß sie dem Papst zusätzlich die Möglichkeit einräumte, darüber zu entscheiden, was mit dem Dokument überhaupt geschehen soll.[26]

– Diese Geschäftsordnung gestand darüber hinaus den Mitgliedern der Generalkonferenz sehr wenig Rechte gegenüber dem Präsidium zu. So schrieb diese vor, daß das Präsidium Anzahl und Aufgabenstellung der Sachkommission bestimmen kann, daß es nach eigenem Ermessen eine Koordinierungskommission ernennen kann. Zudem hatte der geschäftsführende Präsident die Vollmacht, die Tagesordnung zu bestimmen, und es war ihm freigestellt, ob er für eingereichte Voten zur Geschäftsordnung und zu Sachfragen die Meinung der anderen beiden Präsidenten, der Sekretäre und der Mitglieder der Versammlung einholen wolle.

25 Bischof J. Medina Estévez gehört neben Kardinal A. López Trujillo zu den 24 Unterzeichnern der gegen die Befreiungstheologie gerichteten *Declaración de los Andes* (28. Juli 1985). Vgl. DIAL Nr. 1048 vom 19. September 1985 und ARM vom 15. Oktober 1985, S. 9 f.

26 Vgl. die von Johannes Paul II. am 10. Juli 1992 approbierte Geschäftsordnung für die IV. Generalkonferenz, Artikel 12.

Die Freiheit und Verhandlungsmöglichkeiten der Generalkonferenz waren aber nicht nur durch diese formalen Bestimmungen derart eingeschränkt worden, daß sie eigentlich nur als ein ausführendes Organ ihres Präsidiums handeln und entscheiden konnte. Dazu kam noch, daß im Unterschied zu den Konferenzen von Medellín und Puebla die drei Präsidenten, Kardinal-Staatssekretär Angelo Sodano, der Präsident des CELAM, Kardinal Nicolás de Jesús López Rodríguez (Santo Domingo), und Erzbischof Serafim Fernandes de Araújo (Belo Horizonte/ Brasilien) die Geschäftsordnung in einem sehr restriktiven Sinn auslegten und handhabten.[27]

8. Freiheit der Beratungen?

Diese Politik der drei Präsidenten wurde schon am ersten Arbeitstag der Konferenz deutlich. Nachdem den Teilnehmern die Geschäftsordnung und das Arbeitsprogramm der Generalkonferenz erst bei dieser Gelegenheit ausgehändigt worden war, gab es zwar unmittelbar danach eine ausführliche Debatte über deren Kompetenzen. Der Generalkonferenz wurde dabei vom Präsidium nicht zugestanden, daß sie die Regeln für die Verhandlungen selber bestimmen könne. Zwar wurden ihr im Rahmen der Geschäftsordnung einige Zugeständnisse gemacht: So konnte das Plenum der Generalkonferenz Vorschläge für die Besetzung der fünf für den Ablauf der Beratungen verantwortlichen Kommissionen, nämlich der Redaktions-, Koordinierungs- und Wahlprüfungskommission, sowie der Kommissionen für Rechtsfragen und für die Botschaft an das lateinamerikanische Volk machen.

27 Vgl. im Unterschied dazu die sehr aufschlußreichen Erinnerungen von Bischof Cândido Padin über Medellín, in denen er berichtet, wie der damalige Vorsitzende der CAL, Kardinal A. Samoré, sich betroffen von der Analyse über die Armutssituation zeigte (zitiert von P. Lernoux in ihrem Beitrag in: J. Eagleson, Ph. Scharper, Hrsg., Puebla and Beyond, Orbis Books, Maryknoll/N.Y. 1979, S. 3-27, bes. S. 11); Auch in Puebla konnte das Plenum nach der programmatischen Eröffnungsrede des damaligen CELAM-Präsidenten, Kardinal Aloisio Lorscheider, trotz der Geschäftsordnung nach demokratischen Regeln verfahren: vgl. E. Dussel, F. Espinosa, Puebla. Crónica e historia, in: Christus von März/April 1979, S. 21-43; CEHILA-Boletin, Nr. 18, Juni 1979.

Das Präsidium behielt sich aber das Recht vor, aus den eingebrachten Vorschlägen frei wählen zu können. Es konnte dabei jedoch das eindeutige Votum des Plenums für Erzbischof Luciano Mendes de Almeida (Erzbischof von Mariana/Brasilien und Präsident der brasilianischen Bischofskonferenz) nicht übergehen, und es ernannte ihn deshalb zum Koordinator der für das Schlußdokument wichtigen Redaktionskommission.[28] Mit der Errichtung dieser Kommission hatte sich auch der Wille des Plenums durchsetzen können, daß das Schlußdokument von ihr selber, das heißt den von ihr bestimmten dreißig Sachkommissionen zusammen mit der Redaktionskommission erarbeitet, und nicht, wie es vorgesehen war, daß das Schlußdokument auf der Basis der Kommissionsarbeit vom Generalsekretariat formuliert würde. Dieser kleine Teilerfolg war auch der Grund dafür, daß am Ende überhaupt ein Schlußtext vorlag, über den abgestimmt werden konnte. Zum einen war es das Vertrauen, welches in großer Einmütigkeit das Plenum gegenüber der Arbeit und der Fairneß von Erzbischof L. Mendes de Almeida hegte, zum anderen waren es die positiven Erfahrungen, die in der Detailberatung von den dreißig Sachkommissionen gemacht worden waren. Aus diesem Grunde war man bis zur Schlußabstimmung bereit dafür zu kämpfen, daß möglichst viel von den in den Sachkommissionen diskutierten Themen und Problemstellungen in den Schlußtext aufgenommen werden konnte.

Dies alles aber konnte das entscheidende Hindernis, unter dem die Beratungen in Santo Domingo zu leiden hatten, nicht ausräumen: daß nämlich das Plenum weder über die Geschäftsordnung noch über die Beratungsthemen aus eigener Kompetenz entscheiden konnte. Dazu kamen noch eine Reihe anderer struk-

28 Außer ihrem Moderator war die Redaktionskommission mit mehrheitlich konservativen Bischöfen besetzt: A. Moreno (Chile), J. Lozano (Mexiko), A. Giraldo (Kolumbien), J.I. Larrea (Ecuador), A. Vargas (Peru). Auch die durch die Arbeitsfülle notwendig gewordene Erweiterung (am 26. Oktober 1992) brachte keine Änderung der Ausrichtung der Kommission. Hinzu kamen die Bischöfe Cl. Frainer (Brasilien), J. Sandoval (Mexiko), O. Pérez (Venezuela), D. Castrillón (Kolumbien), J. M. Arancibia (Argentinien), J. Chemello (Brasilien) und J. Medina Estévez (Chile). Erzbischof L. Mendes de Almeida, damals noch Weihbischof von São Paulo, spielte schon in Puebla als Moderator eine entscheidende Rolle. Vgl. die in Anm. 8 genannten Veröffentlichungen.

tureller Hemmnisse, die die Arbeit erschwerten. Zuerst einmal haben viele Bischöfe darüber geklagt, daß die ohnehin schon knappe Zeit, die für Beratungen zur Verfügung stehen sollte, dafür gebraucht wurde, um vier Vorträge anzuhören.[29] Zusätzlich wurde die Zusammenarbeit der Bischöfe untereinander erschwert, nämlich dadurch, daß Fraktions- und Gruppenbildungen im Plenum nicht zugelassen waren. Dazu nämlich hatte Kardinal A. Sodano in der ersten Arbeitssitzung erklärt, daß ein Bischof nur im eigenen Namen ein Votum vortragen könne. Außerdem war es den Bischöfen nicht gestattet, ihre eigenen theologischen Berater an den Beratungsort mitzunehmen, um sie gleich vor Ort konsultieren zu können. So mußten die Bischöfe mehrfach innerhalb kurzer Zeit, ohne mit ihren Theologen sprechen zu können, über wichtige Textvorlagen abstimmen.

9. Ein folgenschwerer Wechsel der Methode

Unter diesen erschwerten Arbeitsbedingungen entschied sich dann auch das Plenum mit überwiegender Mehrheit in einer Konsultativabstimmung am 16. Oktober 1992 für eine Gliederung des Schlußdokuments, wie sie ihr vorgelegt wurde, ohne daß die Tragweite dieser Entscheidung in einer kurzen.Debatte vor der Abstimmung zur Sprache kommen konnte.

Dieses Schema, das über alle Redaktionsstufen hinweg im wesentlichen gleich bleiben und damit auch die Gliederung des Schlußdokuments bilden sollte, hatte insgesamt vier Kapitel. Der erste Teil umfaßte unter dem Titel «Jesus Christus, die Frohbotschaft des Vaters» ein Glaubensbekenntnis und einen historischen Abriß über fünfhundert Jahre Evangelisierung in Lateinamerika. Der zweite Teil mit der Überschrift «Jesus Christus,

29 Nämlich die vier Vorträge von Erzbischof E. Esteban Karlic (Paraná/Argentinien) über «Jesus Christus, gestern, heute und morgen», von Kardinal L. Moreira Neves (São Salvador da Bahia) über «Neu-Evangelisierung», von P.J.L. Alemán (Santo Domingo) über «Die Förderung des Menschen», und schließlich von Prof. Juan de Dios Vial Correa (Santiago de Chile) über «Christliche Kultur». Pater Alemán bot in seinem Referat einen Überblick über das Arbeitsdokument, so daß dieses auf diesem Umweg doch noch bei der Erarbeitung des Schlußdokuments eine Rolle gespielt hat.

Verkünder der Frohbotschaft, der in seiner Kirche lebt» gliederte sich in zwei Unterabschnitte «Jesus Christus evangelisiert seine Kirche» und «Jesus Christus evangelisiert durch seine Kirche». Dieser zweite Unterabschnitt sollte die drei Themen «Neu-Evangelisierung», «Förderung des Menschen» und «Christliche Kultur» umfassen. Der dritte Teil mit dem Titel «Jesus Christus, Hoffnung der Welt durch den Heiligen Geist» würde dann die vorrangigen pastoralen Optionen nennen, abgeschlossen durch ein Gebet als dem vierten Teil des Dokuments. In die beiden ersten Teile sollten die Arbeitsergebnisse der dreißig Sachkommissionen[30] eingearbeitet werden.

Diese Gliederung bildet gegenüber der in Medellín und Puebla angewandten theologischen Arbeitsweise, die in der Folge auch in den Dokumenten dieser beiden Konferenzen ihren Niederschlag gefunden hat, einen entscheidenden Wechsel, ja mehr als dies: es bedeutet einen Bruch mit einem in den Kirchen Lateinamerikas tief verwurzelten Bewußtsein. Medellín wie Puebla waren in einer produktiven Rezeption des Zweiten Vatikanischen Konzils in ihrer theologisch-pastoralen Reflexion durch den Dreischritt «Sehen – Urteilen – Handeln»[31] bestimmt. Ausgangspunkt ist die Kenntnisnahme der Realität als einem «Zeichen der Zeit», in welchem der Heilswille Gottes zum Ausdruck kommt. Diese Realität muß analysiert und im Lichte des Evangeliums gedeutet werden. Grundbedingung dafür ist die gelebte Solidarität der Kirche mit dem Schicksal und der Not der Völker. Darin erschließt sich dann die pastorale Dimension der Verkün-

30 Es waren folgende Sachkommissionen: Präambel-Glaubensbekenntnis; Historische Realität; Heiligkeit der Kirche; Prophetische Sendung; Bevölkerungsentwicklung und Familie; Kirchliche Gemeinschaften und Ortskirche; Ordensleben; Ökumene und interreligiöser Dialog; Gottesdienst; Die Laien; Die Ämter in der Kirche; Förderung der Priesterberufe und Priesterausbildung; Die nach innen und außen missionarische Kirche; Das Ethische; Kinder und Jugendliche; Die Frau; Das Arbeitsleben; Migration und Mobilität; Verarmung und informelle Ökonomie; Neue ökonomische Weltordnung; Die Erhaltung der Erde; Ökologie; Demokratie; Die lateinamerikanische Integration im globalen Kontext; Menschenrechte; Vielfalt und Einheit der Kulturen – die Indígenas, Afro-Amerikaner und Mestizen; Erziehung; Säkularisierung und Indifferentismus; Die neue Kultur; Kultur und Massenkommunikation.

31 Vgl. Pastoralkonstitution «Gaudium et spes», Nr. 4.

digung als eine Antwort auf die Herausforderung der Not der Menschen. In all dem wird die bedrängende Situation deutlich, in der die Völker Lateinamerikas im Augenblick leben.

Diese Änderung der Methode war zwar nicht ausdrücklich ein Thema der Debatten während der Generalkonferenz von Santo Domingo, hatte aber doch erhebliche Auswirkungen auf den Fortgang der Beratungen: Nachdem ein erster Gesamtentwurf des Schlußdokuments (in der Konferenzsprache «vierte Redaktion» genannt) im Plenum zur Diskussion vorgelegt wurde, zeigten die Auseinandersetzungen um die endgültige Formulierung eine entscheidende Mehrheit dafür, im Text möglichst authentisch die bedrängende Realität Lateinamerikas zur Sprache kommen zu lassen. Daß dies im vorgelegten Schema nur schwer möglich war, wurde in den Debatten während der letzten fünf Tage der Konferenz immer deutlicher. In einer ersten Konsultativabstimmung (*voto indicativo*) über das erste Kapitel gab es zwar für das Glaubensbekenntnis die notwendige Zustimmung. Aber schon der zweite Teil dieses einleitenden Kapitels, der historische Überblick über fünfhundert Jahre Evangelisierung, wurde zum großen Teil abgelehnt. Und als es zur Diskussion des zweiten Kapitels («Jesus Christus, Verkünder der Frohbotschaft, der in seiner Kirche lebt») kam, waren die ablehnenden Voten so zahlreich, daß das Präsidium auf eine Abstimmung zum Text verzichtete und das Plenum den Vorschlag machte, dem Koordinator der Redaktionskommission Erzbischof L. Mendes de Almeida ausdrücklich den Auftrag zu geben, eine gekürzte Neufassung des Dokuments zu erarbeiten. Im Rückblick auf diese Debatte sprach Kardinal Paul Evaristo Arns von einer Krise der Generalkonferenz, die endlich die Chance bieten würde, aus dem seit Beginn der Konferenz herrschenden Malaise herauszukommen. Dies gelang aber nur zu einem geringen Teil. Denn auch die revidierte Kurzfassung wurde nur mit großen Vorbehalten angenommen. Das zeigte die Zahl von fünftausend Ergänzungs- und Verbesserungsvorschlägen, die zu diesem Text in den letzen drei Tagen der Konferenz noch eingereicht wurden. Der auf dieser Grundlage erarbeitete Schlußtext wurde dann am 28. Oktober 1992 fast einstimmig angenommen,[32] auch wenn viele der Teil-

32 Unter den 205 abgegebenen Stimmen waren drei Enthaltungen. Außerdem

nehmer gleichzeitig ihre Enttäuschung über ihn zum Ausdruck brachten. «Wir haben einen Text, mit dem wir leben können», so wurde das Abstimmungsresultat mehrfach kommentiert. Viele Teilnehmer wollten mit dieser Äußerung sicher einmal ihre Resignation angesichts der Erfahrungen, die sie mit der Art und Weise, wie das Präsidium die Konferenz geleitet hat, zum Ausdruck bringen, wie sie gleichzeitig damit sagen wollten, daß die Rezeption eines Textes immer über seinen Wortlaut hinaus reicht. So sprach Bischof Ivo Lorscheiter (Santa Maria/Brasilien) von der Lebenserfahrung seiner Ortskirche, vor der dieser Text sich erst einmal bewähren müsse, und Bischof José Dammert Bellido (Cajamarca/Peru, Präsident der peruanischen Bischofskonferenz) wies darauf hin, daß der Text von Santo Domingo von den seit Medellín und Puebla in seiner Diözese gemachten Lern- und Lebensprozessen her interpretiert werden müsse: Denn im Schlußdokument werde ein unverstellter Blick auf die Situation der Armen in Lateinamerika geworfen, und im Abschnitt über Verarmung und Solidarität wie in dem über Indígenas, Afro-Amerikaner und Mestizen werde die Option von Medellín und Puebla festgehalten.[33]

Und doch bleibt eine tiefe Enttäuschung und eine große Sorge: die Enttäuschung darüber, daß die Konferenz nicht zu jener Entschiedenheit ihrer Aussagen fand, wie sie von der Situation gefordert wurde, und die Sorge, daß das Dokument von Santo Domingo aus diesem Grund gegen die auf dieser Konferenz zur Sprache gekommenen pastoralen Herausforderungen für den lateinamerikanischen Kontinent ausgelegt werden kann.

wurde einstimmig eine «Botschaft an die Völker Lateinamerikas und der Karibik» verabschiedet. Mit einem Brief an die lateinamerikanischen Bischöfe (10. 11. 1992) hat der Papst das Schlußdokument approbiert und zur Veröffentlichung freigegeben (veröffentlicht im Osservatore Romano vom 25. 11. 1992).

33 Vgl. Schlußdokument, Nr. 9, 85, 90, 92, 112, 122, 167, 169, 178-181, 183, 197, 199 f., 218, 221, 243-249, 255, 296.

Norbert Arntz

Das Kreuz des Südens und die Macht auf Erden

Die Verstrickung der Kirche in den Nord-Süd-Konflikt

1. Zynismus, Trauer und die Unterscheidung der Geister

Ein leuchtendes Kreuz am karibischen Nachthimmel: das technisch ausgeklügelte gleich sündhaft teure Lichtsystem des Kolumbus-Denkmals der Dominikanischen Republik macht's möglich. Dafür zeichnet die staatliche «Kommission für die Fünfhundertjahrfeier der Entdeckung und Christianisierung Amerikas» verantwortlich. Ihr Vorsitzender ist Kardinal Nicolás de Jesús López Rodríguez, Metropolitanbischof der Kathedrale von Santo Domingo und einer der drei Präsidenten der IV. Generalkonferenz der lateinamerikanischen Bischöfe. Er und seine Mitstreiter haben mit diesem Zeichen am Himmel Tausenden von Menschen das Leben auf der Erde zur Hölle gemacht: In den letzten sechs Jahren wurde die Hauptstadt der Dominikanischen Republik geradezu umgepflügt. Mehr als 50 000 Menschen jagte man aus ihren Armenvierteln, ohne ihnen zumindest den Verlust ihrer Hütten zu erstatten. Man zerschnitt ganze Stadtviertel durch neue, große Autostraßen. Grünflächen und Parks wurden errichtet. Während die Milch «getauft», das heißt mit Wasser gestreckt, und das Salz mit giftigen Stoffen aufgefüllt wird, während Hungeraufstände – jedes dritte Kind ist unterernährt – brutal niedergeschlagen werden, während die Landbevölkerung ohne medizinische Versorgung leben muß, soll das ganze Fest-Unternehmen etwa 3 Milliarden Dollar verschlungen haben.

Das Kreuz aber strahlt in den Wolken des Himmels. Der dominikanische Präsident Joaquin Balaguer Ricardo, ein blinder, frommer Mann, wird daran seine Freude gehabt haben (allerdings nur durch Erzählungen vermittelt). Sein Freund, der Kardinal von Santo Domingo, hatte schließlich allen Zweiflern der Jubelfeiern kämpferisch entgegengehalten: «Keiner in der Welt wird uns daran hindern, die Ankunft des katholischen Glaubens auf diesem Kontinent zu feiern.»

Ob Papst Johannes Paul II. damit glücklich war, am 11. Oktober 1992 eine Messe am *Faro a Colón* – wie der Leuchtturm auf Spanisch genannt wird – zu feiern, ist nicht überliefert. Allerdings – so kolportierte eine deutsche Journalistin – war die Messe am Leuchtturm offenbar derart peinlich, «daß die eigens den Altar so gebaut haben, daß der Papst mit dem Rücken zum Faro die Messe zelebrieren konnte». Bemerkenswert, zu welcher Rücksicht diejenigen fähig waren, die für Organisation und Durchführung der IV. Generalkonferenz des lateinamerikanischen Episkopats verantwortlich zeichneten! Andere – zum Beispiel die bolivianische und guatemaltekische Bischofskonferenz – entgingen dem »Gottesdienst« schlichtweg dadurch, daß sie erst einen Tag später anreisten.

Es fällt schwer, angesichts dessen, was bei dieser Bischofskonferenz beobachtet werden konnte, nicht nur zynisch zu sein.

Wir stellen uns vor, wie Balaguer, der sein Volk «innerlich bereichern» will, und López Rodríguez, stellvertretend für die vatikanische Fraktion, freundlich lächelnd auf das leuchtende Kreuz am Himmel zeigen: Seht da, ein schönes Zeichen Gottes, im Namen des Vaters, des Sohnes und des Heiligen Geistes. Da hätten sie die drei gern: oben im Himmel und als Zeichen. Für die Armen aber und diejenigen, die mit ihnen für ein Leben in Würde und Gerechtigkeit kämpfen, ist es tatsächlich ein Zeichen der Offenbarung: Die Mächtigen werden – Gott sei Dank – überheblich, wenn sie sich ihrer Macht sicher sind, und mit der Überheblichkeit kommt die Blindheit, und an beidem werden sie erkannt.

«Der Papst ist manipuliert worden. Habt ihr nicht gesehen, wie traurig er bei der Messe dreingeschaut hat?» fragen uns die

Mitglieder von Basisgemeinden, als wir unseren Unmut über die Messe am Leuchtturm zum Ausdruck bringen.

Diejenigen, die im Schatten des Leuchtturms leben und arbeiten, die also im Dunkeln stehen, durchschauen das Spiel der Mächtigen und lassen sich so leicht nicht blenden.

> «Dann sah man etwas wie Feuer, das sich zerteilte, und auf jede und jeden von ihnen ließ sich eine Flammenzunge nieder.»
> *Apostelgeschichte 2,1*

2. Wagnis der Unterscheidung

Sehen wir uns jetzt die Realität etwas genauer an! Eine Solidaritätsbewegung mit der Kirche der Armen kann ruhig etwas aufs Spiel setzen. In Santo Domingo setzen die Menschen ihr Leben ein! Wagen wir eine scharfe Topographie der Macht, auch jener kurialen Macht, die sich geistlich tarnt, aber politisch agitiert! Lernen wir, dabei geduldig und beharrlich zu sein, lernen wir zu trauern und zu lachen, lernen wir, konsequent Position zu ergreifen und dabei der Phantasie des Geistes zu vertrauen. In den folgenden Absätzen wird erst einmal nur mit Worten angedeutet, was persönliches, politisches, spirituelles Erlebnis war.

Das «Andeuten» spiegelt nicht nur den Abstand zwischen Reden und Handeln, sondern weist auch auf die Schwierigkeit hin, das Erlebte zur Sprache zu bringen; noch schwieriger wird es, will man das Erlebte als Erkenntnis vermitteln, die den Freunden und Freundinnen in der Solidaritätsbewegung wiederum zu eigenen Einsichten Mut machen soll. Der folgende Text entrinnt diesem Dilemma nicht. Um es zu mindern, ist der Text in zwei Teile gegliedert: Der erste (Abschnitt 2.1 und 2.2) interpretiert stärker durch die Erzählung; der zweite (Abschnitt 3) durch theologische Reflexion. Dem entspricht auch das unterschiedliche ‹Sprachspiel› der beiden Abschnitte. Am Schluß (Abschnitt 4) will ich einige Ideen sammeln, die als Anregungen für die Solidaritätsarbeit von ChristInnen im Nord-Süd-Konflikt gedacht sind.

2.1 Der Konfliktstoff: die Option für die Armen

Die Armen sind nicht allein Bedürftige, sie sind auch die Widerstandsfähigen, ja, sie sind historische Subjekte, die ihre eigene Geschichte gegen die Herrschaftsgeschichte der kolonialen und republikanischen Epochen leben. Sie haben ihre Kultur mit ihren vielfältigen Ausdrucksformen, Geschichten und Mythen lebendig erhalten und in ihrer Erinnerung bewahrt. In den kulturellen Ausdrucksformen haben sie sich ihrer eigenen Identität vergewissert und darin Sicherheit gefunden. Ihre Kultur ist nie eine statische, unbewegliche Größe geblieben. Sie waren fähig, stets neue Erfahrungen aufzunehmen und diesen in der überkommenen Ordnung von Kenntnissen und Praktiken einen Platz zu geben. Die Begegnung mit dem Neuen jedoch war selten das unschuldige Aufeinandertreffen von Unbekannten; was sich als «Begegnung zweier Welten»[1] tarnt, ist vielmehr bis heute Ausdruck von Herrschaft über und von Aggression gegen die Armen.

Für die zu den Armen bekehrte Kirche zählen die Armen und Indígenas nicht nur, weil ihnen etwas oder nahezu alles fehlt; sie zählen vielmehr, weil sie etwas haben, was der Kirche fehlt. Es ist eine Glaubenserfahrung, welche die Kehrtwendung in Gang setzt. Die Grundeinstellung, die Welt mit den Augen der Armen wahrzunehmen, ist getragen von der Entscheidung, den Gott der Armen zu entdecken und die Gemeinsamkeiten zu entziffern, die es zwischen ihm und den Armen gibt. Wenn Gewalt und Tod um sich greifen, wie es gegenwärtig wieder in Lateinamerika geschieht, ist es offenkundig gerade das arme Volk, das seinen unbeugsamen Willen zum Leben bezeugt und Maßstäbe für eine gerechte Gesellschaft setzt.

Im Arbeitspapier der Kommission 19 «Armut und Verarmung» der IV. Generalkonferenz in Santo Domingo heißt es:

> «Wenn wir auf den leidenden Antlitzen der Armen das Angesicht des Herrn entdecken (Mt 25, 31-36), werden wir als einzelne und als Kirche zu einer Umkehr an Leib und Seele herausgefordert. Es geht nicht allein darum, die ungerechte Lage der Ausgeschlossenen anzuklagen, vielmehr wird es uns zur Pflicht, aus nächster Nähe und glaubwürdiger Solidarität ihre Mühsal zu teilen, ihre Hoffnung zu stärken und ihren Glauben zu feiern. Auch kann es nicht darum ge-

1 «Begegnung zweier Welten» wurde zum Motto staatlicher Festveranstaltungen in Spanien und anderswo erhoben.

hen, den Armen von außen behilflich zu sein oder ihre Lage von der sicheren Warte aus zu betrachten, wie sie Macht, Wissen und Besitz bieten. Wir haben in die Haut der Armen zu schlüpfen. Wir haben sie zu begleiten, ihren Willen zum Leben zu teilen und ihren Rücken zu stärken. Wir haben mit den Augen des Glaubens zu sehen, daß sie ihre durch ungerechten und vorzeitigen Tod bedrohte Gottebenbildlichkeit retten, wenn sie sich schinden, um menschlicher leben zu können.»[2]

So spricht die Kirche, die dabei ist, die Kehrtwendung zu vollziehen und die Option für die Armen aus ganzem Herzen, ganzer Seele und mit ganzem Verstand zu treffen.

Einer der Wortführer der Gegenposition ist Dom Bonaventura Kloppenburg, Bischof von Novo Hamburgo, Brasilien.

> Er «[...] bemerkte, daß man [das heißt: seitens der befreiungstheologischen Kritik] den Neoliberalismus nicht zu verstehen scheine. Sein Programm ist das einer christlichen Marktwirtschaft in Lateinamerika, inspiriert vom päpstlichen Lehramt (vgl. Centesimus Annus, Nr. 42). Er wies daraufhin, daß die Kirche wachsam sein müsse gegenüber dem Egoismus, zum Beispiel in der ‹wilden› Marktwirtschaft. Ohne wirtschaftliches Wachstum gibt es in Lateinamerika keinen Ausweg aus dem Elend.»[3]

Die Anhänger einer solchen Gesellschaftsreform glauben, daß ein pastoraler Ansatz, der die Armen als Subjekte ihrer Geschichte ernst nimmt, nicht das gewünschte Resultat erbringt. Sie verwenden zwar weiterhin das Losungswort von der «Option für die Armen», interpretieren es aber um. Sie zeichnen daher ein vollständig anderes Bild der kirchlichen und gesellschaftlichen Realität: Für sie gilt Lateinamerika als der katholische Kontinent, der sich für die moderne technologische Kultur öffnen, sich aber zugleich gegen die Auflösung der christlichen Werte durch den Säkularismus zur Wehr setzen muß. Die Völker des Kontinents darin zu unterstützen betrachten sie als Hauptauftrag der Kirche. Darum zielt ihr Pastoralplan vorrangig auf die Mittelschichten. In der Spiritualität orientieren sie sich an den neuen religiösen Bewegungen wie *Communione e Liberazione*, charis-

2 Vorlage der Kommission 19 «Armut und Verarmung».

3 Pressebulletin Nr. 14 vom Montag, dem 17. Oktober 1992 (Pressestelle der IV. Generalkonferenz).

matischen Bewegungen, *Cursillos de Cristiandad* usw. Politisch stützen sie sich auf diejenigen, welche Mittel und Macht besitzen, gesellschaftliche Strukturen bzw. wirtschaftliche Modelle zu definieren, und vorgeben, sie zugunsten der Armen zu reformieren. Die Armen können nach ihrer Meinung aber nicht eigenverantwortliche Träger gesellschaftlicher oder kirchlicher Veränderungen sein.

Der Konflikt zwischen den beiden kirchlichen Parteien scheint vordergründig ein kirchenpolitischer, aber der Konflikt, der sich dahinter verbirgt, oder besser: der auch innerhalb der katholischen Kirche (wie in nahezu allen religiösen, staatlichen und wirtschaftlichen Institutionen) ausgetragen wird, ist eine Konfrontation, die nicht nur symptomatisch für die katholische Kirche gilt; hier handelt es sich um einen der schärfsten Konflikte weltweit; er hat viele Namen: der Nord-Süd-Konflikt, die Armen gegen die Reichen, die Dritte gegen die Erste Welt usw.[4] In unserem Fall also: Während in der dominikanischen Hauptstadt Menschen ihrer armseligen Hütten beraubt werden und so viele hungern müssen, organisiert das Feierkomitee des Nicolás de Jesús López Rodríguez, Kardinal von Santo Domingo, die Restaurierung historischer Stadtbilder, wie sie zu Zeiten der spanischen Herrschaft ausgesehen haben sollen. Während der Rest Santo Domingos im Dreck versinkt, wird die Altstadt besenrein gemacht. Von der ersten Kathedrale in der «Neuen Welt», über den ersten Vize-Königspalast in Amerika zur ersten gepflasterten Straße – das koloniale Santo Domingo ein Freilichtmuseum wie es seinesgleichen im ganzen Kontinent sucht.

Die Konfrontation zwischen denjenigen, die den *Status quo* der gesellschaftlichen Entwicklung mit wenigen Reformen als Lösung für den ungeheuer grausamen und menschenverachtenden Zustand der Welt betrachten, und denjenigen, die eine grundlegende Veränderung in Struktur und Kultur[5] der mensch-

4 Diesen Konflikt zu kennzeichnen, kommt mir mittlerweile vor wie eine unendliche Leier. Immer wieder und in nahezu allen Medien werden die Daten genannt, die Bilder gezeigt, und selbst in konservativen und wirtschaftsnahen Kreisen ist die Erkenntnis des Zusammenhanges zwischen dem Reichtum des Nordens und der Armut des Südens kein Tabu mehr. Aber wer will schon seine Pfründe aufgeben?

5 Die Kommission 26 «Die Kulturen der Indígenas, Afroamerikaner und Mestizen» hat in ihrem Arbeitspapier einen beeindruckenden Versuch unter-

lichen Gesellschaft einfordern, wird der alles beherrschende Konflikt des 21. Jahrhunderts werden, das bereits begonnen hat. Seine Ausdrucksformen bekommen wir schon zu spüren:

– über die Asyl-Gesetzgebung soll die Flüchtlingsbewegung der Armen in die reichen Nationen verhindert werden;

– mit den GATT- und Weltbank/IWF-Reglements wird versucht, den wirtschaftlichen Vorsprung der Industrienationen abzusichern;

– die ‹Über›-Bevölkerungsdiskussion wird dazu mißbraucht, die Menschen in der ‹Dritten Welt› für überflüssig zu erklären;

– wirtschaftlicher Profit geht vor Umweltschutz;

– auf der ganzen Welt werden die Sozialleistungen (Gesundheits- und Altersversorgung, Ausbildung, Arbeitslosenschutz) abgebaut;

– das neue rassistisch-politische Feindbild heißt ‹fremde› Minderheiten;

– für sentimental, unbelehrbar und realitätsfern gelten diejenigen, die das liberale Wirtschaftsmodell in Frage stellen und Gerechtigkeit und gleiche Lebenschancen für alle fordern; da, wo sie nicht anders zu bekämpfen sind, werden sie auch getötet;

– der militärisch-industrielle Komplex bleibt im wesentlichen unangetastet;

– der wissenschaftliche Fortschritt dient der Zementierung des technologischen Vorsprungs der reichen Nationen;

– die Informations- und Medienpolitik wird als Vehikel benutzt, um weltweit einerseits die Wahrheit einer einzigen Botschaft zu verbreiten: außerhalb der Marktwirtschaft gibt es kein Heil, für nichts und für niemanden, und andererseits die nicht zu verbergenden Fakten von Elend und Tod abzufedern und ihnen den Stachel zu nehmen.

nommen, den Begriff ‹Kultur› zu beschreiben: «Die Kultur ist der spezifische Ort der menschlichen Existenz, wo jede gesellschaftliche Gruppe kollektiv und historisch das Leben gestaltet, ist der Ort des permanenten Widerstandes gegen den Tod und des Einsatzes für das Leben, der Ort der Identität jeder gesellschaftlichen Gruppe, der Ort der Anerkennung der Andersheit und folglich der Pluralität von Lebensmöglichkeiten. Kultur wird gestaltet durch Arbeit und Erholung, Feier und Kontemplation. Sie ist gekennzeichnet durch die Möglichkeiten zu effizienten und zweckfreien Lebensformen. Ihr Ziel ist die volle Verwirklichung des Menschen und der Gemeinschaft.»

In diesem Koordinatensystem fand die IV. Generalkonferenz des lateinamerikanischen Episkopats statt, sie hatte in diesem Konflikt Position zu beziehen und wollte es auch. Es stellt sich unmittelbar die Frage: welche Position?

2.2 *«Zur größten Ehre der Christenheit» oder: der Streit um den Bußakt in Santo Domingo*

Für die Weise, in der sich die vatikanische Fraktion in Santo Domingo erklärt, wie sie Stellung zu den drängenden Problemen der lateinamerikanischen Länder bezieht, wie sie mit ihrer eigenen Verstrickung in die ungerechten Gesellschaften und die größtenteils erbarmungslose Geschichte ihrer eigenen Kirche in Lateinamerika umgeht, ist die Diskussion um den Bußakt ein offenbarendes Beispiel. Die Diskussion hebt das politische Spiel derjenigen ans Licht, die – nach römisch-katholischen Vorgaben – kraft ihres Glaubens an Jesus Christus und in Berufung auf das Heilige Evangelium jede Verstrickung in die Schuld weit von sich weisen, aber kritische Besinnung und Schuldaufarbeitung von jenen verlangen, deren Glauben sie als nicht mehr katholisch und deren Treue zu Rom sie als brüchig bezeichnen.

Der Streit um den Bußakt ist aber zugleich ein Beispiel dafür, wie sensibel andere Teile der Kirche die Eroberungsgeschichte wahrnehmen. Durch die Bekehrung zu den Opfern wurden ihre Augen geöffnet. Sie begannen, Welt und Kirche, Geschichte und Gegenwart im Licht der Gekreuzigten zu sehen.

In der Vorbereitung von Santo Domingo hatte es aus einer Reihe von Bischofskonferenzen des Kontinents Stimmen gegeben, die sagten: Wenn wir das Fünfhundert-Jahr-Gedenken ernstnehmen wollen, dann müssen wir mit aller Deutlichkeit die Sünden der Kirche benennen und dürfen sie nicht verschweigen. Wir dürfen auch nicht nur behaupten, es seien die wildgewordenen Konquistadoren gewesen, die sich vor fünfhundert Jahren ausgetobt hätten. Wir müssen vielmehr bekennen, daß die Kirche selber schuldig geworden ist, und zwar durch eine Ideologie, die den europäischen Menschen zum Maßstab des Christenmenschen nahm und am europäischen Gottesverständnis das Gottesverständnis überhaupt maß, jedes andere Gottesverständnis aber als Götzendienst denunzierte. Das heißt, im Herzen der Kirche selber gab es einen Bruch, gab es eine Sünde, die man auch für die Art des Theologietreibens nüchtern eingestehen muß. Mit diesem Eingeständnis haben wir unsere Vergebungsbitte an die Indígenas und die Afroamerikaner zu richten. Erst dann – nach diesem Sündenbekenntnis – können wir mit ihnen einen neuen Weg gehen. Es ist also unsere Pflicht, das zu tun, was die kirchliche Liturgie vom einzelnen Christenmenschen zu Beginn jeder Messe verlangt, nämlich daß er sagt: «Ich bekenne vor Gott, daß ich Gutes unterlassen und Böses getan habe, daß ich viel gesündigt habe in Gedanken, Worten und Werken.» Nicht nur die einzelnen Christen und Christinnen sollten ihre Sünden bekennen, sondern die Kirche als Kirche sollte dazu bereit sein. Denn solange sie ihre Geschichte nicht verstanden hat, wird sie in deren Bannkreis gefangen bleiben.

Die guatemaltekische Bischofskonferenz hatte in ihrem Hirtenbrief zum Fünfhundertjahr-Gedächtnis vom Juni 1992 dafür ein Beispiel gegeben. Die Bischöfe gaben zu, daß Menschen der Kirche sich in Irrtümer und Widersprüche verstrickt hatten:

> «Sie konnten die irrige Idee von der Überlegenheit der europäischen gegenüber der indianischen Kultur nicht überwinden. Ihr Verständnis von Götzendienst und Hexenkult brachte sie dazu, Tempel und Denkmäler zu zerstören, Riten und Gottesdienste zu unterdrücken, Gesetzesbücher und andere Dokumente zu verbrennen.»

Die guatemaltekische Kirche gestand ein, daß die vergangenen fünfhundert Jahre «ein historischer Prozeß voller Widerstandskampf und gesellschaftlicher Opfer waren», aber zugleich eine «Periode der Suche nach Gott, der Hoffnung und der tiefen Sehnsucht nach einer besseren Zukunft».

> «[Es waren] Jahrhunderte einer von Klagen, Tränen und dem Blut der indianischen Märtyrer erfüllten Aussaat. Diese schmerzliche Erfahrung wird für uns zur Stimme Gottes, die uns zur Umkehr auffordert, zur Ehrlichkeit, zu Respekt und Liebe gegenüber den indianischen Völkern Guatemalas als den vorzugsweise geliebten Kindern Gottes.»

Und die Bischöfe fügten hinzu:

> «Auch wenn die Kirche stets dem Evangelium treu bleiben wollte, gestehen wir aus unserem Glauben ein, daß es Irrtümer und Widersprüche gab, deren Folgen die indianischen Gemeinschaften zu erlei-

den hatten. Wir als die heute verantwortlichen Hirten der Kirche bitten sie um Vergebung und freuen uns darüber, daß der Geist der Maya-Kultur wieder aufblüht, der immer mehr zu einer kritischen Instanz in der Gesellschaft, in den herrschenden Strukturen, Kulturen, den Lebensformen und sogar im religiösen Leben wird.»[6]

Auch in der SECUNDA RELATIO, der vom CELAM redigierten Zusammenfassung von Erwartungen und Wünschen der Bischofskonferenzen Lateinamerikas an ihre IV. Generalkonferenz, sind ähnliche Absichten laut geworden.[7]

Auf dieser Linie stellte in der ersten Woche der IV. Generalkonferenz, am Samstag, dem 17. Oktober 1992, eine Gruppe von brasilianischen Bischöfen den Antrag auf einen öffentlichen Bußakt der Konferenz in der Kathedrale von Santo Domingo. Dom Benedito Ulhoa, Brasilien, sprach im Namen von 33 Bischöfen (unter ihnen 12 Erzbischöfe). Er verwies auf die Ansprachen des Papstes sowie auf die Texte der SECUNDA RELATIO und des Arbeitsdokumentes, erwähnte die Erwartungen so vieler katholischer und christlicher Gemeinden des ganzen Volkes und beantragte, die Konferenz möge eine Bußfeier durchführen. Sie solle ein öffentliches Zeugnis dafür sein, daß die lateinamerikanische Kirche um Vergebung bitte für die Vergehen, die gegen die Indígenas und die Afroamerikaner in den fünfhundert Jahren der Evangelisierung verübt wurden.[8]

Nachdem Kardinal López Rodríguez am Montag, dem 19. Oktober, als leitender Präsident der Versammlung die Diskussion über diesen Antrag eröffnet hatte, rief er sogleich als Redner einen Gegner des Antrags auf, und zwar Erzbischof Di Stefano von San Juán in Argentinien. Erzbischof Italo di Stefano empfahl, nicht einem Schuldkomplex zu verfallen, der den Eifer für die Neu-Evangelisierung mindern könnte:

«Im Hinblick auf den beantragten Bußakt möchte ich zu bedenken geben, daß man das Anliegen umfassend analysieren muß und es

6 Vgl. El País vom 28. 9. 1992.

7 «Wir müssen den Mut haben anzuerkennen, daß die Evangelisierung in der kolonialen Vergangenheit eine kulturelle Stütze für den Prozeß der Konquista darstellte [...].» Vgl. Orientierung vom 15. September 1992, S. 186.

8 Vgl. Presse-Bulletin Nr. 12 vom Montag, dem 19. Oktober 1992 (Pressestelle der IV. Generalkonferenz).

nicht auf ein einfaches historisches Datum reduzieren darf, das nur etwas bekannter ist als andere. Mehr historische Fakten wären dabei zu berücksichtigen. Die Epoche vor Kolumbus war durch vielerlei Ausdrucksformen massiver Grausamkeiten charakterisiert. Anerkannte Forscher stellen drei große Mythen ernsthaft in Frage:

A) Mythos *Völkermord*:

1. Sie bestätigen, daß die veröffentlichten Zahlen sehr viel höher sind als die realen.

2. Sie bestätigen auch, daß die Ursache vieler Todesfälle die neuen Arbeitsbedingungen waren und nicht die Massaker.

B) Mythos *Welt der Indígenas: ein Paradies der Unschuld*

1. Die Forscher bestätigen, daß es so nicht war. Sie heben auf eine erschreckende Weise hervor, daß massenweise Menschen ihren Göttern geopfert wurden. [...]

C) Mythos *Fünfhundert Jahre Widerstand*

Auch dies ist nicht so. Der Beweis dafür ist, daß sie nach dem Zerfall der spanischen Herrschaft nicht zu ihren früheren Glaubensformen zurückgekehrt sind. Vielmehr hängen sie mit eigenen Formen dem Christentum an. Natürlich rechtfertigt nichts die real verübten Vergehen, aber vergessen wir nicht den politischen und doktrinären Kontext jener Zeiten [...] Wir sollten auch ernsthaft den Wert der Indien-Gesetzgebung in Erwägung ziehen: die starke Beteiligung der Indígenas an heiliger Kunst – niemand schafft Kunst unter Gewaltherrschaft anderer; und die Taufe, durch welche die Kirche die Indígenas anerkannte und sie als Söhne Gottes schützte, die den anderen gleich seien. Die Taufe war also der erste Ausdruck der Verteidigung der Menschenrechte auf dem Kontinent. [...] Ich übersehe nicht den guten Willen vieler Hirten, die um diese Frage [der Vergebungsbitte] besorgt sind, aber mich bekümmert, daß ideologische Sektoren, die dieses Thema am meisten propagieren, sich nicht hervorgetan haben im Respekt vor den Menschenrechten.

Wir können uns in wissenschaftlichen Daten irren, die nicht immer genau überprüfbar waren, wie im Fall Galilei, aber nicht in historischen Daten.»[9]

Präsident López Rodríguez ließ nicht Gegner und Befürworter des Antrags gleichermaßen zu Wort kommen, sondern wies darauf hin, daß außer Monsignore Di Stefano auch andere Bischöfe ihre Vorbehalte gegen eine Bußfeier beim Präsidium angemeldet hätten. Man fürchte, daß eine solche Vergebungsbitte gegen die Kirche benutzt werden könnte, denn wer sich entschuldige, klage

9 Auszüge aus dem Anhang zum Presse-Bulletin Nr. 13 vom Montag, dem 19. Oktober 1992 (Pressestelle der IV. Generalkonferenz).

sich an. Durch die Vergebungsbitte würden «wir selber unsere Vorgänger beschuldigen»[10]. Vor einiger Zeit hatte Kardinal López bereits moniert, es seien «unverbesserliche Marxisten» am Werk, die sich jetzt, wo «die Weltgeschichte einen anderen Weg genommen hat», das Mäntelchen vom «Indianerschutz» umhingen.

Am Abend des gleichen Tages griff Bischof José Dammert Bellido, Vorsitzender der peruanischen Bischofskonferenz, in die Debatte ein. Er widersprach den Vorrednern und sagte:

> «Seit Beginn der Verkündigung des Evangeliums auf diesem Kontinent wurde nie ein Dialog mit der Indígena-Kultur begonnen, nie hat man versucht, die Mentalität dieser Menschen kennenzulernen. Auch die aus Afrika hierhergebrachten Menschen wurden nicht angehört. Sie wurden getauft, sobald sie vom Schiff kamen, denn man wollte sie unter einem Namen des katholischen Heiligenkalenders registrieren.
>
> Im Laufe der Jahrhunderte hat man nie versucht, in ihre Denkweise einzudringen oder ihre Kosmos-Vision zu verstehen. Sie wurden als primitiv und barbarisch abgetan, als Menschen, die den Europäern nicht gewachsen sind. Was in der Kirche als Inkulturation bezeichnet wird, ist ein Thema, mit dem wir uns sehr ausführlich beschäftigen müßten. Es handelt sich nicht um ein rein intellektuelles, sondern vielmehr um ein menschliches Problem, das von vielen von uns eine echte Umkehr verlangt, das heißt, die Entscheidung für neue Wege und damit für einen langwierigen Prozeß. [...]
>
> Abschließend stelle ich im Namen aller Mitglieder der Kommission 26 den Antrag, daß wir im Schlußdokument mit deutlichen und aussagekräftigen Worten, wie der Heilige Vater es getan hat, die Indígenas und die Afroamerikaner um Vergebung bitten.»[11]

Sein Beitrag erhielt – wie Konferenzteilnehmer berichteten – den stärksten Applaus seit der Abreise des Papstes. Im persönlichen Gespräch gab ein anderer Bischof zu verstehen, wie sehr ein unzweideutiger Bußakt zur «Gnadenerfahrung» beim Fünfhundert-Jahr-Gedächtnis werden könnte:

10 So der Erzbischof von Valencia/Venezuela in seinem Brief an das Präsidium. Vgl. Anhang zum Presse-Bulletin Nr. 14 vom Montag, dem 19. Oktober 1992 (Pressestelle der IV. Generalkonferenz).

11 Auszüge aus dem Anhang zum Presse-Bulletin Nr. 23 vom Samstag, dem 24. Oktober 1992 (Pressestelle der IV. Generalkonferenz).

«Wir Bischöfe der lateinamerikanischen Kirche möchten die Wunden der Vergangenheit heilen. Weder die Indígenas noch die Schwarzen und auch wir Bischöfe wollen nicht für immer die Bürde der gegen unschuldige Menschen verübten Verbrechen in unseren Herzen tragen müssen. Eine an die Nachkommen der Opfer gerichtete Vergebungsbitte wird uns heute zu Geschwistern aller machen, die eine Zukunft errichten wollen, die ein für allemal die strukturellen Ursachen der vergangenen Verbrechen beseitigt und die allen, insbesondere jedoch den Armen, die Gewißheit bietet, daß sich solche Situationen nicht wiederholen.»

Die bewegte Debatte hatte nur ein halbherziges Ergebnis: Das Präsidium[12] legte fest, daß aus Zeit- und Kostengründen der Bußgottesdienst nicht in der Kathedrale von Santo Domingo, sondern in der Kapelle des Priesterseminars stattfinden sollte, in der die Konferenz jeden Morgen zur Eucharistiefeier zusammenkam; und auch nicht an einem Abend, an dem viele Menschen hätten teilnehmen können, sondern morgens um 8.15 Uhr, zur üblichen Zeit der täglichen Messe. Damit aber wenigstens eine symbolische Öffentlichkeit präsent sein konnte, gestattete man den Journalisten dazuzukommen.

Wollten die Antragsteller oder weitere Konferenzteilnehmer zu den bereits vorgesehenen Texten andere Elemente hinzufügen, konnten sie dies dem Präsidium und den liturgisch Verantwortlichen vorschlagen.

Der Bußakt fand also am Freitag, den 23. Oktober, morgens um 8.15 Uhr statt. Etwa 400 Sitzplätze standen zur Verfügung, 355 davon waren für die Konferenzteilnehmer reserviert. Einige Gäste von außen waren zu sehen. Die Journalisten wurden auf die Orgelbühne verwiesen.

Leiter der Eucharistiefeier war der Kardinal von Madrid, Angel Suquía. Er trug das für Bußgottesdienste vorgesehene violette Meßgewand. In seiner Predigt hörte man jedoch nichts von einer Vergebungsbitte der Europäer. Er behandelte nur das Thema Versöhnung und Gemeinschaft.

12 Der Kardinal-Staatssekretär des Vatikans, Angelo Sodano, war der erste Präsident der Konferenz, Kardinal López Rodriguez der zweite Präsident der Versammlung und Vorsitzender des CELAM, Erzbischof Serafim Fernandes von Belo Horizonte der dritte im Bunde.

Dem Sündenbekenntnis am Anfang der Messe hatte man einige Vergebungsbitten eingefügt:

> «Herr, wir bitten um Vergebung, denn wir haben gesündigt:
> – weil auf unserer Erde unschuldiges Blut vergossen wurde ...
> – weil die autochthonen Kulturen verachtet wurden ...
> – weil wir geschwiegen haben, als es notwendig war zu sprechen.»[13]

Das war's denn auch schon. Ein kurzes Ritual. Dem Verlangen der «einem Schuldkomplex Verfallenen» hatte man pflichtschuldig Genüge getan, den öffentlichen Streit vermieden, der Weltöffentlichkeit den Anschein von Bußfertigkeit gegeben.

Wie zu erwarten, blieben Kardinal-Staatssekretär Angelo Sodano, Kardinal López Rodríguez, also zwei der drei Präsidenten der IV. Generalkonferenz, und Kardinal López Trujillo, der Präsident des Päpstlichen Familienrates, und Bischof Jorge Medina, der vom Vatikan eingesetzte zweite Generalsekretär der Konferenz, selbst diesem äußerst reduzierten Bußakt fern. Kardinal Sodano feierte gleichzeitig die Messe mit einem Schwesternkonvent. Von Kardinal López Rodríguez berichtete die Presse am nächsten Tag, daß er sich die Zeit genommen habe, aus den Händen der argentinischen Botschafterin in Santo Domingo den Verdienstorden der Regierung Argentiniens in Empfang zu nehmen. Was die anderen zur gleichen Zeit taten, ist nicht bekannt.

3. «Die Weltkarte des Glaubens»[14]

3.1 Der Streit um die Interpretation von Geschichte und Gegenwart

Der Streit offenbart die ihm zugrundeliegende Spaltung der Welt in Nord und Süd, mehr noch: er ist ein Streit um die Deutung je-

13 Vgl. Presse-Bulletin Nr. 19 vom Donnerstag, dem 22. Oktober 1992 (Pressestelle der IV. Konferenz).

14 Kardinal López Trujillo in der ARD-Sendung von Joachim Faulstich und Georg M. Hafner: «Verfluchtes El Dorado». Columbus, das Gold und die Rückkehr der Indianer. Gesendet am 23. April 1992.

ner Geschichte, die zu dieser Spaltung geführt hat. Wie kann es auch anders sein? Eines für die Moderne so bedeutsamen Ereignisses wie jenes von 1492 zu gedenken, ist nicht möglich, ohne es zu beurteilen. Beurteilen aber bedeutet, ein Urteil fällen über die «Weltkarte des Glaubens heute und die geopolitische Landkarte» (López Trujillo).

Der Vatikan und Kardinal López Trujillo insbesondere stimmen darin überein, daß die positive Bedeutung der Kolumbustat auf der Hand liege. Sie halten die kritische Grundfrage für überflüssig, ja empören sich darüber, daß sie überhaupt gestellt wird. Kardinal López Trujillo, der päpstliche Beauftragte für die Fünfhundertjahr-Feier, hatte immerhin schon im Januar während einer Predigt in Sevilla seine triumphalistische Sicht der Geschichte ausdrücklich dargelegt:

> «Stellen wir uns einen Moment lang vor – eine Übung, der wir uns leider viel zu selten unterziehen – stellen wir uns vor, was mit Lateinamerika passiert wäre, was mit der Kirche, wenn andere Völker und andere Kulturen zum ersten Mal angekommen wären in der Neuen Welt. Stellen wir uns vor, was geschehen wäre, wenn diese großartige Tat von einem heidnischen Volk vollbracht worden wäre und nicht von einem gläubigen. Wie würde die Weltkarte des Glaubens heute aussehen und wie die geopolitische Landkarte? Es kann nicht anders sein, als daß aus unserem Herzen eine warme Strömung der Dankbarkeit entspringt und daß wir Gott näher kommen voller Dankbarkeit für das Geschenk des Glaubens.»[15]

Der heftige Streit deutet an, daß es um mehr geht als um irgendwelche beliebigen Nebensächlichkeiten. Der Streit hat vielmehr damit zu tun, wie man die Geschichte betrachtet, was man unter «Fortschritt» der Geschichte versteht und welche weiteren Kriterien man zu ihrer Deutung verwendet. Kurzum: der positiven Deutung liegt ein bestimmtes Verständnis von Geschichte und Gegenwart zugrunde. Erst auf dieser Ebene gewinnt das Problem seine eigentliche Brisanz. Eine ähnliche Problematik stellt sich, wenn wir die Frage im Zusammenhang des christlichen Glaubens aufwerfen: War im Licht des Glaubens betrachtet das

15 ARD-Sendung von Joachim Faulstich und Georg M. Hafner: «Verfluchtes El Dorado». Columbus, das Gold und die Rückkehr der Indianer. Gesendet am 23. April 1992.

Eroberungsunternehmen ein «Fortschritt» für die Menschheit? Oder in theologischen Begriffen gefragt: Hat das Jahr 1492 als Beginn der ‹Ära der Weltmission› die Menschheit dem Reich Gottes nähergebracht? Dies ist jedenfalls Kardinal López Trujillos Überzeugung:

> «Ich glaube, es gibt keine großartigere Seite in der Geschichte Spaniens und keine hervorragendere in der Weltgeschichte als die Entdekkung Amerikas mit dieser Heldentat der Evangelisation.»[16]

Schließlich ist es doch als Fortschritt zu betrachten, wenn so viele Menschen evangelisiert oder – mit den Worten von Papst Leo XIII. von 1892 – «aus dem Dunkel der Geschichte entrissen und wieder der menschlichen Gemeinschaft zugeführt»[17] wurden. Die Überzeugung Leos XIII. gehört zur Tradition des vatikanischen Lehramtes. Diese Tradition ist unfehlbarer Maßstab für die vatikanische Fraktion, die damit der Überzeugung des Christoph Kolumbus entspricht, daß «diese Sache der Christenheit zur größten Ehre [gereichte], die ihr sonst vielleicht niemals zuteil geworden wäre»[18].

Hier ist eine ganz entscheidende Fragestellung berührt: Was versteht man eigentlich unter «Evangelisierung»? Welche Vorstellung hat man vom «Reich Gottes» und vom Weg dorthin? Befinden sich diese Vorstellungen in Übereinstimmung mit dem Evangelium vom armen Zimmermannssohn aus Nazareth? Kurzum: es geht um eine evangeliumsgemäße Deutung der Geschichte.

Daran zu arbeiten, bedeutet für die Theologie, sich folgenden Herausforderungen zu stellen:

– zu rekonstruieren, was damals geschehen ist und wie man es aus heutiger Sicht zu beurteilen hat;

16 ARD-Sendung von Joachim Faulstich und Georg M. Hafner: «Verfluchtes El Dorado». Columbus, das Gold und die Rückkehr der Indianer. Gesendet am 23. April 1992.

17 Brief Leos XIII. an die Erzbischöfe und Bischöfe von Spanien, Italien und Nord- und Südamerika über Christoph Columbus. In: Illustrierte Monatschrift: Die katholischen Missionen, Nr. 10, Oktober 1892, S. 201-203.

18 Christoph Columbus: Schiffstagebuch, Pahl-Rugenstein-Verlag Köln 1989, Röderberg-Taschenbuch Bd. 86, S. 166.

– zu beschreiben, wie wir in unserer christlichen und kirchlichen Existenz zu dem wurden, was wir heute sind;

– die Frage zu beantworten, wie es möglich war, daß aus der befreienden Botschaft des armen Zimmermannssohnes aus Nazareth eine theologische Legitimation des ‹gerechten Krieges› gegen die Ungläubigen[19] gemacht wurde;

– die theologische Tradition auch darin zu bedenken, insofern sie von der westlich-abendländischen Gesellschaft in säkularisierter Gestalt beerbt wurde.[20]

«Die Eroberung Amerikas hat [...] unsere gegenwärtige Identität vorgezeichnet und begründet. [...] Wir alle sind direkte Nachkommen Colóns, mit ihm beginnt unsere Genealogie.»[21]

3.2 Theologie der Eroberer oder Theologie der Opfer?

Von welchem gesellschaftlichen Standpunkt einer oder eine die Geschichte betrachtet, das bestimmt auch ihr Urteil. In der Logik der konstantinischen Christenheit betrachtet wird die Erst-Evangelisierung positiv beurteilt. Konstantinische Christenheit bezeichnet jene gesellschaftliche Vermischung aus politischer und religiöser Macht, die seit dem Hochmittelalter die ‹Weltkarte des Glaubens und die geopolitische Landkarte› bestimmt hat.[22] Natürlich wird man gewisse Schatten, Grenzen und Irrtümer zugestehen. Doch bleibt letztlich ohne jeden Zweifel, daß die Erst-

19 Gonzalo Fernández de Oviedo (1478-1557, spanischer Chronist): «Wer will leugnen, daß das Pulver, das man gegen die Heiden verwendet, für Unseren Herrn Weihrauch ist?» Aus: Tzvetan Todorov: Die Eroberung Amerikas. Das Problem des Anderen, edition suhrkamp 1213, Frankfurt 1985, S. 183.
López Trujillo, 1992: «Stellen wir uns vor, was geschehen wäre, wenn diese großartige Tat von einem heidnischen Volk vollbracht worden wäre und nicht von einem gläubigen.»

20 Vgl. Franz J. Hinkelammert: Der Glaube Abrahams und der Ödipus des Westens, Münster 1989.

21 Tzvetan Todorov: Die Eroberung Amerikas. Das Problem des Anderen, edition suhrkamp 1213, Frankfurt 1985, S. 13.

22 Mit Konstantin dem I. (dem Großen, um 280-337) begann die Entwicklung des christlichen Glaubens zur Staatsreligion. Im dtv Brockhaus-Lexikon (München 1989, Band 10, Seite 82, 83) heißt es: «Der persönlich skrupellose Kaiser, der sich erst kurz vor seinem Tode taufen ließ, wurde in die Reihe der christlichen Heiligen aufgenommen (Tag. 21.5.).»

Evangelisierung ein entscheidendes Ereignis zum Aufbau des Reiches Gottes war.

Wie aber stellt sich das Ganze aus der Sicht der Indígenas, der Afro-AmerikanerInnen und der unterdrückten Volksschichten, also aus der Sicht der Opfer jener Geschichte dar?

> «Getreu unserer bewußtseinsweckenden Aufgabe müssen wir die Ungerechtigkeiten und Verbrechen, die gegen die Indios verübt wurden, anzeigen. Dabei vergessen wir aber nicht, die Hoffnung zu verkünden, die aus der Kraft unserer Indiokultur und unseres engagierten Glaubens wächst, auf daß die Mächtigen dieser Welt Abstand von der vernichtenden Vermehrung des Todes nehmen. Wir klagen die Kreuziger von gestern und heute an, die die Indios an so viele Kreuze des Todes schlagen.»[23]

Darf man eine solche «Kreuzigung» Evangelisierung nennen? Gab es überhaupt eine «Evangelisierung»? Mehr noch: was genau heißt eigentlich Evangelisierung? Kann es eine glaubwürdige Evangelisierung, das heißt eine Verkündigung des Evangeliums von Jesus von Nazareth, geben, ohne sich für die Befreiung der Unterdrückten einzusetzen?

Die Fragen stammen nicht aus einer lehramtlichen Definition von Evangelisierung, sondern aus der Erfahrung der Unterdrükkung und der Meditation des Exodus in vielen Basisgemeinden Lateinamerikas, die für die Befreiung ihrer Völker aus Elend und Zwang kämpfen. Diese Erfahrungen haben eine neue Lektüre der Bibel und des christlichen Glaubens hervorgebracht.

Die allererste Evangelisierung schildert das Buch Exodus: Gott hat das Schreien des Volkes gehört und tritt aktiv und verändernd in die Geschichte der Menschen ein. In der damaligen Sklavengesellschaft ergreift Gott Partei für die Sklaven gegen die Sklavenhalter, treibt sie an, aufzubrechen, sich zu organisieren und für die Befreiung zu kämpfen; sie sollen eine freie, gerechte und geschwisterliche Gesellschaft verwirklichen. Es ist wahr, daß diese Utopie der Sklaven und kleinen Leute später sogar vom Volke selber vergessen und verraten wurde; der Einfluß seiner

23 Botschaft der Hoffnung vom Kontinentaltreffen der Indioorganisationen in Quito/Ecuador, 27. August bis 2. September 1990, in: Missionszentrale der Franziskaner, Grüne Reihe Nr. 45, Bonn 1990, S. 14.

Machthaber und Priester hat es korrumpiert. Die Utopie von Jahwe, vom Gott der kleinen Leute, wurde ersetzt durch die Religion des Tempels, die mit der Monarchie und anderen unterdrückerischen Mächten gemeinsame Sache macht. Aber das Projekt Jahwes war die Befreiung. Niemals mehr wird man die wahre Offenbarung seines Antlitzes trennen können von einer Mobilisierung zugunsten der Befreiung jener, welche die Opfer der Herrschenden sind, ohne den Glauben selbst zu verraten. Und selbst, wenn die Herrschenden das Evangelium entführen, wird es – wie in der Prophetengeschichte – Menschen geben, die aufstehen, das Volk an diese Geschichte erinnern, heftig die Tempelreligion und die durch sie legitimierte Ordnung kritisieren. Solche Menschen werden sogar bereit sein, ihre Treue zu Jahwe und seinem befreienden Projekt für die kleinen Leute mit ihrem Leben zu bezahlen.

Jesus hatte kein anderes Projekt als das des Gottes Jahwe. Die Nazarethpredigt (Lk 4,16ff), der erste Auftritt Jesu in der Öffentlichkeit, beschreibt das Projekt von der Befreiung der Armen und Gefangengehaltenen. Es sind die Indígenas selber, welche die Bibel in diesem Sinne zu lesen lehren:

> «Wir werden Zeugen, wie die einst blinden Indios heute mit neuem Bewußtsein die Wirklichkeit und den Schatz ihrer Kultur sehen, wie die einst stummen Indios heute reden und ihre Anliegen vorbringen, wie die einst lahmen Indios heute gehen gelernt und sich im letzten Indioaufstand [in Quito] Respekt verschafft haben, wie die in der Geschichte Totgesagten auferstehen (vgl. Mt 11,4.5). Mit unserer Indio-Prophetie sagen wir in aller Bescheidenheit, aber auch mit Bestimmtheit: Die Hoffnung sind wir selbst!»[24]

Mit dieser aktuellen Lesart der biblischen Erinnerung sind wesentliche Fragen an das Projekt von Konquista und Evangelisierung aufgeworfen: Welche Beziehung gibt es zwischen Jahwe, der die Partei der Sklaven ergreift und für ihre Befreiung kämpft, und jenem Gott, der sich auf die Seite des spanischen Pharao stellt, um die Indígenas zu unterwerfen? Welche Beziehung gibt es zwischen der befreienden Botschaft Jesu für die verschleppten Schwarzen und der vertröstenden Botschaft der Missionare für

24 Ebd. S. 17.

die schwarzen Sklaven? Und schließlich: inwiefern ist die Theologie der Eroberung, die von der Herrschaftspraxis her entwikkelt wird, eine christliche Theologie?

Der Hauptvorwurf, den die vatikanische Fraktion in Santo Domingo der Kirche der Armen und ihrer Theologie der Befreiung macht, lautet offiziell, sie seien vom Marxismus überfremdet und verdunkelten auf schwerwiegende Weise die Identität des Christlichen. Der Marxismus habe zwar in Europa aufgehört, eine reale Gefahr zu sein; in den Ländern der Dritten Welt aber wirke er weiterhin, insbesondere in den Befreiungsbewegungen und den Befreiungskulturen, die man dort zu erarbeiten begänne. Die katholische Kirchenleitung ist für die politischen und kulturellen Entwicklungen in Lateinamerika besonders sensibel, weil sie diesen Kontinent als christlich, ja katholisch ansieht und von ihm wichtige Entwicklungen für die Zukunft erwartet. Noch mehr Bedeutung aber hat, daß in Lateinamerika das Christentum zu einem der wirksamsten Kanäle wurde, durch welche sich marxistisches Gedankengut ausbreitete, und zwar weil es sich dort – nach Meinung des Lehramtes – mit Hilfe der Befreiungstheologie als christlich tarnt:

> «Ellacuría [gemeint ist der am 16. November 1989 in San Salvador von Militärs ermordete Jesuit Ignacio Ellacuría] begriff die politische Aktion als Umkehr der Kirche, weil ‹sie gegenwärtig in Funktion einer politischen Option lebt, und zwar eindeutig in Funktion der etablierten Ordnung und zur Unterstützung der Schicht der Mächtigen. Das einzige, was heute von ihr verlangt wird, ist, daß sie eine politische, menschliche und evangeliumsgemäße Option, eine gerechtere und befreiendere Option trifft, die Option für die Schicht der Besitzlosen und Unterdrückten› (Ignacio Ellacuría, SJ, Juicio político contra Jesús, Solidaridad Nr. 12, Bogotá, März 1980, S. 18). [...] [Die Theologie der Befreiung] hat der Kirche, den Armen und dem Kontinent im allgemeinen schweren Schaden zugefügt.»[25]

25 So der ehemalige Präsident des CELAM und Bischof von Pereira/Kolumbien, Dario Castrillón Hoyos, in seinem Referat «Entwicklung der Lateinamerikanischen Kirche nach dem II. Vatikanum» bei der von Adveniat ausgerichteten Fachtagung «Fünfhundert Jahre Evangelisierung Lateinamerikas - Geschichte, Kontroversen, Perspektiven» am 20. 11. 1992 in der katholischen Akademie des Bistums Essen «Die Wolfsburg», Kopie des Manuskripts, S. 9 und 11. [Übersetzung N. Arntz]. Vgl. auch KNA-Notiz vom 13. 10. 1991: Papst schilt Befreiungstheologen: «Auf seinem Flug in das

Die Gefahr, welche von der Befreiungstheologie ausgehe, sei deshalb viel schwerwiegender als der atheistische Marxismus, weil sie nicht von außen, sondern von innen wirke, weil sie also nicht offen auftrete, sondern subversiv arbeite. Der kirchliche Antikommunismus findet also nach dem Zusammenbruch des real existierenden Sozialismus in Osteuropa ein neues Betätigungsfeld, indem er sein Haupteinsatzgebiet von Europa in die Dritte Welt verlagert, insbesondere nach Lateinamerika.

Doch der Hauptwiderspruch zwischen der Kirche der Armen und der vatikanischen Fraktion steckt nicht in den verschiedenen Einstellungen zum Marxismus. Diesen Widerspruch gibt es natürlich, aber er offenbart einen viel tiefer liegenden Widerspruch, nämlich zwischen zwei sehr unterschiedlichen Visionen von der Kirche. Der historischen Vision, welche die Institution Kirche in den Mittelpunkt des Denkens rückt, steht die andere gegenüber, welche sich die Option für die Gekreuzigten der Geschichte zu eigen gemacht hat und deshalb die kleinen Leute als handelndes Subjekt in den Mittelpunkt ihres Denkens rückt.

> «Der beste Ort, die Wahrheit kennenzulernen und ihre Manipulation zu verhindern, ist die Welt der Armen. [... Die gekreuzigten Völker] verhindern am ehesten, daß Theologie zur Ideologie wird. Auf diese Wahrheit muß man beständig hinweisen; denn häufig behauptet man das Gegenteil: Wenn die Theologie die Armen ernst nimmt, wird gegen sie der Ideologievorwurf erhoben, während sie als echte Theologie gehandelt wird, solange sie die Armen ignoriert. [...Theologie aber] ist zu treiben aus der Barmherzigkeit für die Opfer und als gute Nachricht für diejenigen, die in schlechten Verhältnissen stecken.»[26]

Mit anderen Worten: der Hauptwiderspruch besteht in der Akzeptanz oder Ablehnung des Modells einer konstantinischen Christenheit.[27]

nordöstliche Natal/Brasilien hatte das Oberhaupt der katholischen Kirche die in Brasilien verbreitete Befreiungstheologie kritisiert. Sie sei aber durch den Zusammenbruch des Kommunismus nun geschwächt [...] Die im Marxismus wurzelnde Befreiungstheologie finde sich nun etwas sinnentleert vor.»

26 Jon Sobrino: Jesucristo Liberador. Lectura historico-teológica de Jesús de Nazaret, Editorial Trotta, Madrid 1991, S. 55 [Übersetzung N. Arntz].

27 Siehe Fußnote 22.

Der Streit um den Bußakt ist ein Signal für diese kirchenpolitische und theologische Auseinandersetzung. Das Ideal einer konstantinischen Christenheit inspiriert die Neu-Evangelisierung der vatikanischen Fraktion in Santo Domingo, wie es die sogenannte «Erst-Evangelisierung» inspiriert hatte. Während die letztgenannte darauf abzielte, die neuentdeckten Länder in die Christenheit zu integrieren, nimmt sich die erstgenannte vor, die Christenheit zu restaurieren. Mit dieser Restauration will sie die Zivilisationskrise überwinden, die angeblich durch den Marxismus und den Säkularismus hervorgerufen wurde. Die Neu-Evangelisierung beginnt daher mit einer Strategie der Bewußtseinsbildung, deren inhaltliche Ausrichtung zu heftigen Auseinandersetzungen geführt hat. Während der Vatikan auf der einen Seite das befreiungstheologische Projekt der lateinamerikanischen Ordenskonferenz (CLAR) «Wort und Leben» 1989 verbietet[28], setzt er auf der anderen Seite einen «[...] Kreuzzug der Rechristianisierung der Welt in Gang, benutzt dafür die modernsten Kommunikationsmedien einschließlich Satelliten und zugleich die traditionellsten Formen wie Rosenkranz und Exerzitien [...]»[29]. Damit sollen die Gewissen geschult werden, die Krise zu deuten. Deren Hauptursache ist in dem von säkularen Kräften verfolgten Plan zu erkennen, eine Welt ohne Gott konstruieren zu wollen. Das Evangelisierungsprogramm hat die Aufgabe, Christus als die einziggültige Antwort auf die Krise zu verkünden und damit zu beweisen, «daß es außerhalb der [römisch-katholischen] Kirche kein Heil gibt».

Die vatikanische Fraktion in der Konferenz, insbesondere die vatikanische «Kommission für Lateinamerika», hat es durch ihre Manipulation geschafft, die Bezeichnung «Theologie der Befrei-

28 Vgl. die Dokumentationen in: Orientierung, Nr. 23/24 vom Dezember 1989, S. 252-256. Und: Missionszentrale der Franziskaner, Grüne Reihe Nr. 43, 1989: «Ende einer Hoffnung».

29 Aus: Esquila Misional, April 1989. Weiter heißt es dort: «Das Kapital für diese Projekte kommt vom nordamerikanischen und westeuropäischen Unternehmern, die mit der Stiftung ‹Zeugen der Liebe Gottes› verbunden sind. Einer ihrer Hauptverantwortlichen ist der Eigentümer der Bekleidungshäuser C & A.» Vgl. weiterhin: Ulrich Duchrow, Gert Eisenbürger, Jochen Hippler (Hrsg.): Totaler Krieg gegen die Armen. Geheime Strategiepapiere der amerikanischen Militärs, München 1989. Besonders Kapitel III,2: Kirche der Armen und Befreiungstheologie, S. 46-53.

ung» aus dem Schlußdokument herauszuhalten. Im Schlußdokument ist aber nicht nur der Begriff vermieden worden, man ist auch der befreiungstheologischen Methode «Sehen – Urteilen – Handeln» nicht gefolgt, obwohl die Forderung danach in der SECUNDA RELATIO noch eindeutig formuliert wurde.[30] Die vatikanische Fraktion hat den Handstreich verübt, über das Schlußdokument von Santo Domingo die ganze Bewegung der Kirche der Armen zu demütigen. Welche Gefahren dieser Handstreich nach sich ziehen wird, ist noch nicht abzusehen.

Aber – so ein an der Konferenz teilnehmender Bischof: «Die Neue Evangelisierung verlangt die Inkulturation des Evangeliums, die Inkulturation des Evangeliums verlangt die Bildung autochthoner Kirchen, und diese wiederum verlangen den Bruch mit dem römischen Zentralismus, den man uns hier aufzwingen will.»[31]

4. Parteinahme im Nord-Süd-Konflikt: für eine Kirche der Armen, der Indígenas und der AfroamerikanerInnen

Zum Schluß will ich einige Ideen sammeln, die ich der Solidaritätsbewegung, insbesondere unter der Berücksichtigung ihres kirchlichen Charakters, für ihre Parteinahme im Nord-Süd-Konflikt und für die Neue Evangelisierung zur Anregung anbieten will.

Wer im Nord-Süd-Konflikt Partei ergreifen, wer eine Neue Evangelisierung will, muß wissen, von welchem gesellschaftlichen Ort aus die Arbeit aufgenommen werden und welche Gruppe die tragende Verantwortung übernehmen soll.

Die vatikanische «Kommission für Lateinamerika» (CAL) hat keinen Zweifel daran gelassen, daß sie – wie seit fünfhundert Jahren üblich – die Institution einer westlich-abendländischen Kirche als entscheidende Trägerin der Neuen Evangelisierung betrachtet.

Für die Solidaritätsbewegung sehe ich dagegen als notwendig an, daß sie sich an die Seite des einfachen Volkes begibt. Die klei-

30 Orientierung, Nr. 17 vom 15. September 1992, S. 185.
31 Aus Gesprächen am Rande der IV. Generalkonferenz.

nen Leute und die kulturell Anderen offenbaren uns die Gegenwart Gottes am deutlichsten. Durch sie wird Gottes befreiendes Wort am deutlichsten gesprochen. «Bei ihrem Bemühen für eine ‹Neue Evangelisierung› hat die Kirche [...] das evangelisatorische Potential der Indígenas und AfroamerikanerInnen anzuerkennen, wie sie es bereits in Puebla bezüglich des evangelisatorischen Potentials der Armen getan hatte.»[32]

Die kleinen Leute, das einfache Volk, sind aber keine Ansammlung vieler einzelner armer oder unterdrückter Menschen, sondern eine Vielzahl von organisierten Gruppen, Basisgemeinden, Volksbewegungen oder Völkern, welche die ausgebeuteten bzw. unterdrückten Schichten mit dem Ziel der Befreiung zusammenführen. Von diesem gesellschaftlichen Ort aus entwerfe ich meine Ideen für eine befreiende Evangelisierung, die auch Elemente aus einigen nicht durch das Schlußdokument von Santo Domingo verstümmelten Kommissionstexten aufnehmen.

1) Die Armen und die kulturell Anderen selber sind die verantwortlichen Träger der Neu-Evangelisierung, also alle gesellschaftlichen Gruppen oder an den Rand gedrängten Völker, die sich erheben, ihr Selbstbewußtsein wiedergewinnen und ihre Würde als historische Subjekte reklamieren.[33] Eine Vorreiterrolle dafür übernehmen die christlichen Basisgemeinden, die an ihrer Identifizierung mit den Opfern der herrschenden Ordnung zu erkennen sind, das heißt, die sich zum Evangelium Jesu bekehren.

2) Die Opfer der herrschenden Verhältnisse sind zwar die entscheidenden Subjekte der Evangelisierung, aber die Solidaritätsbewegung hat «sie zu begleiten, ihren Willen zum Leben zu teilen und ihren Rücken zu stärken. Wir haben mit den Augen des Glaubens zu sehen, daß sie ihre durch ungerechten und vorzeitigen Tod bedrohte Gottebenbildlichkeit retten, wenn sie sich schinden, um menschlicher leben zu können.»[34] Die Evangelisierung besteht im Einsatz zugunsten ihrer Befreiung, das heißt zu-

32 Aus der Erklärung der Beobachter-Delegation von Pax Christi International, Santo Domingo 1992. Was hier von der Kirche allgemein erwartet wird, hätte die Solidaritätsbewegung auf sich selber zu beziehen.

33 Vgl. die kontinentweite Kampagne des Widerstandes der Indígenas, der Schwarzen und der unterdrückten Volksgruppen.

34 Vgl. Vorlage der Kommission 19.

gunsten der Förderung ihres Selbstbewußtseins und ihrer Würde als historisch handelnde Subjekte. Ein ethisch-politisches Programm wird zu einem «Evangelisierungsprogramm», indem es sich als ein Projekt zu verstehen gibt, das den Spuren Gottes im Programm des Exodus folgt. Der Gott, der an der Seite der Sklaven Partei ergreift, kann von dem Projekt ihrer Befreiung nicht getrennt werden. Die Zustimmung zum Glauben an die mögliche Befreiung kann nicht getrennt werden von der zielstrebigen Hoffnung auf und dem entschiedenen Einsatz für die schrittweise Realisierung des immer größeren Projektes.

3) Folglich gehören zur wesentlichen Aufgabe der Solidaritätsbewegung: a) die radikale Kritik jener Weltordnung, welche die große Mehrheit aller Menschen an den Rand drängt und zu Opfern macht; also auch die Infragestellung der abendländischen Zivilisation und des Etikettenschwindels, den sie begeht, indem sie als christliches Abendland für sich den Namen des Christentums in Anspruch nimmt; b) die Entwicklung eines alternativen Modells von Gesellschaft und Weltordnung, in denen die heute unterdrückten Gruppen oder Völker zu Subjekten werden können.

4) Die Solidaritäts-Bewegung in Europa hat das «gemeinsame Haus Europa» scharf zu kritisieren, durch welches die gegenwärtig herrschende Spaltung der Welt zementiert werden soll, und zwar sowohl wirtschaftlich wie politisch als auch militärisch. Sie hat ein neues Projekt von Europa anzuregen, das auf die Solidarität mit den Opfern im eigenen Innern und in der Zwei-Drittel-Welt gegründet ist.

5) Ein solches Projekt ist notwendigerweise konfliktiv. Denn das Befreiungsprojekt, das der Bewegung vorschwebt, steht in scharfem Widerspruch zur kapitalistischen Gesellschaft und zu ihrer hegemonial organisierten Welt. Deshalb wird man es nicht realisieren können, ohne sich auf den Konflikt mit den herrschenden gesellschaftlichen Gruppen oder Staaten einzulassen. Option für die «Opfer der Modernisierung» gibt es nicht ohne Konfrontation mit den Nutznießern der Modernisierung; Option für die ausgeschlossenen Kulturen nicht, ohne der herrschenden Kultur entgegenzutreten.

6) Konfliktiv ist ein gesellschaftliches Projekt mit dieser Zielsetzung auch in religiöser und kirchlicher Hinsicht. Man wird die herrschende Ordnung nicht entlarven können, ohne die Theolo-

gien beim Namen zu nennen, die sie rechtfertigen, darunter an erster Stelle das gegenwärtig herrschende Kirchenkonzept.

Die theologische Auseinandersetzung, die auf solche Weise in der Kirche aufbricht, wird alle Bereiche des Glaubens und der Theologie und alle ihre Grundbegriffe umfassen: Gott, Kirche, Bibel, Tradition, Evangelisierung, Umkehr, Identität der ChristInnen, Amt, Priestertum, Hierarchie usw.

7) Aus der Option für die Opfer bzw. für die Verantwortlichkeit der Völker als selbstbestimmte Subjekte drängt sich eine radikale Kritik an der Erst-Evangelisierung auf. Ihr gewalttätiger und autoritärer Charakter ist beim Namen zu nennen. Es ist zu fragen, was dies mit dem Evangelium zu tun gehabt haben soll. Erst nach einer solchen Arbeit und dem entsprechenden Eingeständnis können die positiven Elemente gewertet werden, die sich in der Begegnung zwischen dem Christentum und dem für Europa «neuen» Kontinent einstellten. Damit sind jene Frauen und Männer gemeint, die sich der Logik des Eroberungskrieges zu entziehen wußten.

8) Die gegenwärtige kirchenpolitische Auseinandersetzung legt es nahe, daß die ChristInnen der Solidaritätsbewegung sich eine schöpferische Wiederaufnahme des II. Vatikanums zu eigen machen. Insbesondere geht es darum, die spärlichen Ansätze einer Evangelisierung aus der Option für die Armen, wie sie das II. Vatikanum hier und da formuliert hat,[35] ans Licht zu heben und von dort aus die Aufgabenstellung der Kirche in der tödlich gespaltenen Welt von heute neu zu definieren.

9) Die christliche Solidaritätsbewegung kann im Bündnis mit anderengesellschaftlichen Nicht-Regierungsorganisation, welche die Option für die Opfer und ihren organisierten Widerstand getroffen haben, wirksam werden. Das Bündnis muß im Hinblick auf die gesellschaftlichen und kirchlichen Institutionen genügend unabhängig sein und zugleich stark genug, um sich solidarisch gegen die institutionellen Repressionsversuche zur Wehr zu setzen.

10) Ein solches Engagement wird über die Neuentdeckung Amerikas auch Europa neu entdecken. Die Solidaritätsbewe-

35 Vgl. Kirchenkonstitution «Lumen gentium», Nr. 8,3; Missionsdekret «Ad gentes», Nr. 3; 5; 12; Pastoralkonstitution «Gaudium et spes», Nr. 29 etc.

gung wird dabei behilflich sein, eine neue europäische Identität zu entwickeln, die nicht mehr jene der Konquistadoren ist, sondern jene von solidarischen Geschwistern. Sie setzen sich an der Seite der gestern überfallenen Indígenas und Völker ein und tragen die aus der Geschichte entstandenen enormen historischen Schulden ab. Nur so werden wir fähig, eine neue Zukunft zu errichten.

Albert Biesinger

Santo Domingo - eine Vision

Seit acht Jahren haben sich die lateinamerikanischen Diözesen auf die IV. Generalkonferenz des lateinamerikanischen Episkopats vorbereitet. Die Bischöfe haben sich in vielen Gesprächen und Pastoralbesuchen ein Bild von der rapiden Veränderung der Lebensgrundlagen und der um sich greifenden Verelendung gemacht, mit vielen Gemeinden und überregionalen Repräsentanten - Frauen und Männern - darüber gesprochen, wie entgegenzusteuern sei und wie in den konkreten Situationen der Glaube an den befreienden Gott gelebt werden könne.

In den Elendsvierteln der Großstädte kam es immer wieder zu Großveranstaltungen, die den Menschen Mut gaben, sich für Trinkwasser, Arbeit und vor allem für die Erziehung ihrer Kinder einzusetzen und den Regierenden zu zeigen, daß sie auf der Seite des Volkes zu stehen haben. In den ländlichen Gebieten gab es immer wieder große «Opfermärsche»: Aus den entlegensten Gebieten kamen Campesinos und Campesinas mit ihren Familien und berichteten von ihren Versuchen, als Christen zu leben. Die Bischöfe nahmen sich viel Zeit und «hörten sich heiser».

Nach einiger Zeit trafen sich die Bischöfe mit einem Mann und einer Frau, die das Vertrauen des Volkes Gottes ihrer Diözese hatten, und ebenso mit den Vertretern und Vertreterinnen der

Nachbardiözesen, die - ebenfalls zu dritt anwesend - eine überschaubare Gruppe bildeten. In einigem Abstand versammelten sich in jedem lateinamerikanischen Land diese *Equipos* mit ihren Bischöfen zu einer Versammlung aller Diözesen ihres Landes. Die rapide schlechter werdende ökonomische Situation, die Sehnsucht der Menschen nach kleinen überschaubaren Gruppen für ihr Leben als Christen, die Gefährdung durch die mit Geld und Lebensmittelspenden agierenden nordamerikanischen Sekten waren ebenso Themen wie die Gefährdung durch den Terrorismus von links und von rechts, die Ungerechtigkeit der Strukturen des Welthandels. Sie erarbeiteten eine Gesprächsgrundlage für das Treffen der Delegierten der Bischofskonferenzen und der Laienvertreterinnen und -vertreter. Diese für ganz Lateinamerika repräsentative Vorbereitungsversammlung hatte die Aufgabe, seriös und präzise die zentralen Themen und kirchlichen Probleme für die IV. Generalkonferenz des lateinamerikanischen Volkes Gottes zu analysieren und aufzubereiten.

Zwei Jahre lang tauschten die Vertreter und Vertreterinnen ihres Landes die Ansichten mit den anderen Ortskirchen aus und diskutierten mit den Gemeinden ihrer Diözesen die neuen Anliegen.

Die Universalkirche interessierte sich sehr für das, was in der lateinamerikanischen Kirche vom Geist Gottes durch die Kreativität der Repräsentanten hervorgebracht wurde. Zu den weiteren Vorbereitungstreffen für Santo Domingo 1986 und 1987 wurden auch Vertreter aus der europäischen, der asiatischen und der afrikanischen Kirche eingeladen, so daß auch in diesen Kontinenten die Kunde von dem, was der Geist Gottes in Lateinamerika anstiftet, weitergetragen wurde.

Vierzig Repräsentanten konferierten mit dem Papst 1988 eine Woche in Rom, um ihm davon zu berichten, und der Papst fragte sie, wie er ihnen mit der römischen Kurie weiterhelfen könne. Er ermunterte sie, ihrem Ansatz «Sehen - Urteilen - Handeln» treu zu bleiben, denn die Todeszonen Lateinamerikas seien eine der größten Herausforderungen der derzeitigen weltgeschichtlichen Situation. Auch versprach er, Bischöfe zu ernennen, die sich eindeutig auf die Seite der Armen stellen und mit den Reichen Bekehrungsprozesse entwickeln. Er sagte auch zu, daß die Fehler der Bischofskongregation, Bischöfe zu ernennen, die das Marienbild des Volkes aus der Kirche entfernen und dafür eine spanische Madonna hineinstellen, nicht mehr vorkommen sollen - so geschehen im Norden von Peru, als vor wenigen Jahren der neue Bischof ernannt wurde. Weiter sagte er zu, dem Vorwurf nachzugehen, daß in Peru sechs Bischöfe ernannt wurden, die dem «Opus Dei» angehören, was zu großen Problemen in der Bischofskonferenz geführt habe, die völlig unnötig seien. Die «Kommission für Lateinamerika» hielt der Papst für unnötig, weil es sich gezeigt hatte, daß diese den Dialog eher bremst als fördert.

Die Versammlung wurde 1988 auf das Datum 12. Oktober 1992 nach Santo Domingo festgelegt, um an diesem Ort ein mögliches Zeichen der Umkehr und der Bitte um Vergebung für all jene Taten zu setzen, die in den vergangenen fünfhundert Jahren die Verkündigung der Frohen Botschaft mit Kolonialisierung, mit Drohungen und Unterdrückung verwechselt hatten.

Als der Staatspräsident der Dominikanischen Republik den Vorschlag machte, einen großen Leuchtturm nahe des Meeres zu bauen, um den «Entdecker» Amerikas zu ehren und in diesem Leuchtturm auch gleichzeitig die Gebeine Christoph Kolumbus' aufzunehmen, erklärte der Papst, daß er mit diesem Leuchtturm nichts zu tun haben wolle und er es für verfehlt halte, angesichts des wachsenden Elends in der Dominikanischen Republik solche Unmengen von Geld in ein solches Prestigeobjekt zu stecken. Der Papst wies deutlich darauf hin, zur Zeit der Einweihung dieses Leuchtturmes nicht in Santo Domingo zu sein. Er wolle auf keinen Fall damit in Verbindung gebracht werden.

Der Oktober 1992 nahte. Lange schon hatten die Fluggesellschaften die Plätze nach Santo Domingo ausgebucht. Sondermaschinen mußten eingesetzt werden, um die Repräsentanten der lateinamerikanischen Länder, die vielen Beobachter aus aller Welt und nicht zuletzt auch den Papst und einige seiner Mitarbeiter aus Rom nach Santo Domingo zu bringen.

Mit einem großen Gottesdienst in der Kathedrale von Santo Domingo wurde am Vorabend des 12. Oktobers der fünfhundertjährigen Geschichte der Verkündigung des Glaubens in Lateinamerika gedacht, und alle Teilnehmer und Teilnehmerinnen baten die Opfer der tragischen Verwechslung von Glaubensverkündigung und Kolonialisierung um Vergebung. Vertreter der indianischen Völker Lateinamerikas und der Afroamerikaner sprachen bei diesem Gottesdienst die Vergebungsworte. Sie wiesen darauf hin, daß sie keine Vergebung für das, was anderen vor ihnen angetan worden sei, geben könnten. Dies könne nur Gott tun. Vergebung zuzusprechen sei allerdings nur möglich, wenn die weltweite Unterdrückung Lateinamerikas beendet werde. Ihre Völker würden heute immer noch ihres Landes beraubt, ihre Kinder durch Hunger und mangelnde Bildung, durch Drogenkartelle und Terroristen weiterhin gemartert und von den Lebensmöglichkeiten abgeschnitten.

Der Gottesdienst dauerte stundenlang. Die Plätze um die Kathedrale herum waren übervoll. Es kam zu erschütternden Szenen: Die Bischöfe wurden von den Vertretern der indianischen Völker umarmt. Eine Vertreterin der Indianerorganisationen ging spontan auf den Papst zu, drückte ihn lange und bat ihn dringend um Hilfe für ihre Völker.

Am 12. Oktober trafen sich dann die Vertreter aus den Diözesen, aus jeder Diözese der Bischof und zwei zusätzliche Delegierte, eine Frau und ein Mann, ausgestattet mit dem Vertrauen der Diözese.

Zunächst diskutierten sie ihre Geschäftsordnung, wählten die Präsidenten für die Versammlung, überlegten, wie sie am besten und effektivsten zusammenarbeiten könnten.

Die Mitglieder der Kommission, die das Schlußdokument formulieren sollten, wurden ebenfalls gewählt. Es wurde streng darauf geachtet, daß aus jeder Altersgruppe und auch genug Frauen Mitglieder in der Redaktionskommission waren. Die Vertreter und Vertreterinnen einigten sich darauf, die besten Argumente in das Schlußdokument zu nehmen und bei Unstimmigkeiten mit einer qualifizierten Mehrheit abzustimmen.

Als Präsidentin wurde Rigoberta Menchú gewählt, von den Bischöfen der brasilianische Weihbischof Assis, dritter Präsident wurde der kirchlich hochengagierte Campesinoführer aus Quito, Manuel Cachimuel.

Die drei gewählten Präsidenten dankten für das Vertrauen und versprachen, gut auf die Argumente zu hören. Es wurde viel Zeit gelassen, um zwischen den verschiedenen Gruppen Kontakte herzustellen. Die Unterbringung der Delegierten war so geregelt, daß möglichst viele in einem Hotel waren, um intensiv miteinander auch außerhalb der Konferenz kommunizieren zu können. Die aus aller Welt angereisten Journalisten konnten die

Informationen offen bekommen, die heißen Themen wurden nicht ausgeklammert.

Rigoberta Menchú eröffnete nach einem Tag die erste von ihr geleitete Sitzung mit einem Gebet für die Gefolterten und Verschwundenen Lateinamerikas, für die Märtyrer von San Salvador, sie gedachte Oscar Romeros und aller Opfer des Elends der Vergangenheit und der Gegenwart.

Der Papst saß mitten unter den Delegierten. Eine Campesina, die noch die Foltermale im Gesicht trug, saß an seiner Seite. Auch der Papst «hörte sich heiser» und freute sich, was Gottes Geist in seiner von ihm derzeit geleiteten Kirche anstiftet.

Einen Nachmittag lang berichteten die Delegierten der lateinamerikanischen und mittelamerikanischen Basisgemeinden über ihren Weg, ihre Schwierigkeiten und tauschten ihre hoffnungsvollen Perspektiven für die künftige Kirche Lateinamerikas aus. Die Vertreter der Basisgemeinden luden sich gegenseitig ein, zeitweise gemeinsam zu leben, die Erfahrungen auszutauschen und damit gegenseitig Glaubenszeugen zu werden.

Die Delegierten aus den reichen Vierteln Lateinamerikas hörten wie Brüder und Schwestern auf die Not ihrer Mitchristen, die oft nur wenige hundert Meter weg von ihren Villen im absoluten Elend dahinvegetieren. Der Papst ermunterte sie eindringlich, sich zu bekehren, und bat die Bischöfe in ihren Diözesen, einen neuen Verständigungsprozeß zwischen Reichen und Armen anzustiften. Dazu gehöre auch, daß die Jugendlichen der reichen Familien mit den Jugendlichen in den Elendsvierteln zusammenkommen sollen, um in den «Schuhen der Anderen» die eigene Situation neu zu bewerten und gemeinsam für die Überwindung der Verelendung in Lateinamerika einzutreten.

Vor allem die Hunderttausende von Ordensangehörigen Lateinamerikas hätten dabei eine besondere Bedeutung. Die immer noch in den reichen Vierteln angesiedelten Ordensschulen müßten für diesen Verständigungsprozeß endlich offen werden und Möglichkeiten einer gerechtigkeitsorientierten Erziehung zugunsten der Zukunft der Länder Lateinamerikas entwickeln.

Einen Tag lang beschäftigte sich die Konferenz mit der Situation der Frauen und Kinder des Kontinentes. Vor allem die weiter grassierende Armut sei in den letzten zehn Jahren noch mehr auf Kosten von ihnen gegangen. Der «Machismo» habe aufgrund der ökonomischen Entwurzelung auch bei den Männern verheerende Wirkung gezeigt. Noch mehr als früher schlagen sie ihre Frauen und Kinder, flüchten sich in den Alkoholismus. Die Sorge für das menschliche Leben, so forderten alle Delegierte, müsse beim ungeborenen Leben beginnen, für die Kinder ab der Geburt sei ein lebenswürdiges Umfeld zu schaffen. Die jungen Eltern müßten die Möglichkeit haben, für ihre Kinder einerseits und für die altwerdenden Eltern andererseits zu sorgen. Die Gegnerschaft zwischen den Gruppen in Lateinamerika, die sich auf der einen Seite gegen staatliche Zwangsverhütungsprogramme und nordamerikanisch gesteuerte Sterilisationkampagnen wenden, und auf der anderen Seite die Gruppen, die sagen, so lange die geborenen Kinder wie Tiere vor Hunger und Elend dahinsterben, setzen wir uns vor allem für die Geborenen ein, müsse aufgehoben werden. Schließlich gehe es um die Würde und das Lebensrecht des Menschen von der Zeugung bis in das hohe Alter. Die von den reichen Ländern gesteuerten Empfängnisverhütungskampagnen seien letztlich zum Scheitern verurteilt, wenn es nicht zu einer wirtschaftlichen Verbesserung der Lebenssituation komme. Denn so lange es keine Sozialversicherung gebe, sei es für die armen Menschen unmöglich, ohne viele Kinder auszukommen.

In der Zwischenzeit arbeiteten die Vertreter der verschiedenen Gruppen an einem Abschlußdokument.

Es war von vornherein gemeinsam festgelegt worden, daß sich dieses Dokument an die Gemeinden Lateinamerikas wenden solle. Die Sprache solle lebendig und auf die engagierten Gemeindemitglieder abgestimmt sein.

In einem knappen Brief werden die Regierungen und die Führungskräfte in Wirtschaft und Politik eindringlich aufgefordert, ihre Arbeit in den Dienst der Armen zu stellen und jene politischen Veränderungen herbeizuführen, die es ermöglichen, die bisher marginalisierten großen Bevölkerungsgruppen am politischen Meinungsprozeß und an der verantwortlichen Gestaltung der Gesellschaft teilnehmen zu lassen und sie damit aus ihrer Position des Bettlers und des Getretenen herauszuholen.

Der Papst versprach, mit den Vorsitzenden der Bischofskonferenzen der reichen Länder Einfluß auf die weltweite Wirtschaftspolitik im Blick auf die Armutsländer zu nehmen. Vor allem durch regelmäßige Konsultationen mit den Vorständen der internationalen Konzerne, aber auch mit den mittelständischen Gruppierungen solle es zu einer konzertierten Aktion kommen, so daß Schritt für Schritt gerechte Preise für die Rohstoffe, für die Agrarerzeugnisse und vor allem auch eine entsprechende Ausstattung der Armutsländer mit der entsprechend notwendigen Technologie ermöglicht werden. Den reichen Ländern und ihren Bevölkerungen sei deutlich zu machen, daß auch ihr Überleben gefährdet ist, wenn es nicht zu einem Ausgleich zwischen Arm und Reich komme. Die Bedrohung der Luft- und Wasserqualität weltweit hänge mit der Schaffung von Gerechtigkeit zusammen, weil es sonst zu einer Abholzung der dringend nötigen riesigen (Ur-) Waldgebiete komme.

Das Dokument wurde in bis in die Nacht andauernden Diskussionen erstellt. Jede Gruppe war darauf bedacht, die eigenen Ideen mit den Ideen der anderen in einen sinnvollen Dialog zu bringen, um Einseitigkeiten und die Unterdrückung von Einschätzungen anderer Gruppen zu verhindern.

Der Papst sagte zu, der Konferenz zu vertrauen und das Dokument mit zu unterzeichnen. Dies sei ein Akt der Solidarität der Universalkirche mit der geplagten lateinamerikanischen Kirche. Umgekehrt wolle er damit auch zum Ausdruck bringen, daß das, was die lateinamerikanischen Ortskirchen an Impulsen hervorbrächten, über das Petrusamt als dem Dienst an der Einheit in die universalkirchliche Diskussion aufgenommen werde.

Leider nur eine Vision.

Santo Domingo, wie es 1992 verlief, zeigt wichtige Defizite der katholischen Kirche. Reflektiert man den Prozeß, dann sind folgende Vorschläge bedeutsam:

1) Die Balance zwischen der universalkirchlich verantwortlichen Leitung in Rom und der sich multikulturell realisierenden Ortskirchen muß (wieder) hergestellt werden. Die Ortskirchen mit ihren Anliegen, Problemen und vor allem auch mit ihren Vorschlägen sollen die Inkulturation gewichten und durch synodal strukturierte Gremien weiter entwickeln können. Die bereits im Vorfeld der IV. Generalkonferenz des lateinamerikanischen Episkopats aufgetretenen riesigen Schwierigkeiten, etwa mit der großen Gruppe der Ordensfrauen und Ordensmänner, hätten konstruktiver gelöst werden müssen. Die in Rom eingehenden Anzeigen und Denunzierungen von verschiedenen Gruppierungen sollten die römische Kirchenleitung nicht nervös machen.

Vielmehr müßte die Kirchenleitung für solche denunziatorischen Strömungen unverführbar sein.

2) Die Verwerfung des in mühevoller Arbeit erstellten Arbeitsdokumentes für die IV. Generalkonferenz des lateinamerikanischen Episkopats war eine Zurückweisung ganzer Bischofskonferenzen und hat dazu geführt, daß unpräzise Texte in das Schlußdokument gelangten.

3) Die Präsenz der Universalkirche in einer solchen kontinentalen Konferenz ist dosiert und sensibel zu gestalten. Wenn Dominanzprobleme auftauchen, führt dies zu Widerwillen, zu Enttäuschung. Wie in allen Bereichen, so sollte auch in der Kirche das Grundprinzip herrschen, daß die einzelnen und die Anliegen, die in ihnen verkörpert sind, sich artikulieren und sich in den gemeinsamen Prozeß hineinrealisieren können.

4) Die römisch-katholische Kirche wird langfristig nur dann als weltweite religiöse Bewegung bestehen können, wenn sie ihren derzeitigen überzogenen Zentralismus abbaut, Bischöfe ernennt, die vom Volk angenommen werden, und auch regional eingefärbte Liturgien, Gemeindemodelle und Priesterbilder unterstützt. Die Einflüsse der Sekten müßten auch in Rom schon längst zu denken geben. Ein Priester für riesige Gemeinden kann nicht lange gegen die Struktur der überschaubaren Sekten antreten. Und daß man ausgerechnet die Vertreter und Vertreterinnen der kirchlichen Basisgemeinden in Santo Domingo nicht zugelassen hat, ist eine kapitale pastorale Sünde!

Millionen Menschen werden damit endlich in ihrer Menschenwürde ernstergenommen, in Lateinamerika wird das «indianische Antlitz Gottes» aufleuchten.

Retten, was zu retten ist.

Im Aufbruch zu einer kulturell polyzentrischen Weltkirche[1]

Die katholische Kirche steht vor einer Zäsur ihrer Geschichte, der vielleicht tiefgreifendsten seit urkirchlicher Zeit. Sie ist auf dem Weg von einer kulturell monozentrischen Kirche Europas und Nordamerikas zu einer kulturell vielfach verwurzelten und in diesem Sinn kulturell polyzentrischen Weltkirche.

Um den kirchlichen und theologischen Rang dieses Übergangs zu erfassen, sollten wir die übliche, ohnehin vielfach problematisierte Einteilung der europäischen Geschichte in «Altertum – Mittelalter – Neuzeit» einmal zurückstellen – vor allem im Blick auf die Einteilung von Kirchen- und Theologiegeschichte. Ich möchte demgegenüber – übrigens in Nähe zu Karl Rahner – den Vorschlag machen, die Geschichte der Kirche in die folgenden drei Epochen einzuteilen:

1 Mit Erlaubnis des Verfassers drucken wir hier einen Text nach, der publiziert wurde in: F.X. Kaufmann, J.B. Metz, Zukunftsfähigkeit. Suchbewegungen im Christentum, Verlag Herder, Freiburg, 1987, S. 93 ff. Der Text wurde mit Zusätzen versehen aus: J.B. Metz, Die Dritte Welt und Europa. Theologisch-politische Dimensionen eines unerledigten Themas. In: Stimmen der Zeit 118 (1993) 3-9.

– einmal in die relativ kurze, aber für die theologisch-historische Identität der Kirche fundamentale Epoche des Judenchristentums;

– dann in die sehr lange Epoche innerhalb einer mehr oder minder einheitlichen Kultur, nämlich in die Epoche des auf dem Boden des Hellenismus sich entfaltenden Heidenchristentums und der damit zusammenhängenden europäischen Kultur und Zivilisation bis in unsere Tage;

– und schließlich in die Epoche einer weltweit verwurzelten, kulturell polyzentrischen Kirche.

Wenn ich mich nicht täusche, dann steht die Kirche und auch die Theologie in der tiefreichenden, von schmerzlichen Spannungen gekennzeichneten Zäsur zu dieser dritten Epoche hin. Sie steht im Übergang von einem abendländisch-europäischen Kirchentum, in dem die Weltkirche eigentlich nur simuliert werden konnte, zu einem Weltkirchentum mit kulturell polyzentrischem Charakter.

Wenn wir die Apostelgeschichte als erste Kirchengeschichte begreifen, dann können wir in ihr real die erste Zäsur, also diejenige vom Juden-Christentum zum Heiden-Christentum, beschrieben und die zweite Zäsur, also jene zur kulturell polyzentrischen Weltkirche, intentional vorweggenommen finden. In diesem Sinne korrespondiert ein kulturell polyzentrisches Verständnis der Weltkirche jenem Kirchenbild, wie es ausdrücklich in der Apostelgeschichte verheißen ist: «Ihr werdet meine Zeugen sein bis an die Grenzen der Erde» (Apg 1,8). Bei dieser Zeugenschaft handelt es sich ja nicht nur um eine geographische Verbreitung, sondern um eine kulturelle Einwurzelung des Glaubens.

Ich möchte das kurz durch *zwei Überlegungen* unterstreichen.

Die erste ist theologischer Natur. Sie heftet sich an ein verbreitetes Mißverständnis, das sich mit der Vorstellung von der Einwurzelung des Christentums in nichtwestliche Kulturen verbindet. Zu dem damit aufgeworfenen Problem der Inkulturation möchte ich in diesem Zusammenhang nur bemerken: Sie, die «Inkulturation», wird nur gelingen, wenn es – gemäß den Intentionen des Vatikanischen Konzils und entgegen den neueren römischen Tendenzen – zu einer größeren Selbständigkeit, zu einer relativen Autonomie der Teilkirchen kommt, die in den unterschiedlichen Kulturen leben und sich zu entfalten suchen. Theologisch steht hier ein gewaltiges Problem an. Es geht um die Ausarbeitung einer Kultur der Anerkennung der anderen in ihrem Anderssein. Für diese hermeneutische Kultur gibt es durchaus biblische Wurzeln. Um nur dies zu sagen: Die Nächsten im biblischen Zentralgebot der Nächstenliebe sind ja nicht primär die Nahen, sondern die anderen, die fremden anderen. In diesem Sinne muß sich die Kirche sowohl von den Armen wie von den anderen, von den Opfern wie von den Fremden «unterbrechen» lassen – eine Einsicht, die in all ihren Konsequenzen nur langsam und unter Schmerzen reift.

Denn in der Geschichte Europas wurde diese hermeneutische Kultur immer wieder verdunkelt; sie trat auch in der kirchlichen Missionsgeschichte in den Hintergrund. Nicht Anerkennungsanthropologien, sondern Herrschaftsanthropologien standen im Vordergrund. Zu Beginn der Zeit, die wir in Europa die «neue» nennen und in der auch die großen europäischen «Entdeckungen» anheben, vorweg die des Kolumbus, entfaltete sich eine Herrschaftsanthropologie: Der Mensch verstand sich als herrschaftliches, als unterwerfendes Subjekt gegenüber der Natur. An dieser herrscherlichen Unterwerfung, an dieser Machtergreifung über die Natur, bildete sich seine Identität. Seine Augen blickten nach unten. Seine Logik wurde eine Logik der Beherrschung, nicht der Anerkennung, eine Logik der Angleichung und der Anverwandlung, nicht aber der Konvivialität. Mit welchen Augen wurde etwa der lateinamerikanische Kontinent «entdeckt»? Spielte dabei die hermeneutische Kultur der Anerkennung eine Rolle? Oder war der Christianisierungsprozeß nicht weit mehr von einer Hermeneutik der Beherrschung und der Angleichung geleitet, die keine Augen hatte für die Spur Gottes in der Andersheit der anderen und die deshalb diese unbegriffenen anderen immer wieder auch kulturell entwürdigte und zu Opfern machte?

Die zweite Überlegung hat eher empirischen Charakter. Seit jenem Jahr 1492 ist Europa auf eine bestimmte Weise weltweit, universal geworden. Und zwar durch jene sogenannte «okzidentale Rationalität», die inzwischen mit ihrer «Entzauberung der Welt» die Weltherrschaft angetreten hat. Sind nicht alle Kulturen inzwischen Untertanen einer profanen Europäisierung der Welt geworden? Hat sich inzwischen nicht Europa wie eine Planierraupe über den ganzen Erdball ausgebreitet – auf dem Weg über die wissenschaftlich-technische Zivilisation samt ihrer Informations- und Kommunikationsindustrie? Und verändert diese profane Europäisierung der Welt nicht auch die Mentalitäten der Völker? Ist nicht ein Balinese, der ein Auto fährt, schon ein halber Europäer? Und was ist mit einem Indio, der fernsieht und sich keine Geschichten mehr erzählen läßt? Ist er nicht auch bereits ein anonymer Europäer geworden?

Die Europäer sind also Universalisten, sie wirken ebenso neugierig wie unempfindlich, sie gelten als Grenzgänger und Grenzüberschreiter, als Eroberer und Unterwerfer, als Missionare, als «Exporteure» und allemal eben als – Eurozentriker. Doch Europa ist nicht nur ein Zentrum der rationalen und kommerziellen Herrschaft, ein Zentrum der wissenschaftlich-technischen Zivilisation. Europa ist auch die kulturelle und politische Heimstatt eines Universalismus, der in seinem Kern strikt antieurozentrisch ist. Ich meine hier das Europa der politischen Aufklärung. Gewiß, der freiheits- und gerechtigkeitssuchende Universalismus der Aufklärung war zunächst nur semantisch universal, er ist in der konkreten Durchführung bis heute partikular geblieben. Gleichwohl begründet er eine neue politische und hermeneutische Kultur, die auf die Anerkennung der subjekthaften Freiheit und Würde aller Menschen zielt. Ich möchte hier indes einen Punkt zur Sprache bringen, der sich ausdrücklich auf das Verhältnis der beiden Kontinente Lateinamerika und Europa bezieht. Meine kritische Frage lautet: Gibt es nicht zweierlei Menschenrechte in der heutigen Weltpolitik? Wo etwa bleibt das Mitspracherecht der armen Länder, wenn es um die Würde und die Freiheit ihrer Menschen geht? Inzwischen diskutieren wir den Gedanken, daß Menschenrecht unter bestimmten Umständen Völkerrecht brechen könne. Ist es aber nicht auffällig, daß wir in Europa dabei spontan immer nur an Krisensituationen in den armen Ländern denken, in denen wir notfalls um der Menschenrechte willen zu intervenieren hätten? Wer käme denn bei uns schon auf die Idee, daß auch die armen Völker ein Recht haben könnten, sich in die Weltpolitik der Industrieländer des Nordens einzumischen und auf entschiedenere Demokratisierung der Weltwirtschaft zu drängen? Wer käme bei uns schon auf die Idee, daß die armen Länder ein Recht hätten, die Souveränität der reichen Länder zu befragen, die schließlich nicht nur für die ökologischen Katastrophen verantwortlich sind, sondern die armen und anders entwickelten Völker und Kulturen dieser Erde einem Modernisierungs- und Beschleunigungsdruck ausgesetzt haben, der menschenwürdige Formen des Lebens in diesen Ländern nicht fördert, sondern zerstört?

Gibt es nicht also doch zweierlei Menschenrechte in der heutigen Weltpolitik? Und wird diese Ungleichheit nicht wieder deutlich, seit der Kalte Krieg vorüber ist und deshalb die reichen und starken Industrieländer des Nordens keine Angst mehr haben müssen, die armen Länder dieser Erde könnten ins falsche politische Lager abwandern?

Müßte hier nicht die Kirche, die im Schnittpunkt zwischen reichen und armen Ländern angesiedelt ist, zur unerschrockenen Lobby für diese armen Länder werden, für deren Mitspracherecht in der Weltpolitik, für die Gleichheit in Menschenrechtsfragen und gegen die herrschende Meinung, wonach Menschenrechtspostulate eigentlich systemfremde Imperative im Welthandel seien? Schließlich ist das von der Kirche verkündete Reich Gottes nicht indifferent gegenüber den Welthandelspreisen.

Nach dem Gang durch diese beiden Überlegungen wird die eingangs erinnerte Zäsur auch gesellschaftlich und politisch noch einmal angeschärft. Christliche Ethik ist nicht nur eine Ethik der Ordnungen, sondern auch eine Ethik der Veränderungen. Diese «Veränderung», die im Kontext der Kirche der Armen und kulturell anderen «Befreiung» heißt, schließt freilich die Einsicht ein, daß die geschichtlichen Subjekte immer schuldfähig und umkehrbedürftig bleiben. Das führt nicht zu einer politikfernen Romantisierung von Befreiung und Veränderung, im Gegenteil: es entzieht der Politik der Befreiung nur die Basis des Hasses und der Gewalt.

Das Wort von der «Befreiung» ist, wenn es in seinen mystisch-politischen Wurzeln ernst genommen wird, tatsächlich eine Provokation für das gesamte kirchliche Leben. Vom biblischen Gott, vom Evangelium muß immer, nach Kräften, im Antlitz der Opfer gesprochen werden. Sie prüfen die Strenge und die Authentizität der kirchlichen Sprache, die unter dieser Prüfung oft sehr arm und klein werden kann. Doch so gewinnt die Kirche die Nähe zu ihrem ursprünglichen Auftrag. Schließlich ist die Mystik, die Jesus lebte und lehrte und die auch den Logos der «Neuen Evangelisierung» leiten sollte, nicht eine Mystik der geschlossenen Augen, sondern eine Mystik der geöffneten Augen. An ihren Wahrnehmungen vorbei ist der Gott Jesu nicht zu finden.

Angesichts des massenhaften Elends, das zum Himmel schreit oder auch nicht mehr schreit, weil es ihm längst die Sprache und die Träume verschlagen hat, kann sich die Kirche nicht damit beruhigen, daß es sich hier um Tragödien der Ungleichzeitigkeit in einer immer rapider zusammenwachsenden Welt handelt. Sie kann sich auch nicht damit beruhigen, daß diese Armen eben Opfer oder auch Geiseln ihrer eigenen mitleidlosen Oligarchien sind. «Die eine Weltkirche darf schließlich nicht in sich selbst noch einmal die sozialen Gegensätze unserer Welt einfach widerspiegeln. Sie leistet sonst nur gedankenlos jenen Vorschub, die Religion und Kirche sowieso nur als Überhöhung bestehender gesellschaftlicher Verhältnisse interpretieren.»[2] Hier geht es also um den Preis unserer Orthodoxie.

Das leidenschaftliche Ringen um den Weg nicht nur der lateinamerikanischen Kirche reicht bis tief in die Bischofskonferenzen hinein und spiegelt sich in ihnen. Ich möchte diese Konflikte in das Licht der eben skizzierten gesamtkirchlichen Prozesse rükken, das heißt also in das Licht des genannten epochalen Übergangs. So beleuchtet, handelt es sich bei diesen innerkirchlichen Auseinandersetzungen im Prinzip nicht um den Gegensatz zwischen einer orthodoxen, den Traditionen der Kirche eifrig und unabdingbar verpflichteten Position einerseits und einer mehr oder weniger der Irrlehre verdächtigen, vermeintlich von fremden politischen Ideologien beeinflußten Befreiungskirche andererseits. Es handelt sich vielmehr um die Spiegelung jenes schmerzlichen Übergangs von einer eurozentrischen Kirche zu einer kulturell polyzentrischen Weltkirche. Und dabei stehen meines Erachtens gerade jene, die sich in ihrer Immobilität für besonders orthodox und kirchentreu halten, in der Gefahr, nicht die messianische Kirche des Ursprungs zu verbreiten, sondern die kulturell monozentrische Kirche des Abendlands zu versteinern und damit jenen Auftrag zu vernachlässigen, der im Gesamtgedächtnis der Kirche verwahrt ist.

Abschließend sei nochmals formuliert, worum es beim geschichtlichen Wagnis einer kulturell polyzentrischen Weltkirche

2 Vgl. Synodentext «Unsere Hoffnung», Nr. IV, 3.

geht. Es geht darum, weltgeschichtlich das zu wagen, was keimhaft schon in der Situation des frühen Judenchristentums erkennbar ist, nämlich die gegenseitige Assimilation der unterschiedlichsten Völker und Randgruppen im damaligen mediterranen Lebensraum.[3] Es geht um die Fortführung des Ringens zwischen Petrus und Paulus, der mit seiner Ablehnung der Beschneidung für die Christen nicht nur den Übergang vom jüdisch-palästinensischen Wander- und Dorfchristentum zum römisch-hellenistischen Stadtchristentum eingeleitet hat, sondern die geschichtliche Entfaltung des Judenchristentums durch eine produktive Assimilation dieser heidnischen Kulturwelt überhaupt. Und es geht darum, dies alles heute zu wagen, in einer Zeit, in der bei uns nach einer Welle der Neugier für fremde Kulturen und Völker schon wieder ein Prozeß der Entmischung einzusetzen scheint, ein Entmischungsprozeß im Namen sozialer, kultureller und nationaler Identitäten.

Wird sich das Zentrum der Kirche für die Prophetie der Kirche der Armen öffnen? Die zielt ja nicht auf plane Modernisierung oder Liberalisierung der Kirche, sondern, wenn schon, auf die «Radikalisierung» des christlichen Lebens!

Werden wir also die sozial zerrissene und kulturell polyzentrische Weltkirche als einen Lernraum begreifen, in dem es genug Anzeichen dafür gibt, daß sich unser Christentum angesichts großer Gefahr «an der Wurzel faßt»?

3 Um mögliche Mißverständnisse bei der Verwendung des Begriffs der Kulturassimilation zu vermeiden, sind bestimmte Regeln bei der Entfaltung des kulturellen Polyzentrismus zu beachten. Einmal wäre darauf zu achten, daß dem schwächeren Partner im kulturellen Austausch die größere Aufmerksamkeit und Bündnisbereitschaft zu schenken ist. Dann gilt, daß eine gegenseitige kulturelle Assimilation nur dann nicht zur tödlichen Integration in eine übermächtige Kultur führt, wenn der Prozeß nicht unter typisch westlichem Zeitdruck – *Time is Money* – abläuft; es geht also nicht um eine möglichste Beschleunigung, sondern eher um eine behutsame Verzögerung des Austauschvorgangs. Auch reifen nicht alle Kulturen in gleicher Weise und in gleicher Zeit zu diesem Polyzentrismus der Weltkirche. Überhaupt gelingt der produktive Austausch am ehesten zwischen solchen Kulturen, die sich nicht total fremd und beziehungslos gegenüberstehen.

Anhang

Ludger Weckel

Wie sich Texte ändern ...

Ein Vergleich von Kommissionstexten und Schlußdokument

1. Vorbemerkung

In Santo Domingo bearbeiteten die versammelten Bischöfe in dreißig Kommissionen verschiedene Themen. Alle Kommissionen verfaßten Stellungnahmen, die die Grundlage für die Erstellung eines Schlußdokuments bilden sollten. In mehreren Schritten wurden diese Stellungnahmen von einer Redaktionskommission entsprechend einem vorgegebenen Schema für ein Schlußdokument zusammengefügt und redaktionell eingearbeitet. Über dieses Dokument wurde unter großem Zeitdruck und in heftigen Auseinandersetzungen diskutiert und abgestimmt.

Im folgenden möchte ich durch eine kritische Gegenüberstellung am Beispiel von zwei Kommissionstexten zeigen, wie diese durch redaktionelle Überarbeitungen und die Einpassung in das Schema des Schlußdokuments verändert wurden. Ich habe dazu die Stellungnahmen der Kommissionen 21, «Das Land», und 26, «Einheit und Vielfalt der Kulturen: die Indígenas, Afroamerikaner und Mestizen», ausgewählt. Die Absicht, wesentliche Unterschiede zwischen den Texten deutlich zu machen, schlägt sich dabei auch in der Auswahl der Textstellen nieder. Wichtige und wertvolle Aussagen, die in den bearbeiteten Texten identisch oder zumindest nicht wesentlich verschieden sind, konnte ich im Rahmen dieses Artikels – leider – nicht berücksichtigen.

2. «Das Land»[1]

2.1 Der Kommissionstext[2]

Dem Kommissionstext vorangestellt ist eine kurze theologische Betrachtung, die Bezug nimmt auf das Motiv des Gnaden- oder Jubeljahres, das sich sowohl im Alten als auch im Neuen Testament findet und das den Sklaven und Unterdrückten Befreiung sowie den Landlosen Land verheißt. Diese Aussage wird auf die heutige Situation bezogen und aktualisiert. Anschließend werden die ungerechte Situation der Landverteilung und deren ökonomische und soziale Folgen beschrieben. In zwei weiteren, kurzen Absätzen wird die Bedeutung der Erde im Weltbild und Selbstverständnis der Indígenas und Afroamerikaner aufgezeigt, bevor aufgrund dieser beschriebenen Situation die theologischen Herausforderungen für die Kirche und die pastoralen Leitlinien benannt werden.

Kommissionstext 21: «Das Land»

1) Theologische Hinführung: Das Gnadenjahr (Nr. 1-3)
2) Die soziale und ökonomische Realität (Nr. 4-10)
3) Die Kosmos-Vision der Indígenas und Afroamerikaner (Nr. 11-12)
4) Theologische Herausforderungen (Nr. 13-15)
5) Pastorale Aufgaben (Nr. 16)

1 *La Tierra* bezeichnet im Spanischen sowohl die Erde, also die Welt als ganze, als auch den Boden als Grundbesitz, das kultivierte Ackerland oder ein bestimmtes Feld. Gleichzeitig kann es zur Bezeichnung eines bestimmten Ortes, der Heimat, des Heimatlandes dienen. Die in unserem Sprachgebrauch vorherrschende Bedeutung des Landes als «nationales» Besiedlungsgebiet hat hier nur nachrangige Bedeutung.

2 Grundlage ist jene Fassung des Kommissionstextes, die, bereits durch die offizielle Redaktionskommission überarbeitet, Teil der dritten Redaktion des Schlußdokumentes war.

2.2 Der Text im Schlußdokument

Im Schlußdokument findet sich das Thema «Land» im Kapitel über die «Förderung menschlicher Entwicklung» wieder, allerdings in Struktur und Inhalt sehr stark verändert. Es beginnt mit der grundsätzlichen Aussage, daß die Christen das Universum nicht nur als «solches an sich» sehen, sondern darin Schöpfung und Geschenk der Liebe Gottes erkennen. Dies wird in einem weiteren Abschnitt biblisch begründet. Darauf folgt ein Abschnitt, in dem in typologisierter Form zwei Extrempositionen gegenübergestellt werden: die religiös-mythische Bedeutung des Landes bei den Indígena-Völkern und das auf Profit und Ausbeutung orientierte Verständnis des modernen Merkantilismus. Nach einem weiteren kurzen Hinweis auf die *richtige* christliche Sichtweise bezüglich der Natur und des Landes folgen die pastoralen Herausforderungen, die in kurzer und allgemeiner Form die Inhalte der Realitätsanalyse aus dem Kommissionstext wiedergeben. Abschließend werden die pastoralen Leitlinien benannt.

Schlußdokument: «Das Land: Gabe Gottes»

1) Erde als Schöpfung und Geschenk Gottes (Nr. 171)
2) Das Land und seine verschiedenen Bedeutungen (Nr. 172)
3) Natur als Instrument unserer Erlösung (Nr. 173)
4) Pastorale Herausforderungen (Nr. 174-175)
5) Pastorale Leitlinien (Nr. 176-177)

2.3 Ein synoptischer Vergleich[3]

Das Land und seine verschiedenen Bedeutungen

Schlußdokument	Kommissionstext
172. In unserem Kontinent muß man zwei gegensätzliche Mentalitäten in bezug auf das Land berücksichtigen:	11. Für die indianischen und afroamerikanischen Gemeinschaften ist das Land, als eines derjenigen Elemente, die zusam-

3 In der folgenden Darstellung orientiere ich mich am Textaufbau des Schlußdokuments und stelle diesem die entsprechenden Passagen der Kommissionstexte gegenüber. Sowohl die Auswahl der Textstellen als auch die Übersetzung stammen von mir.

a) Im Bereich der Gemeinschaften der Indígenas ist die Erde das Leben, ein heiliger Ort, «das weibliche Antlitz Gottes», integratives Zentrum des gemeinschaftlichen Lebens. Die Indígenas bewohnen sie und gestalten ihr Leben mit ihr, durch sie fühlen sie sich in Gemeinschaft mit ihren Vorfahren und in Harmonie mit Gott. Deshalb ist das Land, ihr Land, ein wesentlicher Teil ihrer religiösen Erfahrung und ihres eigenen historischen Selbstverständnisses. Unter den Indígenas existiert ein natürliches Gespür des Respekts für das Land; es ist die Mutter Erde, die ihre Kinder ernährt, die geschützt und für die Nutzung [Säen] um Verzeihung gebeten werden muß und nicht mißhandelt werden darf.

b) Aus merkantilistischer Sicht dient die Erde ausschließlich der Ausbeutung und dem Gewinn, bis hin zur Vertreibung und der Ausgrenzung ursprünglicher Besitzer. Eben dieser Merkantilismus führt auch zur Spekulation mit städtischem Boden, was diesen als Wohnraum für die Armen, die in unseren großen Städten immer zahlreicher werden, unzugänglich macht [...].

Die richtige Einstellung aus christlicher Sicht hat ihren Grund in der Heiligen Schrift, die das Land und die Elemente der Natur immer im Zusammenhang mit dem Volk Gottes sieht und als Instrument unserer Erlösung versteht. [...]

menwirken und so die Natur bilden, die Quelle des Lebens und der Harmonie, heiliger Ort und weibliches Antlitz Gottes, integratives Zentrum des gemeinschaftlichen Lebens. Die afroamerikanischen Gemeinschaften verehren die Erde unter verschiedenen Namen. Sie ist die Quelle des Axé oder der Lebensenergie.

12. Die Indígenas und Schwarzen bewohnen die Erde und leben mit ihr, durch sie treten sie in die Gemeinschaft mit ihren Vorfahren und mit Gott, sie ist wesentlicher Teil ihrer religiösen Erfahrung und ihres historischen Selbstverständnisses: «Ohne Land – sagen sie – werden wir sterben. Ohne Land sind wir kein Volk. Ohne Land gibt es keine Kultur ... Eine Evangelisierung ohne Land hat keinen Sinn für unser Leben.»

Der Exkurs des Kommissionstextes zur Bedeutung des Landes in der Kosmos-Vision der Indígenas und Afroamerikaner steht am Ende einer längeren Beschreibung der ungerechten Situation in Lateinamerika. Er dient hier der Betonung der besonderen Einstellung gegenüber dem Land bei Indígenas und Afroamerikanern.

Ein Teil dieses Exkurses, die Beschreibung der Einstellung der Indígena-Völker zum Land, ist im Abschlußdokument teilweise aufgegriffen worden, und zwar in einer typologisierten Gegenüberstellung mit einer ausschließlich profitorientierten Mentalität in der modernen Gesellschaft. Dieser Absatz steht im Anfangsteil des Kapitels, also im Kontext der Beschreibung einer christlichen Haltung zum Land. Dort verliert der Text über die Kosmos-Vision der Indígena-Völker seinen beschreibenden Charakter und wird zum Ideal stilisiert, welches durch die Kontrastierung mit der merkantilistischen Ausbeutung um so heller aufleuchtet. Es stehen sich ein «natürliches Gespür» auf Seiten der Indígenas und eine «ausschließliche» Orientierung an Ausbeutung und Gewinn gegenüber. Gleichzeitig hat die Beschreibung des «Idealtypus» der merkantilistischen Mentalität durch die allgemein gehaltene Formulierung keine analytische Kraft, sondern bildet den abgrenzenden Rahmen für die anschließend formulierte *richtige* christliche Haltung. Deshalb kann diese kritische Haltung gegenüber der reinen Profitorientierung auch in keiner Weise die Abschnitte über die soziale Realität ersetzen, die nicht von der Redaktionskommission aus dem Kommissionstext übernommen wurden (s. u.). Positiv ist allerdings, daß hier zumindest ein Hinweis auf die Bodenspekulation in den Städten zu finden ist, der so im Kommissionstext fehlt.

Die Beschreibung der Wirklichkeit

Schlußdokument	Kommissionstext
174. Die problematische Situation des Landes in Lateinamerika und der Karibik fordert uns heraus, weil «fünf Jahrhunderte Anwesenheit des Evangeliums ... noch keine gleiche Verteilung der Güter der Erde erreicht hat» und die-	4. In unserem Kontinent gibt es Millionen Unterdrückte und Arme, die ungeduldig auf die Verwirklichung der Freiheits- und Lebensversprechen warten, nachdem «fünf Jahrhunderte Anwesenheit des Evangeliums in ... die-

se «unglücklicherweise noch in den Händen einer Minorität sind». Während die ehemaligen Bewohner in der Regel von ihrem Land vertrieben wurden, hatten die Afroamerikaner aufgrund der Gesetzgebung große Schwierigkeiten, Zugang zu Landeigentum zu erhalten.

Die heutigen Kleinbauern erleiden die Last institutioneller Un-

sem Kontinent noch keine gleichberechtigte Verteilung der Güter der Erde erreicht hat» (Papst Johannes Paul II. in der Botschaft für die Fastenzeit 1992).

5. Eine der alarmierendsten und skandalösesten Tatsachen Lateinamerikas ist die Konzentration des Landes in wenigen Händen, während die Mehrheit der Bevölkerung keinen Zugang zum Land hat [...].

7. Die Kleinbauern und Indígenas haben nicht nur wenig Land; das wenige ist auch von schlechter Qualität. Außerdem leiden sie unter dem Druck des Marktes, der ihnen hohe Kosten für landwirtschaftliche Aufwendungen, aber niedrige Preise für die landwirtschaftlichen Produkte aufzwingt. Dazu kommen Vermarktungsschwierigkeiten, es fehlen Kredite und Investitionen für den landwirtschaftlichen Sektor von seiten der Regierungen, Banken und Unternehmen, ebenso gibt es keine ehrliche und glaubwürdige Agrarpolitik, die die Frage des Grundbesitzes grundsätzlich klärt und eine gerechte Verteilung zugunsten der armen Mehrheiten sichert. Zu all diesem kommt noch die Last der Auslandsschulden hinzu, die die mehrheitlich armen Völker dazu verpflichtet, ihre Agrarprodukte zu exportieren, anstatt sie zur Lösung bestehender Ernährungsprobleme zu nutzen.

8. Zuerst betroffen von dieser Unordnung in den Besitzverhält-

ordnung und die Folgen der ökonomischen Krisen.

Diese Krise ist dort in den letzten Jahren mit großer Macht spürbar geworden, wo die Modernisierung unserer Gesellschaften zur Ausweitung des internationalen Agrarhandels, zu wachsender Integration der Länder [in diese Märkte], stärkerem Gebrauch der Technologie und größerer transnationaler Präsenz geführt hat. Dies fördert – in nicht wenigen Fällen – die starken ökonomischen Bereiche, geht aber zu Lasten der kleinen Produzenten und Arbeiter.

175. Im Bereich der Förderung menschlicher Entwicklung in Lateinamerika ist die Frage des Besitzes, der Verwaltung und der Nutzung des Landes eine der dringendsten Herausforderungen.

nissen und der Verwaltung des Landes sind die Kleinbauern und Landbewohner selbst, die in ihrem Leben die brutalen Folgen dieser Antikultur des Todes erfahren: Hunger, eine zunehmende Zahl an Erkrankungen und Todesfällen, die durch Unterernährung verursacht werden; sie sind Opfer eines demütigenden Rassismus, der sie zu Bürgern zweiter Klasse herabsetzt, deren Rechte ungestraft verletzt werden dürfen; sie erfahren den Zwang, der sie in die Randbereiche der großen Städte treibt, wo sie unter unmenschlichen Bedingungen leben müssen. Diese Menschen sind leichte Opfer der Händler von Drogen, Prostitution und Pornographie, die auch vor Kindern nicht haltmachen.

9. In den letzten Jahren ist die Situation auf dem Land durch den Modernisierungsprozeß der lateinamerikanischen Gesellschaft geprägt worden. Dies hat eine Ausweitung des internationalen Agrarhandels, eine wachsende Integration der Länder in diese Märkte und die Notwendigkeit von größeren technologischen Aufwendungen, Maschinen und Zubehör mit sich gebracht. All dies öffnete den transnationalen Gesellschaften größere Räume.

10. Das Zusammenwirken dieser Faktoren fördert sicher ein schnelles Anwachsen der kultivierten Flächen und der Agrarproduktion, bringt aber keinen Zuwachs an Einkommen und Lebensniveau für die kleinen und mittleren Produzenten mit sich. Es sind die Großen, die auf Kosten der Kleinen Vorteile erlangen und

diese in die totale Abhängigkeit von den durch die Großen festgelegten Spielregeln zwingen. [...]

Sowohl im Umfang als auch im Inhalt der beiden Abschnitte wird die unterschiedliche Gewichtung einer Beschreibung der lateinamerikanischen Wirklichkeit in den jeweiligen Texten deutlich: Innerhalb der Gesamtkonzeption der bischöflichen Kommission fällt die Analyse der Realität so ausführlich und die Beschreibung der Probleme so genau aus, weil nur auf dieser Grundlage die Situation beurteilt und gültige Handlungsstrategien entwikkelt werden können. In der Struktur des Schlußdokuments dagegen formulieren diese Aussagen die Herausforderungen, die es zur Erreichung der vorher festgelegten Ziele zu bewältigen gilt. Entsprechend formulieren diese Aussagen letztlich auch nur normativ, daß die Landfrage für die Kirche eine «dringende Herausforderung im Bereich der Förderung menschlicher Entwicklung» ist (vgl. Nr. 175). Dafür brauchen die Mechanismen, die zu den Problemen führen, aber nicht analysiert und deutlich benannt zu werden.

3. «Einheit und Vielfalt der Kulturen: Indígenas, Afroamerikaner und Mestizen»

3.1 Der Kommissionstext[4]

Der Kommissionstext beginnt mit einer Definition des benutzten Kulturbegriffs. Darauf folgt die Beschreibung gesellschaftlicher Wirklichkeit, in der auf die sozio-politische Situation der drei im Titel genannten Kulturgruppen in Lateinamerika eingegangen wird; diese Betrachtung der Realität schließt mit einer Bitte um Vergebung ab. Es folgen die theologische Bewertung dieser Realität und die Benennung der sich daraus ergebenden Konsequenzen für das Handeln der Kirche in bezug auf die Neu-Evangelisierung und die Förderung menschlicher Entwicklung.

4 Grundlage ist hier eine letzte von der bischöflichen Kommission selbst noch einmal vorgenommene Überarbeitung des Textes.

Der Aufbau des Kommissionstextes

1) Definition des Kulturbegriffs (Nr. 1)
2) Realitätsbeschreibung; Bitte um Verzeihung (Nr. 2)
3) Theologische Bewertung (Nr. 3)
4) Pastorale Konsequenzen:
   Inkulturierte Evangelisierung (Nr. 4)
   Förderung menschlicher Entwicklung (Nr. 5)
5) Zusammenfassung (Nr. 6)

Die Herangehensweise der Kommission ist induktiv: die Realität «sehen», sie im Lichte des Evangeliums und des Glaubens be-«urteilen» und entsprechend der erkannten Notwendigkeiten «handeln».

3.2 Der Text im Schlußdokument

Um den entsprechenden Text im Schlußdokument zu verstehen, ist es zuerst einmal notwendig, einen kurzen Blick auf das Kapitel zu werfen, in das der Kommissionstext eingearbeitet wurde. Das Kapitel ist mit dem Titel «Die christliche Kultur» überschrieben und beginnt mit einer Einleitung, die vom Schöpfungsbericht und der Menschwerdung Christi her den Kulturbegriff *theologisch* festlegt und daraus den Inkulturationsgedanken ableitet. Von hier aus werden dann verschiedene Themen in bezug auf die angestrebte Neu-Evangelisierung des Kontinents erörtert: Christus als Maßstab für den moralischen Lebenswandel im durch Verlust der moralischen Werte bedrohten Kontinent, die verschiedenen Kulturen Lateinamerikas, die neue Kultur der Moderne und der Stadt. Den Schluß des Kapitels bilden zwei Teile, die sich mit Mitteln dieser Inkulturation befassen: Erziehung und soziale Kommunikationsmittel.

Struktur des Kapitels «Die christliche Kultur»

1) Schöpfung, Inkarnation, Inkulturation (Nr. 228-230)
2) Christliche Moral (Nr. 231-242)
3) Einheit und Vielfalt der verschiedenen Kulturen (Nr. 243-251)
4) Die neue Kultur: Moderne und Stadtgesellschaft (Nr. 252-262)
5) Erziehung (Nr. 263-278)
6) Soziale Kommunikationsmittel (Nr. 279-286)

Durch die einleitenden Bemerkungen zur christlichen Kultur und deren spezifischer Moral, die die Krise der lateinamerikanischen Gesellschaft, welche sich unter anderem in Korruption, Abtreibungen, Gewalt, Terrorismus und Drogenhandel äußert, überwinden helfen kann, bekommt auch der Text über die verschiedenen Kulturen eine neue Ausrichtung. Auch für sie wird die Neu-Evangelisierung und die Inkulturation des Glaubens eine Reinigung mit sich bringen, genauso wie die moderne Gesellschaft und die Stadtkultur ihren Säkularismus in der Neu-Evangelisierung und in einer wahren Inkulturation des Glaubens überwinden kann. Eine inkulturierte Evangelisierung, die immer das Ziel einer Erlösung und umfassenden Befreiung hat, soll aus diesen Schwierigkeiten heraushelfen.

Der Kommissionstext selbst wurde bei der Einfügung in seiner Struktur umgearbeitet: Aus der induktiven Grundstruktur «Sehen – Urteilen – Handeln» wurde eine deduktive Ableitung, die zuerst festlegt, was eine «christliche Kultur» ist und damit das Ziel einer inkulturierenden Evangelisation bestimmt. Anschließend werden die Herausforderungen benannt, die zur Erreichung dieses Zieles zu bewältigen sind. Hieraus werden wiederum die pastoralen Aufgaben abgeleitet.

3.3 Ein synoptischer Vergleich

Das Kulturverständnis

Schlußdokument	Kommissionstext
228. Das Kommen des Heiligen Geistes zu Pfingsten (Apg 2,1-11) offenbart die Universalität des Evangelisierungsauftrags: Es verlangt danach, zu allen Kulturen zu gelangen. Ebenso wird die kulturelle Verschiedenheit der Gläubigen deutlich, wenn sie die Apostel hören, jeder in seiner eigenen Sprache. Die Kultur entsteht mit dem Anfangsauftrag Gottes an die Menschen: Seid fruchtbar und vermehrt euch, füllt die Erde und unterwerft sie euch (Gen 1,28-30). In diesem Sinn ist die Kultur der Ausdruck und die Pflege des	1. Die Kultur ist der spezifische Ort der menschlichen Existenz, wo jede gesellschaftliche Gruppe kollektiv und historisch das Leben gestaltet, ist der Ort des permanenten Widerstandes gegen den Tod, der Ort der Identität jeder gesellschaftlichen Gruppe, der Ort der Anerkennung der Andersheit und folglich der Vielfältigkeit von Lebensmöglichkeiten. Kultur wird gestaltet durch Arbeit und Kontemplation. Sie ist gekennzeichnet durch Eigenleistung und Geschenkcharakter, und ihr Ziel ist die volle Verwirklichung des Menschen und der Gemeinschaft.

Menschlichen in seiner liebevollen Beziehung zur Natur und im gemeinschaftlichen Miteinander der Völker.

Als Jesus Christus in der Inkarnation alles Menschliche außer der Sünde annahm, trat das Wort Gottes in die Kultur ein. [...] Er, der sich in die Kultur seines Volkes inkarnierte, brachte für jede historische Kultur das Geschenk der Reinigung und der Vollendung [...].

230. [...] Die Inkulturation des Evangeliums ist ein Prozeß, in dem die evangeliumsgemäßen Werte, die in der aktuellen Kultur mehr oder weniger rein enthalten sind, bewußt angenommen werden; [...] mittels der Inkulturation soll die Gesellschaft den christlichen Charakter dieser Werte entdecken, werten und fördern. Außerdem sollen evangeliumsgemäße Werte, die dieser Kultur fehlen, weil sie entweder verdeckt oder ganz verschwunden sind, in die Gesellschaft hineingenommen werden. [...] In seiner [des Glaubens] Inkarnation in diese Kulturen soll der Glaube deren Irrtümer korrigieren und Synkretismus vermeiden.

Die Kulturdefinition des Kommissionstextes und die Beschreibung der Kultur aus christlicher Perspektive, wie sie im Schlußdokument zu finden ist, zeigen deutlich verschiedene Verstehensweisen und Aussageabsichten. Während die Kommission die Kultur als geographischen, historischen und sozialen Raum der individiuellen und kollektiven Lebensgestaltung versteht, geht das Schlußdokument von einer Hierarchie unterschiedlich *reiner* Kulturen aus: Erst durch die Inkulturation des Glaubens in die

Kulturen werden Irrtümer, die in nichtchristlichen Kulturen vorhanden sind, ausgemerzt.[5]

Die theologische Bewertung

Schlußdokument	Kommissionstext
243. Gott handelt unablässig durch seinen Geist im Innern aller Kulturen. In der Fülle der Zeiten sandte Gott seinen Sohn Jesus Christus, der die gesellschaftlichen und kulturellen Bedingungen der Völker für sich annahm und «wahrhaft einer von uns wurde, in allem uns gleich, außer der Sünde» (Hebr 4,15; vgl. Gaudium et spes, Nr. 22).	3.1 Gott handelt unablässig durch seinen Geist im Innern aller Kulturen. In der Fülle der Zeiten sandte Gott seinen Sohn Jesus Christus, der die gesellschaftlichen und kulturellen Bedingungen der Völker für sich annahm und «wahrhaft einer von uns wurde, in allem uns gleich, außer der Sünde» (Hebr 4,15; vgl. GS 22). Die Konstitution «Lumen gentium» (Nr. 8) spricht von «einer keineswegs bloß oberflächlichen Analogie» zwischen dem Geheimnis des fleischgewordenen Wortes und der Identifizierung der Kirche mit der menschlichen Realität.
Die Analogie zwischen der Inkarnation und der Anwesenheit des Christentums im sozio-kulturellen und geschichtlichen Kontext der Völker führt uns zum theologischen Anliegen der Inkulturation. Diese Inkulturation ist ein Prozeß, der mittels der Sprache und verständlicher Symbole, die nach dem Urteil der Kirche geeignet sind, vom Evangelium in das Inne-	3.2 Die Analogie zwischen der Inkarnation und der Anwesenheit des Christentums im sozio-kulturellen und geschichtlichen Kontext der Völker führt uns zum theologischen Anliegen der Inkulturation. In der Inkulturation, die Nachfolge Jesu (Joh 17,18) und Annahme der verunstalteten Welt (LG 8) ist, aktualisiert die Kirche das Geheimnis der Inkarnation.

5 Dieses Modell von den unterschiedlichen «reinen» Kulturen und der Inkulturation als Reinigungsprozeß, der bei traditionell sozialisierten Katholiken durchaus Assoziationen an das reinigende Fegefeuer wachrufen kann, findet sich auch an anderer, zentraler Stelle, nämlich im Glaubensbekenntnis im ersten Teil des Schlußdokumentes: «Jesus Christus begibt sich in das Herz der Menschheit und lädt alle Kulturen ein, sich vom Heiligen Geist zur Fülle leiten zu lassen, indem das Gute erwählt und gefördert, das, was von der Sünde gezeichnet ist, jedoch gereinigt wird» (Nr. 13).

re eines jeden Volkes und jeder Gemeinschaft führt.	Diese Inkulturation ist ein Prozeß, der aus dem Inneren jeden Volkes und jeder Gemeinschaft heraus in Gang gebracht wird.

In der theologischen Bewertung wird ein völlig gegensätzliches Verständnis von Inkulturation und inkulturierter Evangelisierung deutlich: Die Kommission geht davon aus, daß es ein Prozeß ist, der seine Antriebskraft aus dem Innern der Völker und Gemeinschaften heraus entwickelt und Glaubensinhalte für sich fruchtbar macht. Im Schlußdokument geht die inkulturierte Evangelisierung «vom Evangelium aus»: Dieses wird – von außen – in das Innere der Völker hineingetragen, um deren kulturelle Werte zu reinigen. Im Hintergrund des letztgenannten Modells steht die Vorstellung, daß es ein nacktes, *kulturloses* Evangelium gibt, das in fremde Kulturen hineingetragen werden kann. Die andere Position fordert dagegen eine Anerkennung der anderen Kultur. Sie berücksichtigt, daß das Evangelium, der christliche Glaube, selbst immer schon spezifisch kulturell geprägt ist und die Gefahr besteht, daß mit einer Evangelisierung die kulturellen Werte des christlich Missionierenden den zu Evangelisierenden aufgedrückt werden. Konsequent innerhalb seines Verständnisses hebt das Schlußdokument entsprechend hervor, daß Symbole der *anderen* Kulturen bei der Inkulturation des Glaubens bestimmten Bedingungen und – vor allem – der Kontrolle der (Universal-)Kirche unterliegen.[6]

In beiden Texten findet sich die Aussage über die Analogie von Inkarnation und Inkulturation. Der Kommissionstext be-

6 Diese Forderung taucht in den pastoralen Leitlinien, wie sie das Schlußdokument formuliert, noch zweimal auf. Beide Male sind es Hinzufügungen, die im Kommissionstext nicht zu finden sind. So heißt es in der Selbstverpflichtung gegenüber den Indígena-Völkern, sich für die Inkulturation der Liturgie einzusetzen: «[...] Inkulturation der Liturgie zu fördern, indem wir diejenigen ihrer Symbole, Riten und religiösen Ausdrucksformen achten und anerkennen, die mit dem eindeutigen Glaubensverständnis vereinbar sind, die Bedeutung der universalen Symbole unterstreichen und mit der generellen Disziplin der Kirche übereinstimmen» (Nr. 248). Wo es um die Verpflichtung zur Verteidigung der kulturellen Identität der Afroamerikaner geht, wird so formuliert: «Ebenso will sie [die Kirche] ihnen helfen, diejenigen Bräuche und Gewohnheiten lebendig zu erhalten, die mit der christlichen Lehre vereinbar sind» (Nr. 249).

zieht sich aber explizit auf die Konstitution «Lumen gentium» des II. Vatikanischen Konzils. Die Konzilsaussage von der Analogie zwischen der Kirche und dem «Mysterium des fleischgewordenen Wortes» ist in der Absicht formuliert, das Verständnis der Kirche als Leib Christi in der Geschichte zu präzisieren: Durch die Betonung von «menschlichem und göttlichem Element» sollte dem Ekklesiozentrismus und dem Triumphalismus der Kirche vorgebeugt werden. Entsprechend wurden dem Leib-Christi-Verständnis auch andere Modelle an die Seite gestellt, so die Aussage von der Kirche als Sakrament und als pilgerndes Volk Gottes. Die lateinamerikanische Kirche und Theologie hat diese Linie weiterverfolgt und hervorgehoben, daß die Gegenwart Christi in der Geschichte vorrangig in den Armen und Leidenden erkannt wird.[7] Indem diese Armen zum vorrangigen Vermittler der geschichtlichen Gegenwart Christi werden, wird das Erkennen Christi und seine Nachfolge von der Haltung zu diesen Armen abhängig.[8] Zumindest der Kommissionstext hat seine Formulierung explizit in diesen Kontext eingebunden; aber auch hier steht das Verständnis der Kirche als Leib Christi in der Geschichte deutlicher im Vordergrund, als es bisher in der lateinamerikanischen Kirche und Theologie der Fall war.

Die Beschreibung der Wirklichkeit

Schlußdokument	Kommissionstext
244. Lateinamerika und die Karibik bilden einen multiethnischen und plurikulturellen Kontinent. Hier leben Völker der Ureinwohner, Afroamerikaner, Mestizen	2. Lateinamerika und die Karibik bilden einen multiethnischen und plurikulturellen Kontinent. Hier leben Völker der Ureinwohner, Afroamerikaner, Mestizen und

7 Sie konnte sich dabei auch auf LG 8 beziehen, wo es heißt: «In ähnlicher Weise umgibt die Kirche alle mit ihrer Liebe, die von menschlicher Schwachheit angefochten sind, ja in den Armen und Leidenden erkennt sie das Bild dessen, der sie gegründet hat und selbst ein Armer und Leidender war.» Dies ist auch der Hintergrund, auf dem einige Theologen von den ausgebeuteten und verelendeten Völkern des Südens als «gekreuzigten Völkern» und dem «leidenden Gottesknecht» gesprochen haben.

8 Vgl. hierzu G. Collet, «Den Bedürftigsten solidarisch verpflichtet». Implikationen einer authentischen Rede von der Option für die Armen, in: F. Fur-

und Nachkommen der Europäer und Asiaten zusammen; alle mit ihren je eigenen Kulturen, die ihnen ihre jeweilige gesellschaftliche Identität in Übereinstimmung mit ihrer eigenen kosmischen Vision sichern. Sie suchen aber ihre Einheit aus einer katholischen Identität.

Nachkommen der Europäer und Asiaten zusammen; alle mit ihren je eigenen Kulturen, die ihnen ihre jeweilige gesellschaftliche Identität sichern.

245. Die heutigen Indígena-Völker pflegen menschliche Werte von großer Bedeutung und leben – mit den Worten von Johannes Paul II. – «in der Überzeugung, daß das Böse mit dem Tod und das Gute mit dem Leben identisch ist» (Botschaft des Papstes an die Indígenas in Santo Domingo). Diese Werte und Überzeugungen sind Frucht der «Samenkörner des Wortes», die «schon in euren Vorfahren anwesend und wirksam waren, so daß sie die Anwesenheit des Schöpfers in seiner ganzen Schöpfung entdecken konnten: in Sonne, Mond, Mutter Erde ...»(ebd.).

2.1 Die heutigen Indígena-Völker, die Nachkommen der Männer und Frauen, die diesen Kontinent bewohnten, als das Kreuz Christi hier eingepflanzt wurde, zählen zusammen ca. 50 Millionen Menschen. Sie pflegen hohe menschliche Werte von großer Transzendenz wie Solidarität, Gastfreundschaft, Großzügigkeit und leben – mit den Worten von Johannes Paul II. – «in der Überzeugung, daß das Böse mit dem Tod und das Gute mit dem Leben identisch ist» (Botschaft des Papstes an die Indígenas in Santo Domingo).

2.2 Diese Werte sind die Frucht der Gegenwart des lebenden und wahren Gottes, der sich in seinem geheimnisvollen Wirken auch schon vor der Ankunft der ersten Evangelisatoren unter ihnen offenbart hat. Tatsächlich «waren die Samenkörner des Wortes schon in euren Vorfahren anwesend und wirksam, so daß sie die Anwesenheit des Schöpfers in seiner ganzen Schöpfung entdecken konnten: in Sonne, Mond, Mutter Erde ...» (ebd.).

ger (Hrsg.), Jahrbuch für christliche Sozialwissenschaften, 33. Bd., Münster 1992, S. 67-84, hier S. 71: «Das ‹Mysterium Christi in den Armen› bildet demzufolge den zentralen hermeneutischen Schlüssel, um das Problem Kirche überhaupt richtig zu verstehen und anzugehen.»

Die Kirche versuchte, als sie diesen eingeborenen Völkern begegnete, von Anfang an, diese im Kampf um ihr Überleben zu begleiten, indem sie ausgehend von der Unrechtssituation überfallener, besiegter und als Sklaven behandelter Völker den Weg Christi des Erlösers aufzeigte. In der ersten Evangelisation gab es zusammen mit außerordentlichen Leiden große Erfolge und wertvolle pastorale Bemühungen, deren Ergebnisse bis in unsere Tage wirksam sind.

246. [...] Vier Jahrhunderte hindurch wurden nachweislich einige Millionen Afrikaner als Sklaven verschleppt, gewaltsam aus ihren Ländern herausgerissen, von ihren Familien getrennt und als Waren verkauft. Diese Versklavung der Schwarzen und das Töten der Indios war die größte Sünde der kolonialen Expansion des Okzidents. Unglücklicherweise gab es auch Männer der Kirche, die an dieser Situation der Sklavenhalterei, des Rassismus und der Diskriminierung nicht unbeteiligt waren.

2.3 Die Kirche versuchte, als sie diesen eingeborenen Völkern begegnete, von Anfang an, diese im Kampf um ihr Überleben zu begleiten, indem sie ausgehend von der Unrechtssituation überfallener, besiegter und als Sklaven behandelter Völker den Weg Christi des Erlösers aufzeigte.

2.4 In der ersten Evangelisation gab es große Erfolge und wertvolle pastorale Bemühungen, deren Ergebnisse bis in unsere Tage wirksam sind. Aber ebenso gewiß sind die «außerordentlichen Leiden, die den Bewohnern dieses Kontinents durch solche Personen zugefügt wurden, die in den Indígenas nicht Geschwister bzw. die Kinder desselben Gottes zu sehen vermochten» (ebd.). Aufgrund der Mentalität jener Epoche gab es Missionare, welche die «Samenkörner des Wortes» nicht anerkannten und ohne jeden Dialog die neue Religion als Ersatz für die autochthonen Religionen aufzwangen.

2.6 Vier Jahrhunderte lang wurden mehr als 9 Millionen Schwarzafrikaner – so schätzt man – als Sklaven verschleppt, gewaltsam aus ihren Ländern herausgerissen, von ihren Familien getrennt und als Waren verkauft. Angesichts dieser durch Sklaverei vernichteten unzähligen Menschenleben sehen wir uns verpflichtet, diese Sünde des Menschen gegen den Menschen als «ungeheures Verbrechen» und einen «stillen Holocaust» (Rede des Papstes an die Afroamerikaner in Santo Domingo) zu bekennen. «Die Versklavung der Schwarzen und die Vernichtung der Indios war die größte Sünde der kolonialen Expansion des Okzidents» (vgl. SECUNDA RELATIO, Nr. 6).[9]

Wie in der Geschichte der Gesellschaft, so sind Sklaverei, Rassismus und Diskriminierung auch in der Geschichte der Kirche anzutreffen. Konquistadoren und Klerus zogen ihren Nutzen aus der Arbeit der Sklaven.

Im Schlußdokument wird eine katholische Identität der verschiedenen Völker und Kulturen des Subkontinents hervorgehoben, aus der heraus alle die Einheit suchen. Hier scheint ein Kulturmodell mit verschiedenen Ebenen durch: eine identitätsstiftende Kultur auf lokaler Ebene und eine übergeordnete, die universale Einheit stiftende katholische Kultur, die alle anderen durchdringt und entsprechend einfärbt. Der Kommissionstext dagegen geht von verschiedenen gleichberechtigt nebeneinander existierenden Kulturen aus.

Die Kommission hebt deutlich die *vor*-evangelische Gotteserkenntnis der Vorfahren der heutigen Indígena-Völker hervor. Sie haben Gott erfahren und verehrt, bevor die Europäer das Evangelium brachten. Das Schlußdokument spricht sehr allgemein von den Vorfahren, ohne das Ereignis der Erst-Evangelisierung im Zuge der Unterwerfung der lateinamerikanischen Völker durch die Konquista zu erwähnen.

Auffällig ist die unterschiedliche Bedeutung, die in beiden Texten der kolonialistischen Unterdrückung Lateinamerikas durch die Europäer beigemessen wird, und die Rolle, die dabei die Kirche gespielt hat. Im Schlußdokument beschränken sich die Aussagen auf zwei Textstellen: ein Einschub, der die Leiden, die durch die Erst-Evangelisierung verursacht wurden, neben die ausführlichere Aussage über deren Erfolge stellt einerseits (245) und der Hinweis, daß auch *einzelne* «Männer der Kirche [...]

9 Die SECUNDA RELATIO ist eines von fünf Vorbereitungspapieren für die Generalversammlung des lateinamerikanischen Episkopats in Santo Domingo: Es gab zwei sogenannte Instruktionen, dann die erste und die zweite Relatio und zum Schluß ein Arbeitsdokument.

nicht unbeteiligt waren» (246), andererseits. Der Kommissionstext geht ausführlicher auf diese Leiden ein und stellt gleichzeitig fest, daß der «Klerus» – also nicht einzelne Individuen unter den Kirchenmännern – aus der Sklaverei ihren Nutzen gezogen haben.

Die Bitte um Verzeihung

Schlußdokument	Kommissionstext
248. Nachdem wir mit dem Papst unsere Geschwister, die Indígenas und Afroamerikaner, «vor der unendlichen Heiligkeit Gottes für die durch Sünde, Ungerechtigkeit und Gewalt verursachten Taten» (Generalaudienz am 21.10.1992), um Verzeihung gebeten haben, streben wir eine inkulturierte Evangelisierung an: [...]	2.9 Gemeinsam mit dem Heiligen Vater Johannes Paul II. bitten wir, die Mitglieder der IV. Generalversammlung des lateinamerikanischen Episkopats, heute «vor der grenzenlosen Heiligkeit Gottes» die Geschwister aus den Indígena-Völkern, den afroamerikanischen und Mestizen-Völkern um Vergebung «für die Taten, die von Sünde, Unrecht und Gewalt gekennzeichnet sind» (Generalaudienz am 21. 10. 1992).

Die Bitte um Verzeihung ist im Schlußdokument ein Verweis auf die vom Papst bereits erbetene Vergebung. Sie ist den pastoralen Leitlinien für eine Neu-Evangelisierung vorangestellt, wodurch der Blick eher auf die Zukunft als auf die Gründe der Verzeihungsbitte in der Vergangenheit gerichtet ist. Im Kommissionstext dagegen folgt die Bitte um Verzeihung für das mitverschuldete Unrecht direkt im Anschluß an die Analyse der lateinamerikanischen Wirklichkeit.

Was übrig bleibt

Im Schlußdokument von Santo Domingo ganz weggefallen ist eine abschließende Zusammenfassung, in der die Kommission die Ziele der Neu-Evangelisierung Lateinamerikas benennt und ihre Zukunftsvision einer Kirche, die in der Verschiedenheit der Kulturen trotzdem eins ist, zum Ausdruck bringt. Dort heißt es:

> Diese Verpflichtungen werden uns helfen, das Ideal von autochtho-

nen Kirchen mit eigenem Antlitz, eigenem Herzen, eigenem Denken, eigenen Pastoralkräften und Organisationsformen zu verwirklichen [...].

Als Protagonisten ihrer eigenen Heilsgeschichte werden diese Völker das Evangelium, das aus ihnen keimt, in genuinen Indígena-Kirchen, afroamerikanischen oder Mestizen-Kirchen zum Blühen bringen, die – in voller Gemeinschaft mit der Universalkirche – fähig sein werden, die erlösende Botschaft Jesu Christi weiterzugeben.

[...]

Die Kirche, die von diesen Kulturen ausgehend das Werk der Evangelisierung vollbringt, kann in ihnen der Welt auf prophetische Weise ein helles Licht, eine starke Lebens- und Hoffnungskraft zeigen und anbieten, ein auf das Reich jenes Gottes weisendes Zeichen, der von den Gekreuzigten der Geschichte aus das ganze Universum auferweckt und rettet.

4. Schlußbemerkung

Der Vergleich der Texte zweier Kommissionen mit dem Schlußdokument hat gezeigt, daß es deutliche inhaltliche und theologische Differenzen in der Analyse der lateinamerikanischen Wirklichkeit, in der theologischen Bewertung dieser Wirklichkeit und in den Schlußfolgerungen für das Handeln der Kirche in Form einer Neu-Evangelisierung auf dem Subkontinent gibt.

Wenn auch nicht unbedingt das Stichwort «Option für die Armen» gefallen ist, so geht es doch weiterhin um genau diesen Zentralbegriff der Theologie der Befreiung. Der Topos «Option für die Armen» beinhaltet als konstitutives Element unter anderem die «Analyse der Gesellschaft, ihrer Mechanismen, der verschiedenen Interessen etc., das heißt, die realen Zusammenhänge der Verelendung sind aufzudecken»[10]. Wenn nun genau diese Analyse der lateinamerikanischen Wirklichkeit von der Redaktionskommission aus den Kommissionstexten herausoperiert wurde und im Schlußdokument nicht mehr auftaucht, zeigt sich hier der Konflikt: Es geht um befreiungstheologische Grundop-

10 G. Collet, «Den Bedürftigsten solidarisch verpflichtet». Implikationen einer authentischen Rede von der Option für die Armen, in: F. Furger (Hrsg.), Jahrbuch für christliche Sozialwissenschaften, 33. Bd., Münster 1992, S. 67-84, hier S. 82.

tionen und Inhalte; es geht um eine Kirche und eine Pastoral, die aufgrund ihrer Option für die Armen von denjenigen aus den Weg der Befreiung geht, die entweder aus dem sozialen und ökonomischen Handeln der Gesellschaft ausgeschlossen oder von diesem in ihrer physischen und kulturellen Existenz bedroht werden.

Diese Konflikte, die sich in den Dokumenten niederschlagen, legen den Schluß nahe, daß eine gründliche Auswertung der Ergebnisse von Santo Domingo nicht nur auf das Schlußdokument zurückgreifen darf, sondern die Stellungnahmen der einzelnen Kommissionen und – weitergehend – die in der Vorbereitungsphase entstandenen Dokumente berücksichtigen muß. Vor allen Dingen die SECUNDA RELATIO, die auf der Grundlage der Vorbereitungspapiere der verschiedenen nationalen lateinamerikanischen Bischofskonferenzen erarbeitet wurde, kann sicherlich dazu beitragen, eine – im Vergleich zu den Modellen und Vorstellungen des Schlußdokumentes – erweiterte Perspektive in bezug auf die Neu-Evangelisierung Lateinamerikas zu erarbeiten und die verschiedenen Positionen und Konfliktlinien aufzuarbeiten.

Norbert Arntz

Vorbereitungszeit und Verlauf der IV. Generalkonferenz – ein Überblick

Vorbereitungsphase

1984	Nach der 19. Versammlung des CELAM in Haiti 1983 taucht der Gedanke auf, im Zusammenhang des Fünfhundert-Jahr-Gedenkens eine IV. Generalkonferenz des Lateinamerikanischen Episkopats durchzuführen.
1985	Aufgrund einer schriftlichen Bitte des CELAM kündigt Papst Johannes Paul II. an, daß die IV. Generalversammlung des Lateinamerikanischen Episkopats 1992 in Santo Domingo stattfinden soll, und zwar zeitgleich mit dem Datum der Fünfhundert-Jahr-Feier der «Entdeckung» Amerikas.
1988	Der CELAM arbeitet verschiedene interne Dokumente aus, «Sammlung von Beiträgen» genannt; sie dienen als Grundlage für die Erarbeitung eines Beratungsdokumentes (*Documento de Consulta* – im folgenden mit dem Kürzel DC bezeichnet).
1989	Die erste Redaktion des Beratungsdokumentes (DC) für die IV. Generalversammlung wird erarbeitet. Es wird in vier Regionalversammlungen der Bischöfe diskutiert und mehrheitlich verworfen. Nur wenige Personen kennen das Dokument. Ei-

nige Experten analysieren den Text als unzulänglich: Das Dokument konzentriere sich auf den wirtschaftlichen, gesellschaftlichen, politischen und moralischen Zerfall und auf die Autoritätskrise des Kontinents; theologisch wolle es gegensteuern mit dem Verweis auf die Vaterschaft Gottes und auf das hierarchische Amt der Bischöfe.

Februar 1990	Die zweite Redaktion des Beratungsdokumentes (DC) wird veröffentlicht: «Elemente für eine pastorale Reflexion der Vorbereitung auf die IV. Generalversammlung». Es ist das erste öffentliche Dokument, das allen Bischofskonferenzen zugestellt wird. Sein Hauptthema lautet: «Eine Neue Evangelisierung für eine neue Kultur». Die darin geäußerte Hauptsorge gilt der modernen Kultur und «den Gefahren des Säkularismus». Der Text besteht aus vier Teilen: Geschichtsbetrachtung, Analyse der lateinamerikanischen Realität, Pastorale Betrachtung der Realität und Theologische Betrachtung. In dieser Einteilung spiegelt sich die Tatsache wider, daß man die traditionelle Methode des «Sehen – Urteilen – Handeln» verlassen hat, die von einer Realitätsanalyse ausging, diese dann theologisch reflektierte und schließlich pastorale Absichten formulierte. Der Gesamttext ist widersprüchlich: Im Haupttext verläßt man die Tradition von Medellín und Puebla, während in einem sogenannten «Anhang» über die Neue Evangelisierung Medellín und Puebla mit prophetischer Kraft wieder aufgenommen werden.
Dezember 1990	Papst Johannes Paul II. kündigt das endgültige Thema der Konferenz von Santo Domingo an: «Neue Evangelisierung – Förderung menschlicher Entwicklung – Christliche Kultur» – «Jesus Christus – gestern, heute und immer» (Hebr 13,8).
April 1991	Bei seiner 23. Ordentlichen Generalversammlung wählt der CELAM einen neuen Vorstand. Msgr. Nicolás de Jesús López Rodríguez, Erzbischof von Santo Domingo, wird zum Präsidenten des CELAM bestimmt, Msgr. Raymundo Damasceno As-

sis, Weihbischof von Brasilia, zum Generalsekretär. Am letzten Versammlungstag wird das Beratungsdokument veröffentlicht (DC), das erste Vorbereitungsdokument für die IV. Generalversammlung. Die Bischöfe haben nicht mehr ausreichend Zeit, es zu studieren. Sie nehmen es deshalb in ihre jeweiligen Länder mit und verpflichten sich, es zu veröffentlichen, einen Konsultationsprozeß in Gang zu bringen und neue Beiträge für die nächste Redaktion zu erarbeiten. Diese soll dann als Arbeitsdokument für Santo Domingo gelten. Das Beratungsdokument (DC) aber wird von vielen in Frage gestellt, weil es nicht die während des Jahres 1990 von den Bischofskonferenzen zugesandten Beiträge berücksichtigt.

Juli 1991 — Organisiert vom Theologisch-Pastoralen Institut (ITEPAL) findet in Bogotá ein Vorbereitungsseminar für die IV. Konferenz statt; aus jeder Bischofskonferenz nehmen zwei Repräsentanten teil. Die Mehrheit der Teilnehmer drückt ihre Sorge darüber aus, daß die Beiträge der Bischofskonferenzen nicht in die Vorbereitungstexte eingearbeitet wurden; dieser Vorgang vermindere das Interesse, an weiteren Beiträgen zu arbeiten. Unter anderem wird ein Dialog zwischen Befreiungstheologen und CELAM vorgeschlagen. Der neue Generalsekretär des CELAM, Dom Raymundo Damasceno Assis, nimmt die vorgetragenen Beunruhigungen wohlwollend zur Kenntnis und verspricht, daß alle Beiträge, die zugesandt werden, als Ausgangspunkte für das zukünftige Arbeitsdokument berücksichtigt werden. Es wird daran erinnert, die Methode «Sehen – Urteilen – Handeln» wieder aufzunehmen.

Oktober 1991 — Unter der neuen Leitung des Generalsekretärs Msgr. Raymundo Damasceno Assis veröffentlicht der CELAM die PRIMA RELATIO, eine Zusammenfassung der Ideen und Vorschläge für die IV. Generalkonferenz seitens der nationalen Bischofskonferenzen, die den Zeitraum von den ersten Reflexionsschritten bis zur Erscheinung des Beratungsdokumentes im April 1991 umfaßt. Die PRIMA RELATIO wurde versandt an den Vorstand des CELAM, an die Generalsekretäre der Bischofskonferenzen und an die Experten, die das Arbeitsdokument verfassen sollten.

Februar 1992 — Die SECUNDA RELATIO (im folgenden mit dem Kürzel SR bezeichnet) wird veröffentlicht. Das Dokument faßt alle Beiträge zum Beratungsdokument (DC) zusammen, die die Bischofskonferenzen und andere kirchliche Organe des Kontinentes nach der Veröffentlichung des Beratungsdokumentes im Laufe des Jahres 1991 eingereicht haben. Die SECUNDA RELATIO verändert die Perspektiven des Beratungsdokumentes. Es wird offensichtlich, daß die nationalen Bischofskonferenzen die Tendenzen der vorhergehenden Dokumente ablehnen. Sie fordern, die Thematik der IV. Generalkonferenz nach dem klassischen Schema «Sehen – Urteilen – Handeln» zu bearbeiten. Zugleich offenbart die SR eine allgemeine Übereinstimmung darin, die Orientierungen von Medellín und Puebla beizubehalten und zu vertiefen. Die SR dient als Grundlage für die Abfassung des Arbeitsdokumentes (Documento de Trabajo, im folgenden mit dem Kürzel DT bezeichnet). Aber immer noch gibt es viele Bischöfe, die die SR offiziell nicht kennen. In einigen Ländern hielten die Generalsekretäre der jeweiligen Bischofskonferenzen das Dokument nur für provisorisch und verteilten es deshalb nicht. Aus dem Grunde wurden viele Bischöfe daran gehindert, die offiziellen Meinungen der Bischofskonferenzen im ganzen Kontinent kennenzulernen.

Juli 1992 — Das Arbeitsdokument (DT) wird veröffentlicht. Ein Team von 8 Experten unter Vorsitz des Generalsekretärs des CELAM, Dom Raymundo Damasceno Assis, hatte den Text ausgearbeitet. Verglichen mit dem Vorbereitungsdokument vom Februar 1990 und dem Beratungsdokument vom April 1991 ist sein theologisch-pastoraler Gehalt wesentlich besser und knüpft an die Linie von

Medellín und Puebla an. Vergleicht man das Arbeitsdokument (DT) jedoch mit der SECUNDA RELATIO wird klar, daß es eine geringere prophetische Kraft aufweist und viele wichtige Aussagen der SR abschwächt. Insgesamt aber gibt das Arbeitsdokument (DT) die Überzeugungen der Bischofskonferenzen treffend wieder, analysiert angemessen die kontinentale Realität, bestätigt, vertieft und erweitert die pastoralen Optionen von Medellín und Puebla. Im April 1992 war das Dokument zur Approbation nach Rom geschickt worden. Doch erst im Juni erhielt es das *placet* und wurde schließlich im Juli durch den CELAM veröffentlicht. Bei der Veröffentlichung wird klar, daß die Namen von Oscar Romero und Ignacio Ellacuría, die noch in der SR und im Entwurf des DT als Märtyrer erinnert werden, aus dem DT gestrichen worden waren.

Zwischenzeitlich hatte man in Rom die Ernennungen der Verantwortlichen für die IV. Konferenz veröffentlicht. Darunter fiel besonders auf, daß der Papst einen zweiten Generalsekretär für die IV. Konferenz ernannt hatte, und zwar den Bischof von Rancagua in Chile, Msgr. Jorge Medina Estéves. Der ungewöhnliche Vorgang wurde als Degradierung des gewählten CELAM-Generalsekretärs Msgr. Raymundo Damasceno Assis interpretiert; offenbar war seine dialogbereite Haltung für die Suche nach Gemeinsamkeit zwischen den nationalen Bischofskonferenzen, die schließlich zur SR führte, auf Mißbilligung gestoßen.

Die IV. Generalkonferenz in Santo Domingo

12. Oktober — Der Papst eröffnet die IV. Generalversammlung des lateinamerikanischen Episkopats. Die Diskussion in den öffentlichen Medien und in den verschiedenen kirchlichen Kreisen dreht sich um die folgenden Punkte seiner Eröffnungsrede: Die Option für die Armen, die Ursachen der Armut, die Inkulturation, den reichen Norden und die «Neue Evangelisierung»; schließlich der Vorschlag des

Papstes, eine Bischofssynode für ganz Amerika zu veranstalten. Ferner bemerken die Medien, daß der Papst weder die Laien noch die Frauen erwähnt hat.

13. Oktober

In der IV. Konferenz wird die Geschäftsordnung und die Konferenzmethode diskutiert. Aber weder über die Geschäftsordnung noch über die Versammlungsleitung kann das Plenum abstimmen. Der erste Präsident der Versammlung gibt bekannt, daß für den Entscheidungsprozeß zum Schlußdokument die Zwei-Drittel-Mehrheit erforderlich sei. In der lokalen Presse wird die Frage aufgeworfen, ob es möglicherweise gar kein Schlußdokument gebe und ob die lateinamerikanische Kirche dabei sei, ihre Eigenständigkeit und Identität zu verlieren; erstmals fällt das Wort von der «Romanisierung» der lateinamerikanischen Kirche.

Zu den Delegierten der Römischen Kurie in der IV. Generalversammlung gehören die Kardinäle: Angelo Sodano, Kardinal-Staatssekretär, vom Papst ernannter erster Präsident der IV. Generalversammlung; Bernhardin Gantin, Präfekt der vatikanischen Kongregation für die Bischöfe und Präsident der vatikanischen Kommission für Lateinamerika (CAL); Josef Tomko, Präfekt der Kongregation für die Evangelisierung der Völker; José T. Sanchez, Präfekt der Kongregation für den Klerus; Eduardo Martínez Somalo, Präfekt der Kongregation für die Ordensgemeinschaften und Apostolischen Vereinigungen; Pio Laghi, ehemaliger Nuntius in Washington und Präfekt der Kongregation für die Erziehung; Eduardo P. Pironio, Präsident des Päpstlichen Laienrates; Alfonso López Trujillo, Präsident des Päpstlichen Rates für die Familie und Mitglied der CAL; Paul Poupard, Präsident des vatikanischen Sekretariates für die Nichtglaubenden; Roger Etchegaray, Präsident der Päpstlichen Kommission «Justitia et Pax».

Ferner gehören dazu die Bischöfe Cipriano Calderón, Vizepräsident der CAL; Alberto Bovone, Sekretär der Glaubenskongregation; Geraldo Majella Agnelo, Sekretär der Kongregation für Liturgie und Sakramente; Jorge M. Mejía, Vizepräsident der Päpstlichen Kommission «Justitia et Pax»; und Jan P. Schotte, Generalsekretär der Bischofssynode.

Als Priester und Laien Vittorio Gambino von der Päpstlichen Universität der Salesianer; Javier García González vom Studienzentrum der Legionäre Christi; Francisco Javier Lozano aus dem Staatssekretariat; Octavio Ruiz Arenas, Offizial der Glaubenskongregation; Josep-Ignasi Saranyana, aus Pamplona in Spanien; Guzmán Caraquiri, Sub-Sekretär des Päpstlichen Laienrates; Juán Navarro Valls, Pressesprecher des Vatikans.

Außerdem hat der Vatikan Enrique Iglesias nominiert, den Direktor der in Washington ansässigen Interamerikanischen Entwicklungsbank (BID) und früheren Außenminister Uruguays.

Das Präsidium – dem neben Kardinal Sodano der Präsident des CELAM und Erzbischof von Santo Domingo, Kardinal López Rodríguez, sowie der Erzbischof von Belo Horizonte, Brasilien, Dom Serafim Fernandes, angehören – bestimmt, daß die Bischöfe vier lehramtliche Vorträge zu hören haben:

– Zum Thema der Christologie – «Jesus Christus gestern, heute und immer» – spricht Msgr. Estanislao Estéban Karlic, Erzbischof von Paraná, Argentinien.

– Über das Thema «Förderung menschlicher Entwicklung» (*Promoción humana*) wird P. José Luis Alemán SJ aus der Dominikanischen Republik sprechen; er ist Experte für die kirchliche Soziallehre.

– Über die «Neue Evangelisierung» referiert Kardinal Lucas Moreira Neves, Erzbischof von Salvador de Bahia/Brasilien.

– Das Referat zum Thema «Christliche Kultur» wird Dr. Juán de Dios Vial Correa, Rektor der Päpstlichen Katholischen Universität von Santiago de Chile, halten.

Diese vier Vorträge sollen offenbar dazu dienen, das Arbeitsdokument zu ersetzen, das die Bischofskonferenzen Lateinamerikas im Vorbereitungsprozeß als Konsenstext für die Konferenz und die Arbeitsgruppen angesehen hatten.

Das Präsidium legt eine Liste der zu bildenden thematischen Kommissionen vor und fordert die Teilnehmer auf, sich jeweils für drei Arbeitsgruppen einzuschreiben. Das Präsidium wird entscheiden, wer in welcher Kommission zu arbeiten hat.

14. Oktober — Das Plenum verlangt, bei der Zusammensetzung der Kommissionen mitbestimmen zu können, und fordert, die lehramtlichen Vorträge aus dem Arbeitsprogramm zu streichen.

Das Plenum unterstreicht, daß es eine Konferenz der lateinamerikanischen Bischöfe sei und nicht eine «Synode» zur Beratung des Papstes. Dem Plenum gelingt es, Dom Luciano Mendes de Almeida, den Vorsitzenden der brasilianischen Bischofskonferenz, in die Redaktionskommission zu entsenden und ihn mit deren Vorsitz zu beauftragen, obwohl das Präsidium bereits über deren Zusammensetzung entschieden hatte.

15. Oktober — Die Kommissionsarbeit beginnt. Das Präsidium hatte neben der Koordinierungs-, Redaktions- und Juridischen Kommission, neben der Wahlkommission und der Kommission für die Botschaften an die Völker 27 Sachbereiche festlegt, zu denen thematische Arbeitsgruppen gebildet wurden, u.a.: Die Heiligkeit der Kirche (AG 3), Familie und Demographie (AG 5), Kirchliche Gemeinden etc. (AG 6), Ökumene (AG 8), Liturgische Feiern (AG 9), Die Laien in Kirche und Welt (AG 10), Die missionarische Kirche (AG 13), Die Frau (AG 16), Migration (AG 18), Armut und Verarmung (AG 19), Das Landproblem (AG 21), Ökologie (AG 22), Menschenrechte (AG 25), Kulturen der Indígenas, AfroamerikanerInnen und Mestizen (AG 26). Alle Konferenzteilnehmer hatten sich für drei Kommissionen einzuschreiben, das Präsidium entschied über die Besetzung der Gruppen.

17. Oktober — 33 brasilianische Bischöfe stellen den Antrag, einen

Bußakt der Konferenz in der Kathedrale von Santo Domingo durchzuführen. Darin soll man um Vergebung bitten für die Vergehen, die gegen die Indígenas und die AfroamerikanerInnen in den fünfhundert Jahren der Evangelisierung verübt wurden. Der amtierende Präsident, Kardinal López Rodríguez nimmt den Antrag entgegen und versichert, er werde im Präsidium beraten; das Plenum werde rechtzeitig eine Antwort erhalten.

19. Oktober

Es beginnt die Redaktion des ersten Teils des vorgesehenen Schlußdokuments, der sich mit der Sicht der Realität Lateinamerikas befaßt. Ohne vorherige Ankündigung werden die Bischöfe mit einem Fragebogen konfrontiert, den sie in kürzester Zeit zu beantworten haben. Die Fragen beziehen sich auf das Schema für das Schlußdokument. Die erste Frage lautet: Sind Sie damit einverstanden, daß im Schlußdokument vom Bekenntnis des Glaubens an Jesus Christus ausgegangen werden soll? Natürlich bejaht die Mehrheit der Bischöfe diese Frage. Der Fragebogen gibt zu erkennen, daß der methodische Dreischritt «Sehen – Urteilen – Handeln» im Schlußdokument durch eine andere Methodik ersetzt werden soll. Statt von der Analyse der Realität als Basis für die theologische Reflexion und die pastorale Aktion auszugehen, entscheidet man, ein lehramtliches Glaubensbekenntnis zugrundezulegen. Eine Reihe von thematischen Kommissionen aber will ihre Texte weiterhin am methodischen Dreischritt orientieren. Die Spannung zwischen beiden Methoden durchzieht die gesamte Konferenz.

In der dominikanischen Lokalpresse gilt als Hauptthema weiterhin die Frage nach dem Verhältnis zwischen Ortskirchen und Rom, und zwar weil am Beispiel des Erzbischofs Padin, Brasilien, der Umgang der römischen Kurie mit den Bischöfen diskutiert wird.

20. Oktober

Die dritte Redaktion der Kommissionstexte wird vorgelegt, im Plenum diskutiert und mit Änderungsanträgen zurückgegeben.

22. Oktober Die vierte Redaktion eines Entwurfs für das Schlußdokument wird der Generalversammlung vorgelegt. Mit 175 gegen 18 Stimmen wird der Text völlig abgelehnt. Schema und Arbeitsmethoden werden im Plenum grundsätzlich in Frage gestellt.

In der offiziellen Pressekonferenz beantragen 60 JournalistInnen verschiedener Länder, daß Bischöfe, die als «prophetische Stimmen der Lateinamerikanischen Kirche gelten», in die Pressekonferenz geholt werden.

23. Oktober Während der morgendlichen Eucharistiefeier in der Kapelle des Priesterseminars von Santo Domingo wird ein sehr reduzierter Bußakt durchgeführt. Die beiden Präsidenten der Konferenz, Kardinal Angelo Sodano und Kardinal López Rodríguez, sind nicht anwesend; auch der vom Papst eingesetzte Generalsekretär Jorge Medina und Kardinal López Trujillo nehmen nicht daran teil.

In der Plenumssitzung des Vormittags wird die Krise des Vortages einfach übergangen. Man folgt weiter der vorher festgelegten Tagesordnung und diskutiert das Schema des Schlußdokumentes: Die Entwürfe über den christologischen Einführungsteil und den historischen Rückblick werden vorgelegt und diskutiert. Der historische Rückblick erhält nicht die notwendige Zwei-Drittel-Mehrheit und wird deshalb zurückgewiesen. Das Ergebnis einer Befragung über die pastoralen Optionen wird bekanntgegeben: Als die wichtigsten wurden die Option für die Armen, für die Laien, für das Leben, für die Familien, für die Jugendlichen und für die Evangelisierung der Kultur angesehen. Über informelle Kanäle wird bekannt, daß die Redaktionskomission durch zwei weitere Personen «ergänzt wurde», durch Bischof Jorge Medina und Bischof Bonaventura Kloppenburg.

Als Reaktion auf den Antrag der 60 JournalistInnen nehmen Kardinal Arns aus Brasilien, Bischof Ariz aus Panama, Bischof Luckert aus Venezuela und Bischof Camilo Vial aus Chile an der offiziellen Pressekonferenz teil. Kardinal Arns bestätigt, daß es tags zuvor die bisher «entscheidendste Krise» im Ablauf der Konferenz gegeben habe. Grund dafür sei die Unzufriedenheit darüber, daß die vorgelegten Entwürfe des Schlußdokuments die Arbeiten der Kommissionen zu wenig berücksichtigen.

An einer alternativen Pressekonferenz nehmen die Bischöfe Julio Cabrera aus Guatemala und Mauro Morelli aus Brasilien teil. Cabrera bestätigt, daß viele Bischöfe durch die in der Konferenz angewandte Arbeitsmethode befremdet und verwirrt seien. Man sei nicht dem Schema des Arbeitsdokumentes gefolgt und habe durch eine unübersichtliche Themenliste für die Arbeitsgruppen Verwirrung erzeugt.

Bischof Morelli fordert seinerseits die Rückkehr zu den Verpflichtungen von Medellín und Puebla.

24. Oktober

Die Konferenz erlebt eine weitere Krise: Die Kommission für die Botschaft an die Völker Lateinamerikas legt vier Botschaften vor: eine Botschaft an die Familien, eine Botschaft an die Verantwortlichen in den Kommunikationsmedien, eine Botschaft an die christlichen Kirchen und eine Botschaft an die Regierungen. Der Text für die Botschaft an die Völker Lateinamerikas liegt aber noch nicht vor. Das Plenum reagiert und fragt danach, wer so viele Botschaften verlangt hat. Es lehnt die vorgelegten Texte ab und fordert, daß ausschließlich eine Botschaft an die Völker Lateinamerikas gerichtet werden soll.

26. Oktober

Die Versammlung erhält den abschließenden Entwurf des Schlußdokuments unter dem Titel: «Beschlüsse». Am Abend wird es generell angenommen, doch zugleich mit mehr als 200 Änderungsanträgen versehen. Keiner der Anträge erzielt die für die Aufnahme ins Schlußdokument erforderliche Zwei-Drittel-Mehrheit.

27. Oktober

Die Diskussion um das Schlußdokument wird im Plenum fortgesetzt; die Zahl der Änderungsanträge ist inzwischen auf 5000 angeschwollen. Die meisten beziehen sich auf den Mittelteil mit der Thematik «Förderung menschlicher Entwicklung».

28. Oktober

Unter hohem Zeitdruck wird über die letzten Textabschnitte abgestimmt, bevor zur Schlußabstimmung aufgerufen wird. In der Schlußabstimmung nehmen 206 der 234 Stimmberechtigten (bei fünf Enthaltungen) das Dokument «Beschlüsse» an. Freude will jedoch nicht aufkommen. Viele Bischöfe empfinden Trauer darüber, daß die römische Kurie ihnen nicht gestattet hat, ihre eigene Konferenz zu gestalten. «Dies war eine Konferenz für Bischöfe, aber nicht von Bischöfen» sagt einer von ihnen. Mit einer Eucharistiefeier in der Kathedrale von Santo Domingo wird die IV. Generalkonferenz des lateinamerikanischen Episkopats beendet.

Von Puebla (1979) bis Santo Domingo (1992)

Die folgende Zeittafel soll einen kurzen kommentierenden Überblick über die wichtigsten Ereignisse geben, die den lateinamerikanischen Kontinent und damit die Kirche seit der Konferenz von Puebla (Januar, Februar 1979) geprägt haben. Dabei geht es aufgrund des begrenzten Raums, der hier zur Verfügung steht, eher um eine Erinnerung an zentrale Daten als um eine vollständige und detaillierte Chronologie.

Auch die kurzen Vorbemerkungen erheben nicht den Anspruch einer ausführlichen Analyse, sondern sollen den Kontext der Kirchengeschichte Lateinamerikas in diesen gut dreizehn Jahren andeuten.[1]

Kurze Skizze zentraler Entwicklungen

In den 80er Jahren sind die lateinamerikanischen Militärdiktatu-

1 Die verallgemeinernde Rede von «Lateinamerika» bzw. «der Kirche Lateinamerikas» wird einer differenzierten Betrachtung nicht gerecht. Eine aktuelle, kurze Einführung in die sozioökonomische und politische Situation der Länder Lateinamerikas und der Karibik unter Berücksichtigung der neueren historischen Prozesse bietet das «Handbuch der Dritten Welt», hrsg. von D. Nohlen und F. Nuscheler, Bonn 1992, Band 1-3.

ren der Nationalen Sicherheit von Präsidialdemokratien abgelöst worden. 1991 regieren in sämtlichen südamerikanischen Staaten gewählte Staatsoberhäupter (1983 Raul Alfonsin in Argentinien nach dem verlorenen Krieg um die Malvinas [Falkland], 1985 Tancredo Neves in Brasilien, 1989 Patricio Aylwin Azocar in Chile, 1989 Andrés Rodríguez in Paraguay nach 33jähriger Diktatur Stroessners). Die formale Demokratisierung (*democratura*), die mit der Umsetzung neoliberaler Wirtschaftskonzepte einhergeht, kann jedoch die massiven Menschenrechtsverletzungen bezüglich der individuellen und sozialen Menschenrechte und zum Teil dramatische innere Souveränitätsverluste (vgl. Peru) nicht verhindern.

Im Unterschied zu den 60er und 70er Jahren ist das Wirtschaftswachstum in fast allen lateinamerikanischen Ländern rückläufig. Zwischen 1981 und 1983 erlebt Lateinamerika die tiefste Rezession seit den 30er Jahren mit wirtschaftlicher Stagnation (1981) und Minuswachstum (1982-83). Die Ursachen dieser Entwicklung liegen hauptsächlich in den internationalen Rahmenbedingungen begründet.[2] Zwischen 1984-86 werden die Exporte stark ausgeweitet, wobei der Schuldendienst die erwirtschafteten Gewinne auffrißt. Es kommt zu einer Phase «traumatischer Inflationserfahrung»[3].

In den 80er Jahren findet eine forcierte Transnationalisierung der ökonomischen Beziehungen zwischen Lateinamerika und den Industrieländern statt, z.B. eine Ausdehnung der Aktivitäten transnationaler Konzerne auf dem Handels- und Finanzsektor. Die Stellung der lateinamerikanischen Staaten im Welthandel verschlechtert sich nicht zuletzt durch die (mit Ausnahme von Brasilien) fehlende Partizipation an der technologischen Entwicklung (Mikroelektronik, Computertechnologie). Der Verfall der Rohstoffpreise, u.a. verursacht durch Ersatz und Einsparung von Rohstoffen in der Güterproduktion, und der wachsende Protektionismus der Industrieländer – entgegen der proklamierten Liberalisierung des Weltmarktes – hintertreiben die wirtschaftlichen Anstrengungen Lateinamerikas.

2 Vgl. D. Nohlen und B. Thibaut, Struktur- und Entwicklungsprobleme Lateinamerikas. In: Handbuch der Dritten Welt, hrsg. von D. Nohlen und F. Nuscheler, Bonn 1992, Band 2, S. 13-142, hier: S. 26.

3 Ebd., S. 27.

Gleichzeitig kommt in den 80er Jahren die Krise der Auslandsverschuldung Lateinamerikas voll zum Ausbruch. Obwohl Lateinamerika zwischen 1982 und 1986 ungefähr 110 Mrd. Dollar an die westlichen Industriestaaten transferiert, steigen die Auslandschulden von 288 auf 382 Mrd. Dollar, weil trotz enormer ökonomischer Anstrengungen nur noch ein Teil der Zinsschuld beglichen werden kann.[4] Verschärfend wirkt sich die anhaltende Kapitalflucht aus. Allein in den USA sollen Lateinamerikaner 326 Mrd. US Dollar angelegt haben.[5] Parallel zu den von Weltbank und Weltwährungsfonds geforderten Strukturanpassungsprogrammen verschlechtern sich die Lebensbedingungen der LateinamerikanerInnen dramatisch. Ein Ausdruck dafür sind die Hungerrevolten, zu denen es in fast der Hälfte aller lateinamerikanischen Staaten kam. So werden im Februar 1989 in Venezuela ca. 1000 Menschen bei Unruhen erschossen. Ähnliches trifft u.a. auf die Dominikanische Republik 1989, Brasilien 1987 und Argentinien 1989 zu.

Verschuldungskrise und tiefe Rezession, die praktisch alle Länder Lateinamerikas Anfang der 80er Jahre erfassen, führen zu wachsender Unterbeschäftigung, Armut, Verelendung der Städte[6] und ländlicher Gebiete und versetzen Lateinamerika zurück in die «Zeiten der Cholera». Zwischen 1980 und 1989 erhöhte sich die Zahl der in Armut lebenden Menschen in Lateinamerika um ca. 25 Prozent auf ca. 182 Mio. Menschen.[7] So gelten die 80er Jahre für Lateinamerika als «verlorenes Jahrzehnt».

4 Die Auslandsverschuldung Lateinamerikas lag 1990 bei 431,1 Mrd. US-Dollar. Die meisten Länder mußten für den Schuldendienst in den 80er Jahren weit mehr als ein Drittel, einige (Bolivien 1984, Brasilien 1980, Costa Rica 1982) fast zwei Drittel, Argentinien sogar drei Viertel ihrer Exporterlöse aufwenden. Seit 1983 kommt es zu einem Netto-Ressourcentransfer Lateinamerikas in die Industrieländer (vgl. D. Nohlen und B. Thibaut, Struktur- und Entwicklungsprobleme Lateinamerikas In: Handbuch der Dritten Welt, hrsg. von D. Nohlen und F. Nuscheler, Bonn 1992, Band 2, S. 13-142, besonders S. 32-36).

5 Time, 6. 11. 1989, S. 39.

6 Lateinamerika weist den raschesten Metropolisierungsprozeß der Welt auf: Mittlerweile lebt ca. jede(r) dritte LateinamerikanerIn in einer Stadt mit mehr als 1 Mio. EinwohnerInnen.

7 CEPAL, in: America Latina. Realidad y perspectivas, CELAM, Bogotá 1992, S. 249-255.

Angesichts dieser ökonomischen und sozialen Realität spitzt sich der weltweit beachtete «Streit um die Theologie der Befreiung» weiter zu. Die Kirche Lateinamerikas erlebt die zunehmende Disziplinierung der Befreiungstheologen, ihre auch innerkirchlich vorgetragene Diffamierung als Marxisten, die Besetzung aller vakanten Bischofstühle mit konservativen bis reaktionären Amtsinhabern.[8] Die vatikanische Glaubenskongregation verfolgt offenbar unter entscheidender Mitwirkung der Nuntiaturen das Ziel, mit den Instrumenten der Bischofsernennung und der Umorganisation von Diözesen die befreiungstheologisch orientierten Kirchensektoren auszutrocknen.[9] Dies geht mit Bestrebungen von seiten des Vatikans einher, die Bischofskonferenzen in ihrer Bedeutung einzuschränken und den einzelnen Bischof stärker an Rom zu binden. Außerdem verstärkt die römische Kurie ihren Druck auf mißliebige Bischöfe und fordert sie in Konsultationen und Schreiben wiederholt auf, es nicht an Treue gegenüber dem kirchlichen Lehramt mangeln zu lassen.

Die Gefahr derartiger Maßregelungen für die angegriffenen Theologen wird erst richtig deutlich, wenn man berücksichtigt, daß auf der 17. Konferenz Amerikanischer Heere (17. – 20. 11. 1987 in Buenos Aires unter Teilnahme der USA) die der Option für die Armen verpflichtete Kirche und die Basisgemeinden zu den subversiven Organisationen gezählt werden. Hugo Assmann, Rubem Alves, Pablo Richard, Ronaldo Muñoz, Segundo Galilea, Sergio Torres González, Ignacio Ellacuría, José Comblin und Juan Hernández Pico werden in dem Geheimpapier als wegen ihres Marxismus außerhalb der Kirche stehende Theologen genannt.[10] Ignacio Ellacuría wird 1989 ermordet. Das verdeutlicht die faktische Interessenskonvergenz zwischen neoliberaler (Wirtschafts-)Politik, Militär und vatikanischen Interessen (Neoromanisierung der lateinamerikanischen Kirche).

Innerhalb der Theologie der Befreiung wird angesichts der

8 So wird z.B. Juan Francisco Fresno Larraín Nachfolger von Kardinal Raúl Silva Henríquez (Santiago de Chile); José Cardoso Sobrinho wird Nachfolger von Hélder Câmara als Erzbischof von Olinda, Recife.

9 So wird die am 15.März 1989 vollzogene Aufteilung der Erzdiözese São Paulo in fünf selbständige Bistümer allgemein als Ausdruck der «Entmachtung» des der Befreiungstheologie nahestehenden Kardinal Arns gewertet.

10 Horst Goldstein, «Selig ihr Armen», Darmstadt 1989, S. 157.

Konfrontation mit neoliberalen gesellschafts- und wirtschaftswissenschaftlichen Theorien und der verheerenden Auswirkung der damit legitimierten Zurückdrängung staatlicher Aktivitäten (wie der Sozial- und Bildungspolitik) die theologische Kritik ökonomischer Theorien vorangetrieben. Dabei wird die neoliberale ökonomische Rationalität als ‹ökonomische Religion› denunziert, die den Götzendienst (Idolatrie) des westlichen Systems begründet, der zugespitzt ist in dem Postulat der vermeintlichen Selbstregulierung des freien Marktes. Die befreiungstheologische Kritik dieses Götzendienstes weist vor allem auf die ungezählten Opfer dieses Wirtschaftssystems hin.

In der Auseinandersetzung mit der indianischen Bevölkerung vertiefen die BefreiungstheologInnen ihre Reflexionen über die gesellschaftlichen und ekklesiologischen Auswirkungen der angestrebten Anerkennung indigener Traditionen und Kulturen.

1978 bis 1984

Diese Phase bildet den Höhepunkt des Terrors (*la violencia*) der guatemaltekischen Militärs gegen das eigene Volk, die sogenannte «Taktik der verbrannten Erde». Zwischen 50 000 und 70 000 GuatemaltekInnen werden ermordet, ca. 35 000 bleiben verschwunden, 1 Mio. Menschen werden aus ihren Dörfern vertrieben, über 100 000 Menschen müssen ihr Land verlassen.

Im Rahmen der *Counterinsurgency*-Politik (Aufstandsbekämpfung) zur Zerschlagung der Guerilla findet die systematische Repression gegen die Zivilbevölkerung (in erster Linie die indianische Bevölkerung), oppositionelle Parteien, Intellektuelle, Gewerkschaften, VertreterInnen von organisierten Selbsthilfegruppen, Mitglieder von Kooperativen, StudentInnenverbände und engagierte ChristInnen einen brutalen Höhepunkt. Massenvertreibungen und Massaker an der indianischen Bevölkerung veranlassen *amnesty international* 1981 vom «politischen Mord als Regierungsprogramm» zu sprechen. Von 1978-1985 wurden Tausende kirchlich engagierter GuatemaltekInnen sowie 17 Priester und Ordensleute ermordet. Über 150 Priester und Ordensleute mußten ihr Land verlassen. Die Aufstandsbekämpfung ist in das Konzept «Kriegsführung niedriger Intensität» eingebunden und führt zu einer totalen Militarisierung des ländlichen Raums.

28. Januar bis 13. Februar 1979 — III. Generalversammlung des lateinamerikanischen Episkopats in Puebla, Mexiko.

Das Thema des Treffens von 180 stimmberechtigten, delegierten Bischöfen lautet: «Die Evangelisierung in Gegenwart und Zukunft Lateinamerikas». Die Konferenz verabschiedet einen 1310 Paragraphen umfassenden Text, der deutlich Kompromißcharakter trägt. Insgesamt werden die Anliegen der Theologie der Befreiung – ihre Methode «Sehen – Urteilen – Handeln», ihre «vorrangige Option für die Armen», die Betonung des «evangelisatorischen Potentials» der Armen, die prophetische Anklage gegen den Kapitalismus und gegen die Doktrin der Nationalen Sicherheit, die Anerkennung der Basisgemeinden etc. – von den Bischöfen bestätigt. Nach dem Ende der Konferenz unterzieht man die Schlußfassung des Textes in Rom einer Revision. Ohne Absprache mit dem lateinamerikanischen Episkopat wird der Text an ca. 1000 Stellen korrigiert. Die deutsche Übersetzung bringt darüber hinaus noch inhaltliche Verschiebungen, an denen die Absicht der deutschen Bischofskonferenz sichtbar wird, den Puebla-Dokumenten ihre gesellschaftspolitischen Spitzen zu nehmen. Der Streit um die Interpretation der Dokumente beginnt.

19. Juli 1979 — Sturz des nicaraguanischen Diktators Anastasio Somoza durch den von der *Frente Sandinista de Liberación Nacional* (FSLN) militärisch angeführten Volksaufstand.

Nach dem Sieg des von der FSLN militärisch angeführten Volksaufstandes gehören drei Priester (Ernesto Cardenal, Fernando Cardenal und Miguel d'Escoto) zur Regierung Nicaraguas.

1980 — Veröffentlichung der sogenannten «Santa Fe»-Studie.

Das rechtskonservative «Komitee von Santa

Fe», eine Einrichtung des privaten Instituts *Council for Inter-American Security* legt eine aufsehenerregende programmatische Studie vor («Eine neue interamerikanische Politik für die 80er Jahre»), die zum Ausgangspunkt der Lateinamerikapolitik der Reagan-Administration wird. Das Dokument analysiert die bisherige Lateinamerika-Politik der USA und greift die Carter-Administration wegen ihrer falschen oder zu weichen Politik an. Die Studie empfiehlt, «der Theologie der Befreiung, wie sie in Lateinamerika durch den Klerus dieser Richtung angewendet wird, zu begegnen (und nicht nur im nachhinein zu reagieren). Die Rolle der Kirche in Lateinamerika ist entscheidend für den Begriff politischer Freiheit. Leider haben die marxistisch-leninistischen Kräfte die Kirche als politische Waffe gegen den Privatbesitz und das kapitalistische Produktionssystem benutzt und die religiöse Gemeinde mit Ideen durchsetzt, die weniger christlich als kommunistisch sind.»[11]

24. März 1980 — Ermordung des Erzbischofs von San Salvador, Oscar Arnulfo Romero, durch Angehörige der Todesschwadrone während des Gottesdienstes.

Die Ermordung Romeros findet weltweit Beachtung und lenkt den Blick der Weltöffentlichkeit auf das Martyrium der lateinamerikanischen Kirche. In El Salvador beginnt kurze Zeit später der offene Bürgerkrieg.

Juli 1980 — Der Bischof von El Quiché, Guatemala, verläßt mit dem gesamten Klerus sein Bistum.

Nachdem innerhalb von knapp sechs Wochen zwei Priester und elf weitere MitarbeiterInnen ermordet worden waren, veranlaßt der Bischof von El Quiché die Stillegung der ganzen Kirchenprovinz und geht ins Exil.

11 «Eine neue interamerikanische Politik für die achtziger Jahre». Geheimdokument des Komitees von Santa Fe. Deutsche Fassung hrsg. vom Antiimperialistischen Solidaritätskomitee für Afrika, Asien und Lateinamerika, Frankfurt am Main o.J., S. 1, 2.

Oktober 1980	Die nicaraguanische FSLN veröffentlicht das Dokument «Über die Religion». Zum ersten Mal definiert eine sozialistische Revolution die Religion, insbesondere den christlichen Glauben, als einen positiven Faktor im revolutionären Prozeß.
20. Januar 1981	Amtsantritt Ronald Reagans in den USA. Mit dem Sieg des Republikaners wird die mit Präsident Carter verbundene «Menschenrechtspolitik» (1977-1979) durch die stärker militärisch orientierte US-amerikanische Hegemonialpolitik abgelöst.
1981 bis 1990	Krieg der von den USA finanzierten Contra gegen Nicaragua und Blockadepolitik der USA. Die Reagan-Administration interpretiert den Sieg der Sandinisten als von Kuba und der UdSSR gesteuerten Prozeß. Sie betreibt die Destabilisierung der sandinistischen Regierung, indem sie die CONTRA ausbaut und finanziert und auch vor illegalen Aktionen nicht zurückschreckt (u.a. Verminung der nicaraguanischen Häfen).
Juni 1981	In Brasilien erscheint Leonardo Boffs *Igreja: Carisma e Poder* (Kirche: Charisma und Macht). In diesem Buch kritisiert Boff die zentralistische Machtstruktur der Kirche, die zur Marginalisierung der Laien führt: «Da die Kirche zentralistisch und autoritär strukturiert ist, paßt sie sich ohne große Gewissensprobleme autoritären, ja sogar totalitären Regimen an – unter der Bedingung, daß ihre Rechte nicht verletzt werden.»[12]
14. September 1981	Die Sozialenzyklika «Laborem exercens» erscheint in Rom. Die Sozialenzyklika ergreift Partei zugunsten der ArbeiterInnenbewegung Solidarnosc in Polen und formuliert den Vorrang der Arbeit vor dem Kapital. Außerdem nimmt sie die von Papst Johannes XXIII. geprägte Aussage wieder auf, daß «die

12 Leonardo Boff: Kirche: Charisma und Macht, Düsseldorf 1985, S. 106.

Kirche wirklich die Kirche der Armen zu sein»[13] hat.

November 1981 — Joseph Kardinal Ratzinger wird von Papst Johannes Paul II. zum Präfekten der römischen Glaubenskongregation ernannt.

August 1982 — Mexiko erklärt seine Zahlungsunfähigkeit.

Mit der Zahlungsunfähigkeit Mexikos wird das dramatische Ausmaß der sogenannten Verschuldungskrise Lateinamerikas deutlich.

November 1982 — Erhebung von Opus Dei zur Personalprälatur.

Damit wird das Werk dem Einfluß des Ortsbischofs entzogen und direkt dem Vatikan unterstellt. Das kommt einer kirchenpolitischen Aufwertung auch des zentralistischen Kirchenmodells gleich. Bestätigt wird dies am 17. Mai 1992 durch die Seligsprechung des Gründers von Opus Dei, Josemaria Escrivá de Balaguer.

März 1983 — Schreiben des Präfekten der vatikanischen Glaubenskongregation, Kardinal Ratzinger an die peruanische Bischofskonferenz mit «Zehn kritischen Bemerkungen zur Theologie von Gustavo Gutiérrez».

Die peruanische Bischofskonferenz soll sich auf Veranlassung der Glaubenskongregation mit der Theologie Gustavo Gutiérrez' befassen. Nicht zuletzt auf Drängen des Erzbischofs von Lima wird Gutiérrez nicht verurteilt.

4. März 1983 — Johannes Paul II. predigt auf dem «Platz der Revolution» in Managua, Nicaragua.

Das Foto ging um die Welt: der Papst mit erhobenem Zeigefinger vor Ernesto Cardenal. Johannes Paul II. ermahnt ihn, «seine Sache mit der Kirche in Ordnung zu bringen». Tags darauf besucht der Papst den guatemaltekischen Diktator Ríos

13 Verlautbarungen des Apostolischen Stuhls 32. Enzyklika Laborem exercens – «Über die menschliche Arbeit» – vom 14. September 1981. Hrsg.: Sekretariat der Deutschen Bischofskonferenz, Bonn, Nr. 8.

Montt, der kurz zuvor sechs Guerilleros hatte hinrichten lassen.

Oktober 1983

Eroberung Grenadas durch US-amerikanische Truppen.

Nach einem Militärputsch gegen die Regierung des Premierministers Maurice Bishop, der einem Machtkampf innerhalb der regierenden sozialistischen PRG (*People's Revolutionary Government*) zum Opfer fiel, findet unter dem Vorwand, von dem Generalgouverneur Sir Paul Scoon (Vertreter der britischen Krone) und der OECS zu Hilfe gerufen worden zu sein, die Invasion von 6000 US-Marinesoldaten (die Operation *Urgent Fury*) statt. Die US-Regierung will damit der Reagan-Doktrin Nachdruck verleihen und ihre militärische Entschlossenheit demonstrieren, überall auf der Welt den Einfluß der UdSSR zurückzudrängen.

23. Januar 1984

Kardinal Ratzinger äußert sich über die Theologie der Befreiung.

Der Vortrag «Wissenschaftliche Aspekte der Theologie der Befreiung» vom September 1983 wird in *Oiga*, Lima, veröffentlicht (März 1984 in *30 Giorni*, Italien; August 1984 in «Die neue Ordnung», Walberberg). Darin sagt Ratzinger: «Bei der Analyse des Phänomens Befreiungstheologie wird eine fundamentale Gefährdung des Glaubens der Kirche sichtbar.»[14]

16. März 1984

Im Fall Gutiérrez schreibt Karl Rahner vom Sterbebett aus an den Kardinal von Lima, Juán Landázurri-Ricketts.

Der Brief des Konzilstheologen Rahner bestätigt die Rechtgläubigkeit Gutiérrez'.

September 1984

Botschafteraustausch zwischen Vatikan und USA.

Erstmalig nach 200 Jahren tauschen der Vatikan und die USA Botschafter aus. William Wilson, Mitglied des «katholischen Teams» im Weißen

14 Joseph Kardinal Ratzinger: Zur Lage des Glaubens, Verlag Neue Stadt, München 1985, S. 185.

Haus (dazu gehört auch der spätere Botschafter der USA in Bonn, Vernon Walters), übernimmt diesen Posten. Das «katholische Team» koordiniert in Absprache mit dem Vatikan Aktivitäten in Polen und in Zentralamerika.[15]

3. September 1984 — Veröffentlichung der ersten Instruktion «Über einige Aspekte der Theologie der Befreiung» durch die römische Kongregation für die Glaubenslehre.

Die Instruktion wurde in der Öffentlichkeit als offizielle Verurteilung der Befreiungstheologie aufgefaßt. Der *Osservatore Romano* stellt den härtesten Satz vom «Verrat an den Armen» als Schlagzeile über das Dokument.

7. September 1984 — Kolloquium mit Leonardo Boff am Sitz der römischen Glaubenskongregation.

Nach der Veröffentlichung seines Buches «Kirche: Charisma und Macht» muß Leonardo Boff seine Theologie vor einer Untersuchungskommission der Kongregation für die Glaubenslehre, die die «Gefährlichkeit» seiner Aussagen überprüft, verteidigen.

4. Dezember 1984 — Der Bildungsminister Nicaraguas, Fernando Cardenal, wird aus dem Jesuitenorden ausgeschlossen und für die Dauer seiner Amtszeit vom Priesteramt suspendiert. Auch gegen die anderen nicaraguanischen Priester in der Regierung werden in der Folge ähnliche Maßnahmen ergriffen.

Fernando Cardenal hatte sich aus Gewissensgründen geweigert, sein Ministeramt in der nicaraguanischen Regierung aufzugeben.

Januar 1985 — I. Internationaler Kongreß der «Theologie der Versöhnung» in Arequipa.

Der Kongreß richtet sich gegen die Theologie der Befreiung. Einer der Hauptredner ist Kardinal Alfonso López Trujillo. Im Januar 1986 findet ein zweiter Kongreß in Callao, Peru, statt.

15 Time Magazin vom 24. 2. 1992.

20. März 1985	Veröffentlichung des Urteils der Glaubenskongregation zum Werk von Leonardo Boff.
8. Mai 1985	Die Glaubenskongregation des Vatikans gibt bekannt, daß gegen Leonardo Boff ein «Bußschweigen» (Publikations- und Lehrverbot) verfügt wurde.
Juli 1985	Fastenaktion des nicaraguanischen Außenministers Miguel d'Escoto in Managua. Mit einem 28tägigen Fasten protestiert der nicaraguanische Außenminister gegen die aggressive Außenpolitik der USA gegenüber Nicaragua. Während die nicaraguanischen Bischöfe die US-Politik unterstützen, überbringt Pedro Casaldáliga im Namen von 23 brasilianischen Bischöfen eine Grußbotschaft.
Juli 1985	Konservative lateinamerikanische und europäische Theologen und Philosophen verabschieden in Chile das gegen die Theologie der Befreiung gerichtete «Dokument von Los Andes». Auf Einladung des Erzbischofs und Kardinals von Medellín, Kolumbien, Alfonso López Trujillo, und mit Unterstützung von Opus Dei-Mitgliedern trafen sich 24 Theologen, Philosophen und Sozialwissenschaftler aus Europa und Amerika, um ein Manifest gegen die Theologie der Befreiung auszuarbeiten. Elf der anwesenden Teilnehmer waren Mitglieder des Opus Dei.
September 1985	Veröffentlichung des ersten Bandes aus der «Bibliothek Theologie der Befreiung». Dieses auf 53 Bände angelegte Kompendium der Befreiungstheologie wollte die in Lateinamerika entwickelte «Theologie der Befreiung» in den theologischen Positionen zu den klassischen Themen der Theologie und den sich neu stellenden Fragen entfalten. Es stand unter der Schirmherrschaft von 101 lateinamerikanischen, 5 US-amerikanischen und 4 spanischen Bischöfen. Nach über einjährigen Verhandlungen mit dem Vatikan stimmt Rom schließlich Ende 1986 der Veröffentlichung zu. Nach erheblichem Druck des Vatikans

	auf Bischöfe und Verlage wurde das Projekt schließlich aus finanziellen Gründen eingestellt. Als Kompendium zur Befreiungstheologie erschien dann 1990 *Mysterium Liberationis*[16].
24. November bis 8. Dezember 1985	Die zweite Außerordentliche Römische Bischofssynode, 20 Jahre nach dem Ende des II. Vatikanischen Konzils.
März 1986	Brief Johannes Pauls II. an die brasilianische Bischofskonferenz. In diesem Brief betont der Papst, daß unter bestimmten Bedingungen die Theologie der Befreiung «nicht nur angebracht, sondern auch nützlich und notwendig» sei.
29. März 1986	Aufhebung des «Bußschweigens» für Leonardo Boff. Weitere vatikanische Disziplinierungen behindern die Arbeit von Leonardo Boff auch nach Aufhebung des Bußschweigens. So wird ihm u.a. durch Rom untersagt, Chefredakteur der REB und Herausgeber der portugiesischsprachigen Ausgabe der Zeitschrift ‹Concilium› zu bleiben.
7. Februar 1986	Sturz des Diktators Jean-Claude Duvallier in Haiti.
5. April 1986	Veröffentlichung der zweiten Instruktion «Über die christliche Freiheit und die Befreiung» durch die römische Kongregation für die Glaubenslehre. Gegenüber der ersten Instruktion ist dieser Text gemäßigter. Allerdings unterstreicht diese zweite Instruktion ausdrücklich die Bedeutung des ersten Schreibens und nimmt keine der darin geäußerten Angriffe gegen die Theologie der Befreiung zurück.
Juli 1986	VI. Treffen der brasilianischen Basisgemeinden in Goiania mit 1500 TeilnehmerInnen, 50 Bischöfen

16 Hrsg. von Ignacio Ellacuría (posthum) und Jon Sobrino. Editorial Trotta, Madrid 1990.

und RepräsentantInnen aus fast allen lateinamerikanischen Ländern unter dem Thema: «Das Volk Gottes auf der Suche nach dem verheißenen Land».

1988 — «Santa Fe II – Eine Strategie für Lateinamerika in den neunziger Jahren».

In diesem Strategiepapier werden konzeptionelle Überlegungen für eine langfristige Lateinamerika-Politik angestellt. Bezüglich der «internen Subversion» werden Vorschläge verbreitet, wie die USA ideologisch im «kulturellen Krieg» in die Offensive gehen können. Zur Theologie der Befreiung heißt es: «Genau in diesem Zusammenhang muß die Befreiungstheologie verstanden werden: sie ist eine politische Doktrin mit einer Tendenz gegen den Papst und gegen die freie Marktwirtschaft, die sich als religiöser Glaube maskiert, um so die Unabhängigkeit der Gesellschaft von dirigistischer Kontrolle zu schwächen. [...] So wird die marxistische Doktrin neuerdings einem schon lange bestehenden kulturellen und religiösen Phänomen aufgepfropft.»[17]

Februar 1988 — Enzyklika «Sollicitudo rei socialis».

20 Jahre nach Erscheinen der Sozialenzyklika «Populorum Progressio» formuliert die neue Enzyklika eine Fortschreibung der katholischen Soziallehre, die von engagierten ChristInnen als Unterstützung aufgegriffen wird.

20. Januar 1989 — Amtsantritt des neuen US-amerikanischen Präsidenten George Bush.

7. bis 12. Oktober 1989 — In Bogotá, Kolumbien, findet das erste lateinamerikanische Treffen von Bauern- und Indígena-Organisationen statt.

72 Delegierte aus 21 Ländern beschließen, die Kampagne «Fünfhundert Jahre Widerstand» aus-

17 Totaler Krieg gegen die Armen. Geheime Strategiepapiere der amerikanischen Militärs. Hrsg. von U. Duchrow, G. Eisenbürger, J. Hippler. München 1989, S. 200.

zurufen, die 1992 ihren vorläufigen Höhepunkt erreicht.

12. Oktober 1989 | Wegen unüberwindbarer Schwierigkeiten mit der Religiosen- und Glaubenskongregation wird das Projekt «Wort und Leben» der Lateinamerikanischen Vereinigung der Ordensleute (CLAR) eingestellt.

Die CLAR hatte im Oktober 1985 gemeinsam mit dem Präsidium des CELAM die Aufforderung Papst Johannes Pauls II. aufgegriffen, sich auf die Fünfhundertjahrfeier im Sinne der Neu-Evangelisierung vorzubereiten. Daraus entstand ein fünfjähriges Bibelprogramm («Wort und Leben») mit dem Ziel einer vertieften Bibellektüre aus der Perspektive der Armen. Nachdem Rom am 17. Juni 1989 die Vorlage aller Texte zur Genehmigung gefordert hatte, wurde das Projekt wenige Monate später eingestellt.

16. November 1989 | In San Salvador werden Ignácio Ellacuría und fünf weitere Jesuiten sowie die Köchin und deren Tochter ermordet.

Verantwortlich für den Mord ist das berüchtigte Atlacatl-Bataillon (u.a. verantwortlich für das Mozote-Massaker 1981 in El Salvador), das nach dem Friedensplan in El Salvador im Dezember 1992 aufgelöst werden sollte.

20. Dezember 1989 | Invasion US-amerikanischer Streitkräfte in Panama.

Relativ wenig beachtet von der Weltöffentlichkeit finden parallel zur Öffnung der Mauer in Deutschland die Invasion Panamas und der Sturz Noriegas statt. Mehr als 5000 Panamesen sterben bei der Bombadierung während der Invasion.

25. Februar 1990 | Das Oppositionsbündnis UNO gewinnt die Wahlen in Nicaragua.

Nach 10jährigem Krieg der von den USA finanzierten CONTRA gegen die sandinistische Revolution verlieren die Sandinisten angesichts der desolaten ökonomischen Situation des Landes die Wahlen.

17. Januar bis 27. Februar 1991 — Zweiter Golfkrieg.

Eine von der UNO legitimierte Kriegsallianz unter Führung der USA vertreibt den Irak aus dem besetzten Kuwait. In Lateinamerika wird dieser Krieg als erster großer Waffengang des reichen Nordens gegen den armen Süden nach dem Ende des «Kalten Krieges» gedeutet.

7. Februar 1991 — In Haiti tritt der Priester und Befreiungstheologe Jean-Bertrand Aristide das Präsidentenamt an.

Als Präsidentschaftskandidat der *Lavalas*-Massenbewegung, die sich jenseits der traditionellen Machteliten aus den Volksbewegungen und kirchlichen Basisgemeinden gebildet hatte, wurde er (nachdem er acht Mordanschläge überlebt hatte) mit 67 Prozent der abgegebenen Stimmen ins Amt gewählt.

19. bis 28. Februar 1991 — In Cuautitlán, Mexiko, findet die 11. Generalversammlung der CLAR statt.

Nachdem für diese Generalversammlung die normale Geschäftsordnung aufgehoben wird, macht die CLAR Wahlvorschläge für das neue Präsidium, die Rom nicht akzeptiert.

30. September 1991 — Militärputsch in Haiti.

Der Militärputsch im September 1991 löst eine beispiellose Welle der Gewalt gegen die SlumbewohnerInnen mit Hunderten von Toten aus. Die Militärs versuchen durch anhaltenden Terror, den Widerstand zu ersticken. Die Putschisten werden international isoliert, die OAS verhängt ein (allerdings häufig durchbrochenes) Embargo gegen Haiti, von dem nur unmittelbare humanitäre Hilfe ausgenommen ist. Allein der Vatikan erkennt die neuen Militärmachthaber an und schickt im April 1992 einen Nuntius nach Haiti.

7. bis 12. Oktober 1991 — Die kontinentale Kampagne «Fünfhundert Jahre Widerstand der Indígena, der schwarzen und unterdrückten Volksgruppen» hält ihr zweites Treffen in Quetzaltenango, Guatemala, ab.

In Quetzaltenango, Guatemala, treffen sich VertreterInnen von 397 Organisationen, die fast alle UreinwohnerInnen, Basis- und afroamerikanischen Gruppen repräsentieren. Sie waren dem Aufruf gefolgt, in dem es hieß: «Wir sind zusammengekommen, um zu erfahren, daß wir nicht allein sind, um zu spüren, daß wir selber die Geschichte machen, damit die Welt endlich merkt, daß wir jener Farce zur ‹Feier› unserer Leiden widerstehen, die die Regierungen vorbereiten, welche für unsere Gefühle und Forderungen kein Verständnis haben. Wir selber haben Alternativen für einen Wandel, für eine neue Zukunft, Alternativen, die niemanden ausschließen, die vielmehr das Leben, die Gefühle, die Kosmos-Vision der Ureinwohner und die Grundbedürfnisse aller Volksschichten respektieren.»[18]

1. bis 8. September 1992 — In Santa Maria, Rio Grande do Sul, Brasilien, findet das IV. Treffen der lateinamerikanischen und karibischen Basisgemeinden statt.

Im Rahmen des Fünfhundert-Jahr-Gedenkens und im Blick auf die Bischofsversammlung in Santo Domingo formulieren die VertreterInnen der Basisgemeinden die Perspektiven für die Arbeit der nächsten Jahre.

14. bis 18. September 1992 — In Quito, Ecuador, findet die erste Versammlung des «Volkes Gottes» (*asamblea del pueblo de Dios*) statt.

468 VertreterInnen aus 20 Ländern Lateinamerikas und der Karibik, unter ihnen Amtsträger und Laien aus der methodistischen, baptistischen, evangelischen, presbyterianischen und katholischen Kirche, verstärken die ökumenische Zusammenarbeit im Dienst am Leben der Menschen.

12. bis 28. Oktober 1992 — In Santo Domingo, Dominikanische Republik, wird die IV. Generalkonferenz des lateinamerikanischen Episkopats zum Thema durchgeführt: «Neue Evangelisierung – Menschliche Entwicklung

18 Einladung zum Zweiten Kontinentaltreffen der Ureinwohner und Volksorganisationen in Guatemala. 7.-12. Oktober 1991. Übersetzung: Norbert Arntz.

– Christliche Kultur – Jesus Christus gestern, heute und in Ewigkeit (vgl. Hebr 13,8)».

November 1992 Veröffentlichung eines neuen Weltkatechismus.

Die Veröffentlichung eines neuen, für die gesamte Weltkirche verbindlichen Katechismus als Kompendium der katholischen Glaubenslehre markiert einen weiteren Schritt auf die Neoromanisierung der Kirche hin.

Glossar

Ad gentes – Missionsdekret des Zweiten Vatikanischen Konzils.

ARM – L'Actualité religieuse dans le monde (Monatszeitschrift, Paris).

CA – «Centesimus annus»: Sozialenzyklika Papst Johannes Pauls II. zum 100. Jahrestag der ersten Sozialenzyklika «Rerum novarum» von Papst Leo XIII., im Jahre 1991 erschienen.

CAL – Comisión para América Latina: Päpstliche Kommission für Lateinamerika.

CELAM – (1) Consejo Episcopal Latinoamericano: Lateinamerikanischer Bischofsrat mit Sitz in Santa Fé de Bogotá, Kolumbien.

CELAM – (2) Generalkonferenz des lateinamerikanischen Episkopats (amtlich: Conferencia general del episcopado latinoamericano).

CLAR – Confederación Latinoamericana de los Religiosos y Religiosas: Lateinamerikanische Vereinigung der Ordensleute.

CNBB – Conferência Nacional dos bispos do Brasil: Brasilianische Bischofskonferenz.

Conclusiones – Schlußdokument: Beschlüsse der IV. Generalkonferenz des lateinamerikanischen Episkopats 1992 in Santo Domingo.

DI – «Dives in misericordia»: Enzyklika Johannes Pauls II., erschienen 1980.

DIAL – Diffusion de l'information sur l'Amérique latine, Paris: ein wöchentlicher Mitteilungsdienst für Lateinamerika, herausgegeben vom Centre Père Lebret.

Documento de Consulta – Beratungsdokument (1989) für die IV. Generalkonferenz des lateinamerikanischen Episkopats.

Documento de Trabajo – Arbeitsdokument der IV. Generalkonferenz des lateinamerikanischen Episkopats (Juni 1992).

Faro a Colón – der Leuchtturm zu Ehren des Kolumbus in Santo Domingo.

GS – «Gaudium et Spes»: Pastorale Konstitution über die Kirche in der Welt von heute des Zweiten Vatikanischen Konzils.

Indígenas – Völker der UreinwohnerInnen des lateinamerikanischen Kontinents.

Kairos – ein guter, günstiger (der einzig richtige) Augenblick.

KNA – Katholische Nachrichten Agentur.

LG – «Lumen Gentium»: Dogmatische Konstitution über die Kirche des Zweiten Vatikanischen Konzils.

Medellín – II. Generalkonferenz des Lateinamerikanischen Episkopats 1968 in Medellín, Kolumbien.

Prima Relatio – Synthese der Themen und Beiträge für die IV. Generalkonferenz des lateinamerikanischen Episkopats in Santo Domingo, seit dem Beginn der Vorbereitung bis zum Erscheinen des «Documento de Consulta» im April 1991. Es enthält noch keine Stellungsnahmen zum Konsultationsdokument.

Puebla – III. Generalkonferenz des Lateinamerikanischen Episkopats 1979 in Puebla, Mexiko.

Quinto Centenario – Fünfhundert-Jahr-Gedenken.

REB – Revista eclesiástica brasileira: Brasilianische kirchliche Zeitschrift, Petrópolis.

Reglamento – Geschäftsordnung der IV. Generalkonferenz des lateinamerikanischen Episkopats 1992 in Santo Domingo.

RM – «Redemptoris missio»: Missionsenzyklika Papst Johannes Pauls II., erschienen 1990.

Secunda Relatio – Überblick der Beiträge von den nationalen Bischofskonferenzen im Zeitraum April bis November 1991 sowie derjenigen Texte, die für das «Documento de Consulta» nicht berücksichtigt wurden. In einem Anhang finden sich detailliert die Kritiken jedes Landes und die Verbesserungsvorschläge am «Documento de Consulta».

SRS – «Sollicitudo rei socialis»: Sozialenzyklika Papst Johannes Pauls II. zum 20. Jahrestag der Sozialenzyklika «Populorum Progressio» von Papst Pauls VI., erschienen im Jahre 1987.

Vatikanum II – Zweites Vatikanisches Konzil (1962 – 1965).

Autorin und Autoren

Norbert Arntz, geb. 1943 in Kleve; Priester des Bistums Münster; von 1983 bis 1989 weltkirchliche Lehrzeit unter den Quechua-Indígenas im Bistum Puno/Peru; bei der Konferenz in Santo Domingo Mitglied der Beobachterdelegation von Pax Christi International.

Albert Biesinger, geb. 1948 in Tübingen, 1985 bis 1988 Leiter von Forschungsseminaren in Peru; seit 1991 Professor für praktische Theologie an der Universität Tübingen.

Enrique Dussel, geb. 1934 in Mendoza, Argentinien; Professor der Ethik an der Autonomen Nationaluniversität von Mexiko und Professor für die Geschichte der lateinamerikanischen Kirche und für Theologie am Theologischen Institut für höhere Studien in Mexiko; Präsident der Kommission für das Studium der Geschichte der Kirche in Lateinamerika (CEHILA); als Berater bei der Konferenz in Santo Domingo anwesend.

Nikolaus Klein, geb. 1947 in Brig (Wallis/Schweiz); seit 1977 Mitglied des Jesuitenordens; 1982 Eintritt in die Redaktion der Zeitschrift «Orientierung», Zürich; seit 1991 deren Chefredakteur; als Journalist bei der Konferenz in Santo Domingo.

Erwin Kräutler, geb. 1939 in Koblach, Österreich; Mitglied der Missionare vom Kostbaren Blut; seit 27 Jahren im Amazonasgebiet Brasiliens tätig; seit 12 Jahren Bischof der Prälatur Xingú; von 1984 bis 1992 Präsident des Indianermissionsrates der brasilianischen Kirche; als Delegierter der brasilianischen Bischofskonferenz (CNBB) in Santo Domingo.

Hildegard Lüning, geb. 1936 in Hamburg; Redakteurin im Süddeutschen Rundfunk, Redaktion «Kirche und Gesellschaft»; Spezialgebiet seit 1965: «Kirche in Lateinamerika».

Johann Baptist Metz, geb 1928 in Auerbach; Professor für Fundamentaltheologie an der Universität Münster; ab Herbst 1993 Gastprofessor an der Philosophischen Fakultät der Universität Wien.

Pablo Richard, geb. 1939 in Chile; Exeget und Soziologe, Professor der Theologie an der Nationalen Universität in San José de Costa Rica; Ausbildungsleiter am Ökumenischen Forschungsinstitut (DEI) in San José de Costa Rica, Mitglied der Kommission für das Studium der Geschichte der Kirche in Lateinamerika (CEHILA); als Berater bei der Konferenz in Santo Domingo anwesend.

Stefan Reinders, geb. 1960 in Kleve; Theologe und Pädagoge; 1989 bis 1992 BDKJ-Diözesanvorsitzender im Bistum Münster.

Ludger Weckel, geb. 1960 in Steinfeld; Diplomtheologe; 1989 bis 1991 Referent für entwicklungspolitische und theologische Bildung bei der Christlichen Initiative Romero (CIR) in Münster; promoviert zur Zeit in Theologie.